全国职业技术院校工程机械运用与维修专业教材

发动机拆装与检修

人力资源社会保障部教材办公室组织编写

中国劳动社会保障出版社

简介

本书主要内容有：发动机认知、曲柄连杆机构的拆装与检修、配气机构的拆装与检修、润滑系统的拆装与检修、冷却系统的拆装与检修、起动系统的拆装与检修、燃油供给系统的拆装与检修、尾气处理系统的拆装与检修、气路系统的拆装与检修以及发动机故障诊断与排除。

本书由李清德主编，余自俏副主编，王磊、韩红芹参编，罗亚利主审。

图书在版编目（CIP）数据

发动机拆装与检修 / 李清德主编. —北京：中国劳动社会保障出版社，2017
全国职业技术院校工程机械运用与维修专业教材
ISBN 978-7-5167-2997-7

Ⅰ. ①发… Ⅱ. ①李… Ⅲ. ①汽车-发动机-装配（机械）-高等职业教育-教材②汽车-发动机-车辆检修-高等职业教育-教材 Ⅳ. ①U464.06②U472.43

中国版本图书馆CIP数据核字（2017）第151453号

中国劳动社会保障出版社出版发行
（北京市惠新东街 1 号　邮政编码：100029）
*
三河市潮河印业有限公司印刷装订　　新华书店经销
787 毫米 ×1092 毫米　16 开本　12.25 印张　237 千字
2017 年 7 月第 1 版　　2025 年 6 月第 10 次印刷
定价：23.00 元

营销中心电话：400-606-6496
出版社网址：http://www.class.com.cn
http://jg.class.com.cn

前　言

为了更好地适应全国职业技术院校工程机械运用与维修专业的教学要求，全面提升教学质量，人力资源社会保障部教材办公室组织有关学校的骨干教师、行业和企业专家，依据《技工院校工程机械运用与维修专业教学计划和教学大纲（2016）》，在充分调研企业生产和学校教学情况，并吸收和借鉴各地职业技术院校教学改革成功经验的基础上，编写了本套专业教材。

教材体系

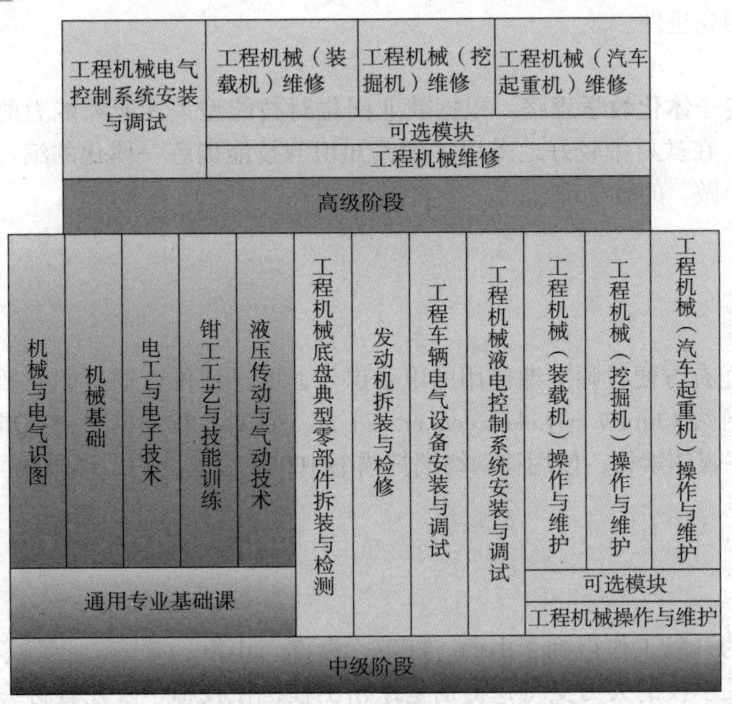

注：通用专业基础课可从机械类、电类通用教材中选用。

适用对象

工程机械运用与维修专业中级、高级两个层次和以下 3 种学制：

- 初中毕业生 3 年学制培养中级工
- 高中毕业生 3 年学制培养高级工
- 初中毕业生 5 年学制培养高级工

编写特色

■ **体现国家标准要求** 以国家职业标准为依据，涵盖相关国家职业标准（中级、高级）的知识和技能要求；以最新的国家技术标准为参照，使教材更加科学和规范。

■ **体现企业需求** 广泛听取包括徐州工程机械集团有限公司等知名企业专家意见，根据企业岗位和教学实践的需求，确定学生应具备的能力与知识结构，并注重教材内容的深度、广度与实际需求相匹配。

■ **体现行业技术发展** 根据工程机械相关领域技术的最新发展，确定新知识、新技术、新设备、新材料等方面的内容，如挖掘机中斗杆和动臂的回转优先与合流控制技术、汽车起重机中的双变量新型节能液压系统、压路机中的基于 CAN-BUS 总线通信系统技术等，保证教材的先进性。

■ **体现理实一体化教学思路** 根据就业岗位对技能型人才所需能力的要求，加强实践性教学内容，在教材中较好地采用了理论知识与技能训练一体化的编写模式，以体现“做中学”“学中做”的教学理念。

教学服务

本套教材配有方便教师上课使用的电子课件，电子课件可通过职业教育教学资源和数字学习中心网站（http:// zyjy.class.com.cn）下载。针对教材中的重点、难点，还制作了动画、视频等多媒体素材，使用移动终端扫描书中相应位置处的二维码即可在线观看。

致谢

本次教材的开发工作得到了山西、江苏、浙江、山东、湖南、云南等省人力资源社会保障厅及有关学校的大力支持，特别是徐州工程机械技师学院在教材编写中做了大量的工作，在此我们表示诚挚的谢意。

人力资源社会保障部教材办公室

2017 年 4 月

目　录

模块一　发动机认知 ………………………………………… 1

课题　发动机认知 ………………………………………… 2

模块二　曲柄连杆机构的拆装与检修 …………………… 13

课题 1　机体组的拆装与检修…………………………… 14

课题 2　活塞连杆组的拆装与检修……………………… 25

课题 3　曲轴飞轮组的拆装与检修……………………… 34

模块三　配气机构的拆装与检修 ………………………… 43

课题 1　配气机构的认知………………………………… 44

课题 2　配气机构的拆装………………………………… 52

课题 3　配气机构的检修………………………………… 56

模块四　润滑系统的拆装与检修 ………………………… 63

课题 1　润滑系统的认知………………………………… 64

课题 2　润滑系统的拆装………………………………… 74

课题 3　润滑系统的检修………………………………… 78

模块五　冷却系统的拆装与检修 ………………………… 83

课题 1　冷却系统的认知………………………………… 84

课题 2　冷却系统的拆装………………………………… 91

课题 3　冷却系统的检修………………………………… 93

模块六　起动系统的拆装与检修 ………………………… 97

课题 1　起动系统的认知………………………………… 98

课题 2　起动系统的拆装……………………………… 107

课题 3　起动系统的检修……………………………… 112

模块七　燃油供给系统的拆装与检修 ………………… 115

课题 1　燃油供给系统的认知………………………… 116

课题 2　燃油供给系统的拆装………………………… 127

课题 3　燃油供给系统的检修…………………… 131

模块八　尾气处理系统的拆装与检修 …………………… 137

课题 1　尾气处理系统的认知…………………… 138
课题 2　尾气处理系统的拆装…………………… 147
课题 3　尾气处理系统的检修…………………… 151

模块九　气路系统的拆装与检修…………………… 153

课题 1　气路系统的认知…………………… 154
课题 2　气路系统的拆装…………………… 158
课题 3　气路系统的检修…………………… 165

模块十　发动机故障诊断与排除 …………………… 169

课题 1　发动机故障诊断系统的认知…………………… 170
课题 2　发动机故障诊断码介绍…………………… 174
课题 3　发动机常见故障诊断…………………… 179

模块一 发动机认知

除为数不多的电动汽车外，迄今为止，汽车发动机都是热能动力装置，简称热机。在热机中借助工质的状态变化将燃料燃烧产生的热能转变为机械能。热机有内燃机和外燃机两种。直接以燃料燃烧所生成的燃烧产物为工质的热机为内燃机，反之则为外燃机。内燃机包括活塞式内燃机和燃气轮机，外燃机包括蒸汽机、汽轮机和热气机等。内燃机与外燃机相比，具有结构紧凑、体积小、质量轻和容易起动等许多优点。因此，内燃机尤其是往复活塞式内燃机被极其广泛地用作汽车动力，而对于工程机械行业，由于所需动力大，如装载机、挖掘机、推土机、起动机等，所用的发动机一般都为柴油发动机，如图 1—0—1 所示。本书介绍的均为 WD615 型柴油发动机。

图 1—0—1 柴油发动机

课题　发动机认知

学习目标

1. 了解发动机的类型。
2. 熟悉柴油发动机的结构组成。
3. 掌握柴油发动机的工作原理及基本术语。
4. 了解内燃机的编号规则。

一、发动机分类

1. 按照行程分类

内燃机按照完成一个工作循环所需的行程数可分为四行程内燃机和二行程内燃机。把曲轴转两圈（720°），活塞在气缸内上下往复运动4个行程，完成一个工作循环的内燃机称为四行程内燃机；而把曲轴转一圈（360°），活塞在气缸内上下往复运动2个行程，完成一个工作循环的内燃机称为二行程内燃机。汽车发动机广泛使用四行程内燃机。

2. 按照冷却方式分类

内燃机按照冷却方式不同可以分为水冷发动机和风冷发动机。水冷发动机是利用在气缸体和气缸盖冷却水套中进行循环的冷却液作为冷却介质进行冷却的；而风冷发动机是利用流动于气缸体与气缸盖外表面散热片之间的空气作为冷却介质进行冷却的。水冷发动机冷却均匀，工作可靠，冷却效果好，被广泛地应用于现代车用发动机。

3. 按照气缸数目分类

内燃机按照气缸数目不同可以分为单缸发动机和多缸发动机。仅有一个气缸的发动机称为单缸发动机；有两个以上气缸的发动机称为多缸发动机，如双缸、三缸、四缸、五缸、六缸、八缸、十二缸等都是多缸发动机。现代车用发动机多采用四缸、六缸、八缸发动机。

4. 按照气缸排列方式分类

内燃机按照气缸排列方式不同可以分为单列式和双列式。单列式发动机的各个气缸排成一列，一般是垂直布置的，但为了降低高度，有时也把气缸布置成倾斜的，甚至水平的；双列式发动机把气缸排成两列，两列之间的夹角小于 180°（一般为 90°）的称为 V 型发动机，若两列之间的夹角为 180° 的称为对置式发动机。

5. 按照进气系统是否采用增压方式分类

内燃机按照进气系统是否采用增压方式可以分为自然吸气（非增压）式发动机和强制进气（增压）式发动机。汽油机常采用自然吸气式，柴油机为了提高功率有采用增压式的。

6. 按照额定转速的不同分类

按照额定转速的不同分为低速柴油机（600 r/min 以下）、中速柴油机（600～1 000 r/min）、高速柴油机（1 000 r/min 以上）。

工程机械的动力系统一般都是柴油机系统，这是由于柴油机具有良好的经济性、有效热效率高、功率范围广、起动方便、加速性能好、有较宽的转速和负荷调节范围、可靠性高、使用寿命长、维修方便等优点。本书主要介绍四冲程水冷六缸往复活塞式柴油机。

二、发动机的结构组成

柴油发动机由两大机构和四大系统组成。

1. 曲柄连杆机构和机体组件

曲柄连杆机构是柴油机最基本的运动部件和传力机构，它将活塞的往复直线运动转变为曲轴的旋转运动，并将作用在活塞上的燃气压力转变为转矩，通过曲轴向外输出。机体组件是柴油机的基础和骨架，几乎所有的运动部件和辅助系统都支撑和安装在它的上面。

曲柄连杆机构主要包括活塞组、连杆组和曲轴飞轮组等运动组件；机体组件主要包括气缸体、气缸盖、曲轴箱等，如图 1—1—1 所示。

2. 配气机构

柴油机配气机构的功用是适时地开闭进、排气门，使新鲜空气进入气缸，使废气排出气缸。它主要包括气门组、传动组（包括挺柱、推杆、摇臂、摇臂轴、凸轮轴、正时齿轮）、空气滤清器、进排气管以及消声器等，如图 1—1—2 所示。

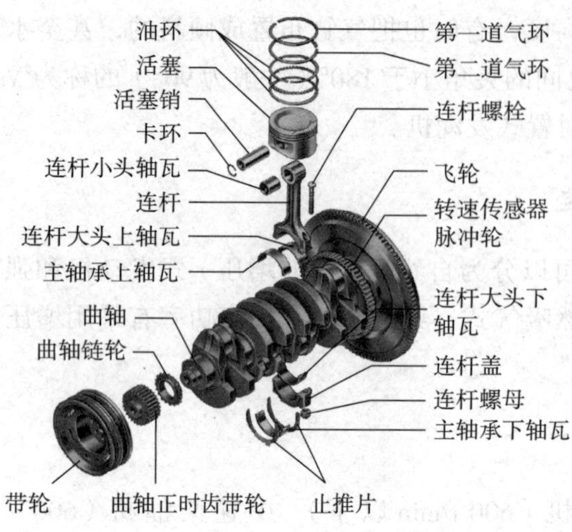

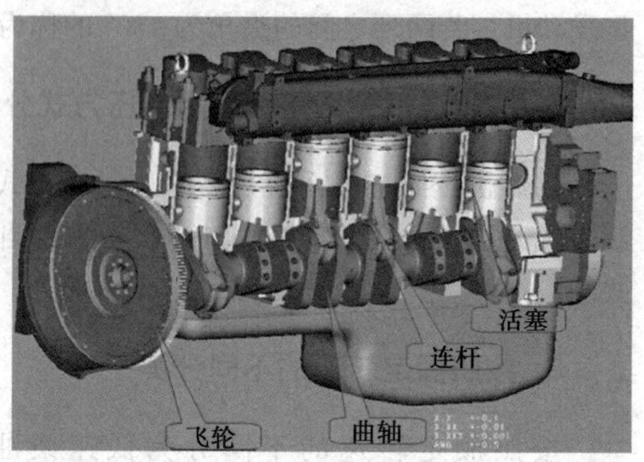

图 1—1—1 曲柄连杆机构

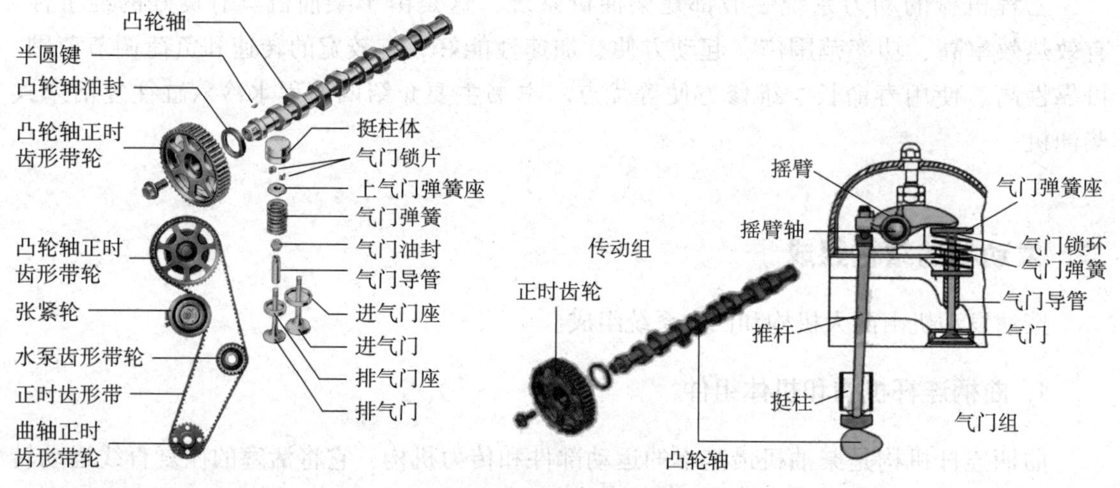

图 1—1—2 配气机构

3. 燃料供给系

柴油机燃料供给系的功用是根据工况需要，定时、定量、定压地向燃烧室内供给一定雾化质量的洁净柴油，并创造良好的燃烧条件，以满足燃烧过程的需要。燃料供给系统主要包括燃油箱、输油管、输油泵、燃油滤清器、喷油泵、喷油器以及调速装置等，如图 1—1—3 所示。

4. 润滑系

润滑系的任务是将机油（润滑油）送到柴油机各运动零部件的摩擦表面，减小零部件的摩擦和磨损，流动的机油可以带走摩擦表面产生的热量，并可清除摩擦表面上的磨屑等杂物。另外，机油还具有辅助密封以及防锈等作用。因此，润滑系统是保证柴油机连续可靠工作、延长柴油机使用寿命的必要条件。润滑系主要包括机油泵、机油集滤器、机油滤清器、机油散热器、润滑油道、调压阀、机油标尺以及油底壳等，如图 1—1—4 所示。

图 1—1—3　燃料供给系

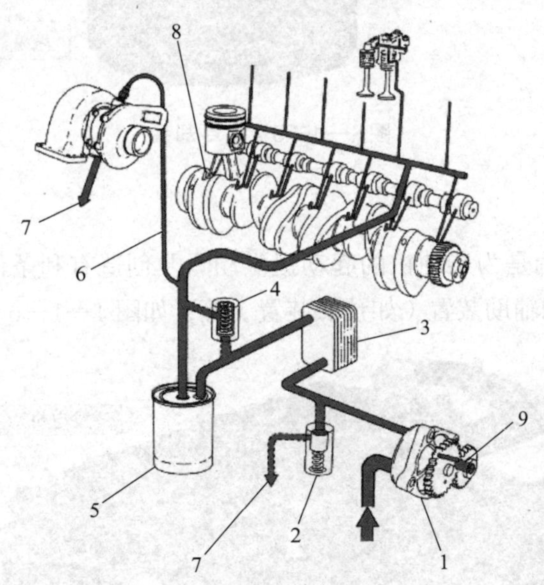

图 1—1—4　润滑系

1—机油泵　2—调压阀　3—机油散热器　4—滤清器旁通阀　5—机油滤清器　6—增压器输油管　7—增压器回油管　8—活塞冷却喷嘴　9—机油泵惰轮

5. 冷却系

冷却系的功用是将受热零部件所吸收的多余热量及时地传导出去，以保证柴油机在适宜的温度下工作，不致因温度过高而损坏机件，影响柴油机工作。因此，冷却系也是保证柴油机连续可靠工作的必要条件。冷却系按使用的冷却介质的不同可分为水冷却系和风（空气）冷却系两种。水冷却系主要包括气缸体及气缸盖内的冷却水套、水泵、散热器、风扇、水温调节装置（节温器）以及冷却水管路等，如图 1—1—5 所示。风冷却系主要由气缸体及气缸盖上的散热片、导流罩以及风扇等组成。

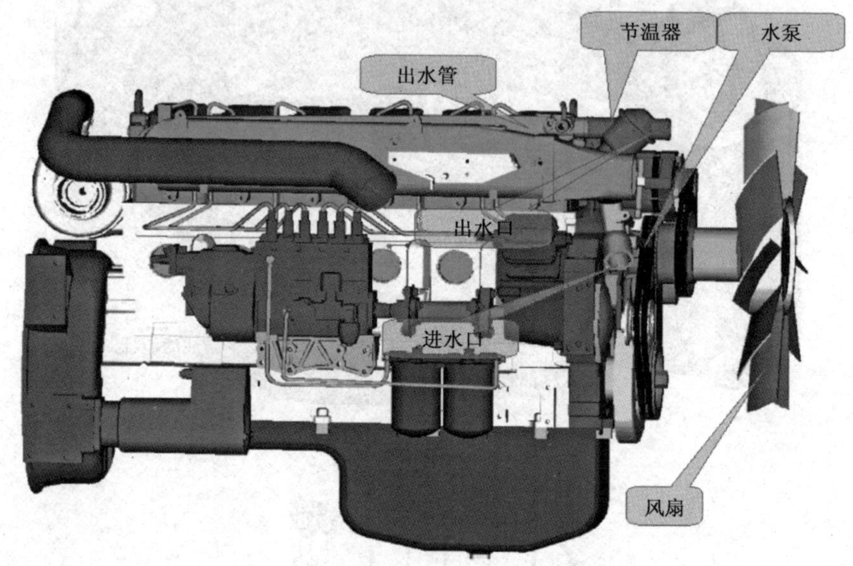

图 1—1—5　水冷却系

6. 起动系

起动系的主要功用是为柴油机的起动提供动力及创造有利条件。它主要包括起动机及使柴油机易于起动的辅助装置（如预热装置）等，如图 1—1—6 所示。

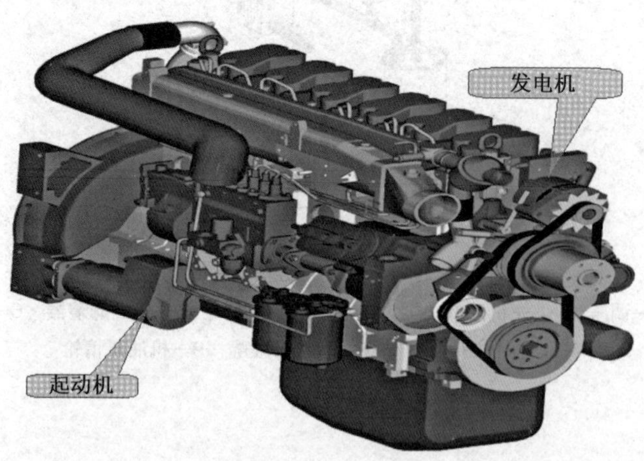

图 1—1—6　起动系

由于柴油发动机具有扭矩大、热效率高、功率范围广、结构紧凑、起动迅速、操作简便、经济性能好等优点，因此，广泛用于各种运输车辆、矿山、石油、建筑等机械设备。柴油发动机是由德国发明家鲁道夫·狄塞尔（Rudolf Diesel）于1892年发明的，为了纪念这位发明家，柴油就是用他的姓氏Diesel来表示，因此，柴油发动机也称为狄塞尔发动机（Diesel Engine）。本书均以柴油发动机为研究对象。

三、柴油机的工作原理

四冲程柴油机工作循环如图1—1—7所示，由进气行程、压缩行程、做功行程和排气行程组成一个工作循环。

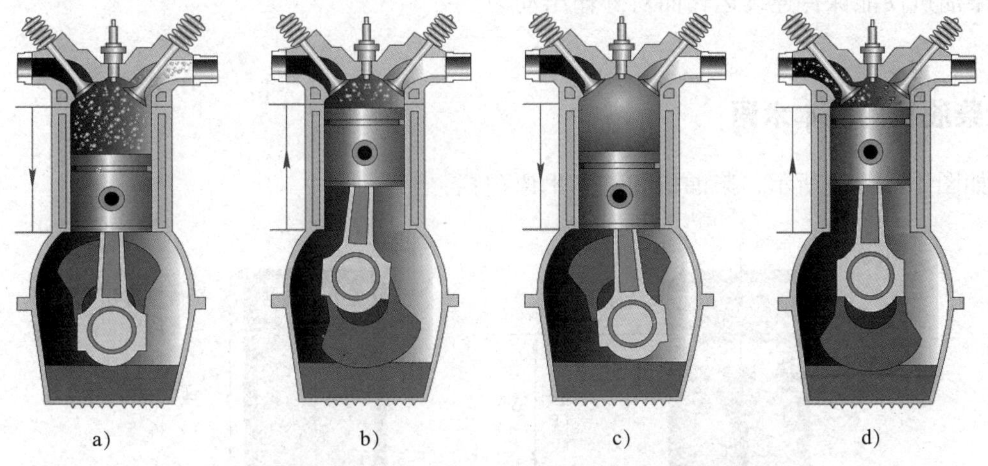

图1—1—7　四行程柴油机工作过程示意图
a）进气行程　b）压缩行程　c）做功行程　d）排气行程

1. 第一行程

活塞由上止点移动到下止点，即曲轴的曲柄由0°转到180°（活塞位于第一行程上止点时，曲轴的曲柄位置定为0°）。在这个行程中，进气门打开，新鲜空气被吸入气缸。因此，第一行程又称为进气行程。

2. 第二行程

活塞由下止点移动到上止点，即曲柄由180°转到360°。在这个行程中，气缸内的气体被压缩，故称为压缩行程。

3. 第三行程

活塞再由上止点移动到下止点，即曲柄由 360° 转到 540°。在这个行程中燃气膨胀做功，所以又称为工作行程或做功行程。

4. 第四行程

活塞再由下止点移动到上止点，即曲柄由 540° 转到 720°。在这个行程中排气门打开，燃烧后的废气经排气门排出气缸，又称为排气行程。

柴油机经过上述进气、压缩、做功、排气四个连续行程后，便完成了一个工作循环，当活塞再次从上止点向下止点移动时，又将开始新的工作循环。如此周而复始的继续下去，柴油机便能保持连续运转而对外输出动力。

四、柴油机的基本术语

如图 1—1—8 所示，柴油机的基本术语包括：

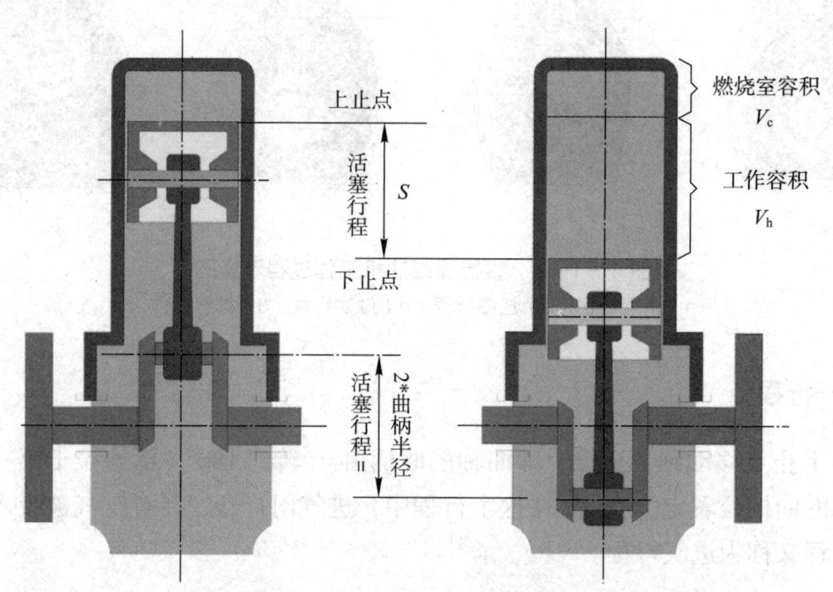

图 1—1—8　发动机单缸结构图

1. 上止点

活塞离曲轴回转中心最远处，通常指活塞上行到最高位置。

2. 下止点

活塞离曲轴回转中心最近处，通常指活塞下行到最低位置。

3. 活塞行程（S）

上、下两止点间的距离（mm），曲轴每转半周（180°），相当于一个活塞行程。

4. 曲柄半径（R）

与连杆下端（即连杆大头）相连的曲柄销中心到曲轴回转中心的距离（mm）。曲轴每转一转，活塞移动两个行程，即 $S=2R$。

5. 气缸工作容积（V_h）

活塞从上止点到下止点所让出的空间容积（L）。

$$V_h=\frac{\pi D^2}{4\times 10^6}S$$

式中　D——气缸直径，mm；

S——活塞行程，mm。

6. 发动机排量（V_L）

发动机所有气缸工作容积之和（L）。设发动机的气缸数为 i，则

$$V_L=V_h i$$

7. 燃烧室容积（V_c）

活塞在上止点时，活塞上方的空间叫燃烧室，它的容积叫燃烧室容积（L）。

8. 气缸总容积（V_a）

活塞在下止点时，活塞上方的容积称为气缸总容积（L）。它等于气缸工作容积与燃烧室容积之和，即

$$V_a=V_h+V_c$$

9. 压缩比（ε）

气缸总容积与燃烧室容积的比值，即

$$\varepsilon=\frac{V_a}{V_c}=\frac{V_h+V_c}{V_c}=1+\frac{V_h}{V_c}$$

它表示活塞由下止点运动到上止点时，气缸内气体被压缩的程度。压缩比越大，压缩终了时气缸内的气体压力和温度就越高。一般车用汽油机的压缩比为 6 ~ 10，柴油机的压缩比为 15 ~ 22。

10. 发动机的工作循环

在气缸内进行的每一次将燃料燃烧的热能转化为机械能的一系列连续过程（进气、压缩、做功和排气）称为发动机的工作循环。

11. 二冲程发动机

活塞往复两个行程完成一个工作循环的称为二冲程发动机。

12. 四冲程发动机

活塞往复四个行程完成一个工作循环的称为四冲程发动机。

五、内燃机型号编制规则

为了便于内燃机的生产管理和使用，国家标准《内燃机产品名称和型号编制规则》（GB/T 725—2008）中对内燃机的名称和型号作了统一规定。

1. 内燃机的名称和型号

内燃机名称均按所使用的主要燃料命名，如汽油机、柴油机、煤气机等。内燃机型号由阿拉伯数字和汉语拼音字母组成。内燃机型号由以下四部分组成：

（1）首部

为产品系列符号和换代标志符号，由制造厂根据需要自选相应字母表示，但需主管部门核准。

（2）中部

由缸数符号、气缸排列形式符号、行程符号和缸径符号等组成。

（3）后部

结构特征和用途特征符号，以字母表示。

（4）尾部

区分符号。同一系列产品因改进等原因需要区分时，由制造厂选用适当符号表示。

2. 内燃机型号的排列顺序及符号

内燃机型号的排列顺序及符号所代表的意义规定如下：

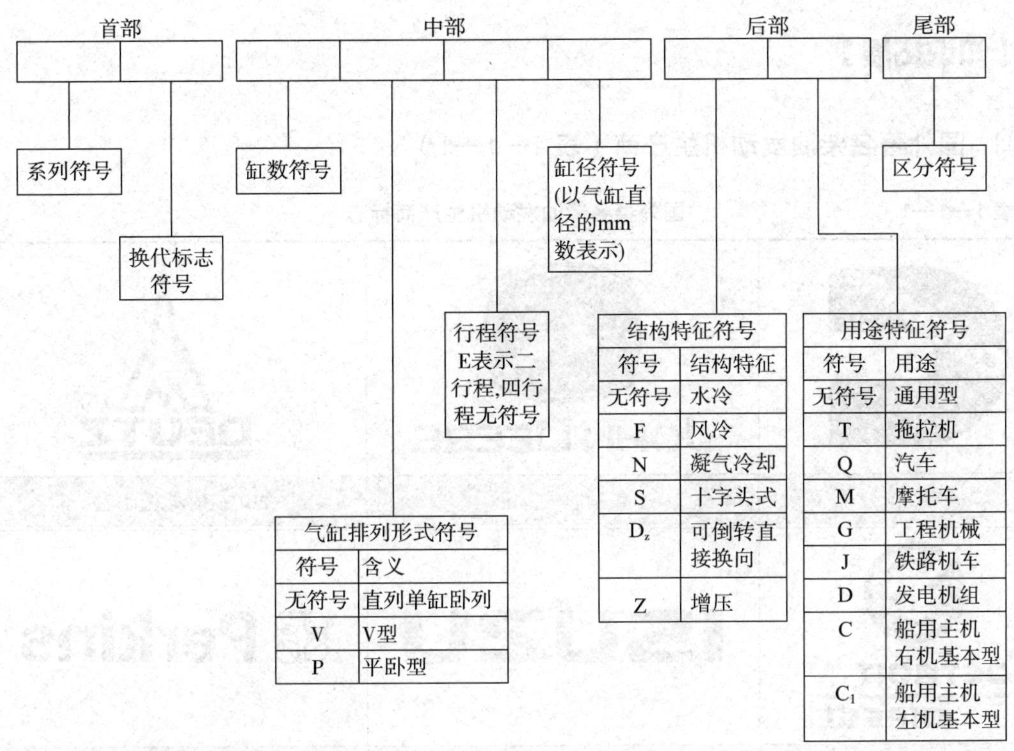

3. 型号编制举例

（1）汽油机

1E65F：表示单缸，二行程，缸径 65 mm，风冷通用型。

4100Q：表示四缸，四行程，缸径 100 mm，水冷车用。

4100Q—4：表示四缸，四行程，缸径 100 mm，水冷车用，第四种变型产品。

CA6102：表示六缸，四行程，缸径 102 mm，水冷通用型，CA 表示系列符号。

8V100：表示八缸，四行程，缸径 100 mm，V 型，水冷通用型。

TJ376Q：表示三缸，四行程，缸径 76 mm，水冷车用，TJ 表示系列符号。

CA488：表示四缸，四行程，缸径 88 mm，水冷通用型，CA 表示系列符号。

（2）柴油机

195：表示单缸，四行程，缸径 95 mm，水冷通用型。

165F：表示单缸，四行程，缸径 65 mm，风冷通用型。

495Q：表示四缸，四行程，缸径 95 mm，水冷车用。

6135Q：表示六缸，四行程，缸径 135 mm，水冷车用。

X4105：表示四缸，四行程，缸径 105 mm，水冷通用型，X 表示系列代号。

【知识拓展】

1. 国外著名柴油发动机生产商（表 1—1—1）

表 1—1—1　　国外著名柴油发动机生产商标志

美国康明斯公司	美国迪尔公司	德国道依茨发动机公司
	ISUZU	
美国底特律柴油机公司	日本五十铃汽车集团	英国铂金斯公司

2. 国内著名柴油发动机生产商（表 1—1—2）

表 1—1—2　　国内著名柴油发动机生产商标志

潍柴动力（山东潍坊）	东风二汽（湖北十堰）	中国一汽（吉林长春）

上柴动力（上海）	玉柴（广西玉林）	常柴（江苏常州）

模块二 曲柄连杆机构的拆装与检修

曲柄连杆机构是往复式内燃机中的动力传递系统，是发动机实现工作循环，完成能量转换的主要运动部分。曲柄连杆机构为燃料的燃烧提供燃烧场所，把燃料燃烧后气体作用在活塞顶上的膨胀压力转变为曲轴旋转的转矩，不断输出动力。曲柄连杆机构主要由机体组、活塞连杆组、曲轴飞轮组三部分组成（图 2—0—1）。

发动机工作时，曲柄连杆机构直接与高温高压气体接触，曲轴的旋转速度又很高，活塞往复运动的线速度相当大，同时与可燃混合气和燃烧废气接触，曲柄连杆机构还受到化学腐蚀作用，并且润滑困难。可见，曲柄连杆机构的工作条件相当恶劣，它要承受高温、高压、高速和化学腐蚀作用。

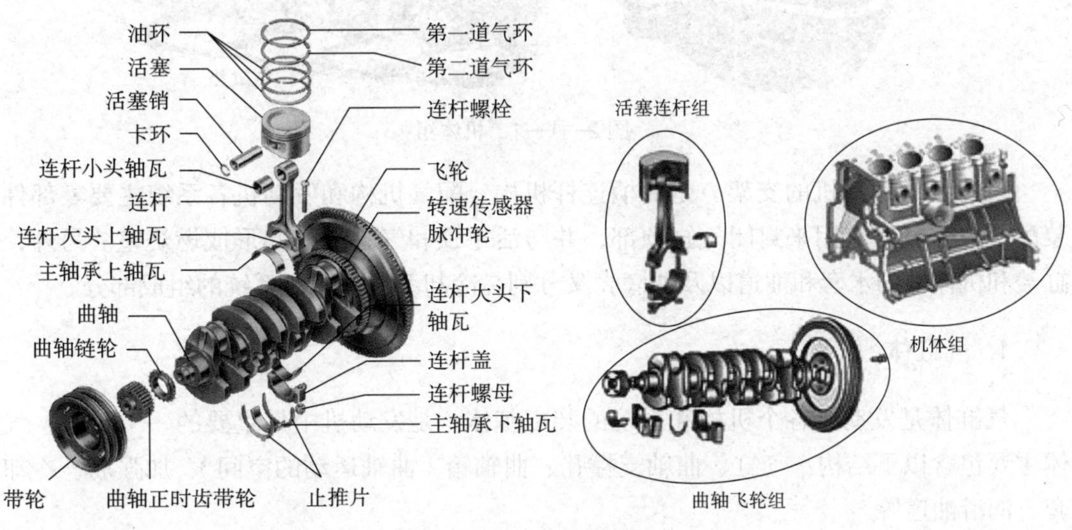

图 2—0—1　曲柄连杆机构

课题 1　机体组的拆装与检修

学习目标

1. 了解机体组的作用与结构组成。
2. 掌握机体组的拆装工艺。
3. 掌握机体组的检修方法。

一、机体组的认知

机体组主要由气缸体、气缸盖、气缸垫、油底壳及气缸盖罩等零件组成，如图 2—1—1 所示。

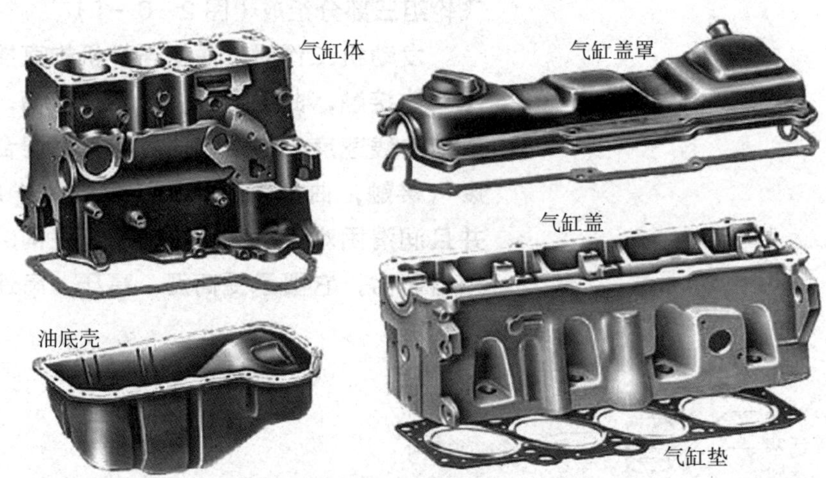

图 2—1—1　机体组

机体组是发动机的支架，是曲柄连杆机构、配气机构和发动机各系统主要零部件的装配基体。气缸盖用来封闭气缸顶部，并与活塞顶和气缸壁一起形成燃烧室。另外，气缸盖和机体内的水套和油道以及油底壳又分别是冷却系统和润滑系统的组成部分。

1. 气缸体

气缸体是发动机各个机构和系统的装配基体，是发动机中最重要的一个部件，气缸体主要包含以下结构：气缸、曲轴支撑孔、曲轴箱（曲轴运动的空间）、加强筋、冷却水套、润滑油道等。

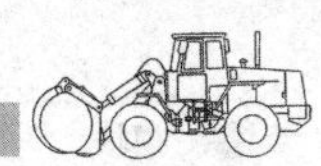

车用发动机气缸体按气缸排列形式分为直列式、V 型、对置式 3 种，如图 2—1—2 所示。比较常用的是直列式（L 型）和 V 型两种。由于直列 6 缸的动平衡较好，振动相对较小，所以卡车底盘和工程机械多用直列 6 缸。

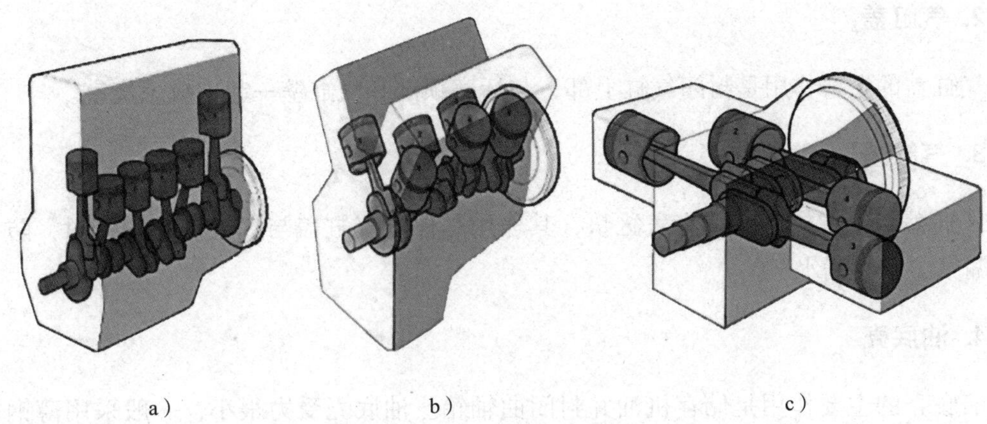

a） b） c）

图 2—1—2 发动机气缸排列方式

a）直列式（L 型） b）V 型 c）对置式（H 型）

按曲轴箱结构形式的不同，机体有平底式、龙门式和隧道式 3 种（图 2—1—3）。

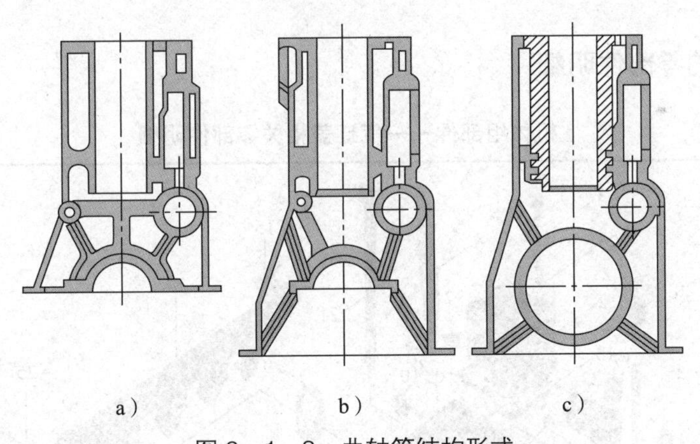

a） b） c）

图 2—1—3 曲轴箱结构形式

a）平底式 b）龙门式 c）隧道式

平底式机体的底平面与曲轴轴线齐平。这种机体高度小、质量轻、加工方便，但与另外两种机体相比刚度较差。

龙门式机体是指底平面下沉到曲轴轴线以下的机体。机体底平面到曲轴轴线的距离称作龙门高度。龙门式机体由于高度增加，其弯曲刚度和扭转刚度均比平底式机体有显著提高。机体底平面与油底壳之间的密封也比较简单。

隧道式机体是指主轴承孔不剖分的机体结构。这种机体配以窄型滚动轴承可以缩短机体长度。隧道式机体结构紧凑，刚度和强度高，主轴承孔的同轴度好，但难加工、工艺性差、曲轴拆卸不方便，一般用于负荷较大的柴油机上。由于大直径滚动轴承的圆周速度不能很大，而且滚动轴承价格较贵，因此，限制了隧道式机体在高速发动机上的应用。

2. 气缸盖

气缸盖的主要作用是封闭气缸上部，与活塞顶部和气缸壁一起构成燃烧室。

3. 气缸垫

气缸盖与气缸体之间装有气缸垫，其作用是保证气缸盖与气缸体间的密封，防止燃烧室漏气、水套漏水。

4. 油底壳

油底壳的主要作用是储存机油并封闭曲轴箱。油底壳受力很小，一般采用薄钢板冲压而成。

二、机体组的拆装

1. 机体组的零部件明细

表 2—1—1　　机体组部件——气缸盖相关零部件明细

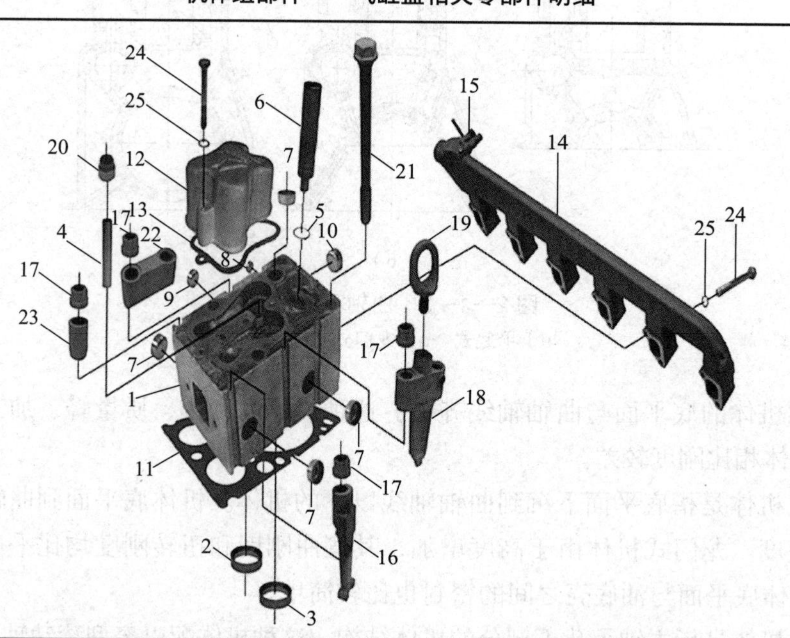

续表

序号	名称	单位	备注
1	气缸盖	件	
2、3	进、排气门座	副	
4	气门导管	件	
5	环状密封圈	件	
6	喷油器衬套	件	
7 ~ 10	碗形塞	件	
11	气缸盖衬垫	件	
12、13	气缸盖罩、气缸盖罩衬垫	件	
14、15	出水管、管接头组件	件	
16、17	夹紧块、带肩螺母	件	
18、19	吊环夹紧块、吊环螺钉	件	
20	气门阀杆密封套	件	
21	气缸盖主螺栓	件	
22	夹紧块	件	
23	导管	件	
24、25	六角头螺栓、弹性垫圈	件	

表 2—1—2　　机体组部件——机体总成相关零部件明细

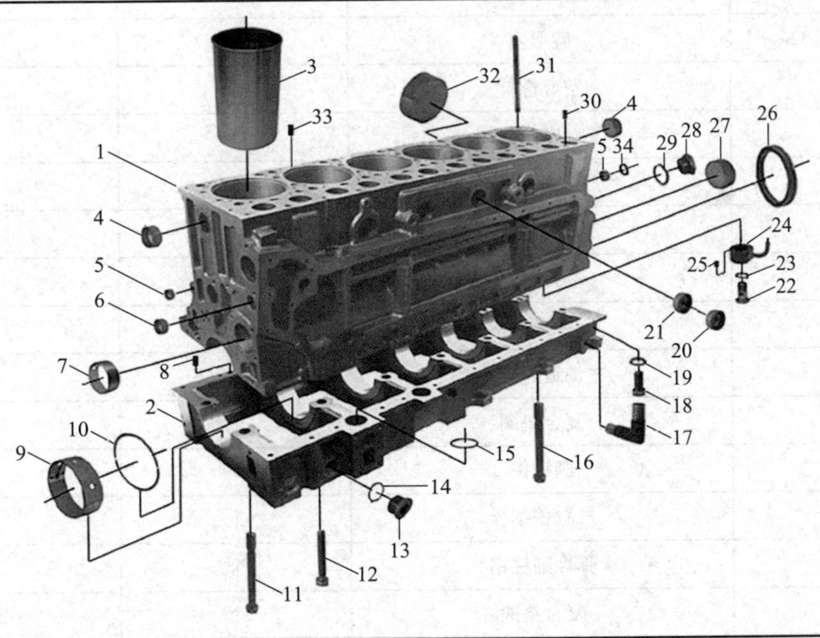

续表

序号	名称	单位	备注
1	气缸体	件	
2	曲轴箱	件	
3	气缸套	个	
4、5、6	碗形塞	个	
7	凸轮轴衬套	个	
8	圆柱销	个	
9	主轴瓦	副	
10	止推垫片	副	
11	主轴承螺栓	个	
12	六角头螺栓	个	
13	内六角圆柱头螺塞	个	
14	垫圈	个	
15	密封圈	个	
16	主轴承螺栓	个	
17	回油弯管	个	
18	内六角圆柱头螺钉	个	
19	自锁垫圈	个	
20、21、32	碗形塞	个	
22	空心螺栓	个	
23	复合密封垫圈	个	
24	喷嘴组件	个	
25	弹性圆柱销	个	
26	后油封	个	
27	碗形塞	个	
28	主油道后螺塞	个	
29	复合垫圈	个	
30	圆柱销	个	
31	气缸盖螺栓	个	
33	弹性圆柱销	个	
34	复合垫圈	个	

表 2—1—3　　机体组部件——齿轮箱相关零部件明细

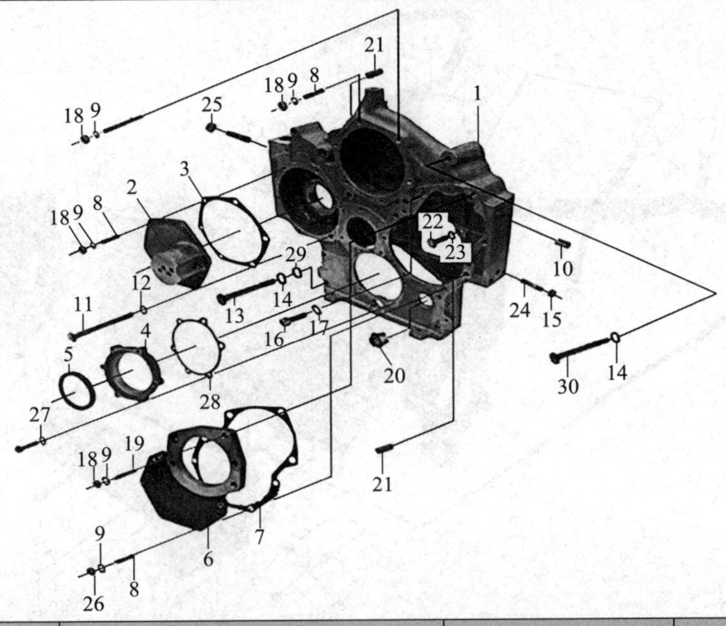

序号	名称	单位	备注
1	正时齿轮端盖	件	
2、3	空压机齿轮盖	件	
4	前油封座	个	
5	前油封	个	
6、7	凸轮轴齿轮盖	个	
8、19、24	双头螺柱	个	
9、12	波形弹性垫圈	个	
10	弹性圆柱销	个	
11、13、22	六角头螺栓	个	
14、23	弹簧垫圈	个	
16	内六角圆柱头螺钉	个	
17	鞍形弹性垫圈	个	
18、26	1 型六角螺母	个	
20	轻型六角头圆柱螺塞	个	
21	圆柱销	个	
15、25	1 型全金属六角锁紧螺母	个	
27	密封垫圈	个	
28	前油封座垫片	个	
29	平垫圈	个	
30	六角头螺栓	个	

表 2—1—4　　机体组部件——管路及其他相关零部件明细

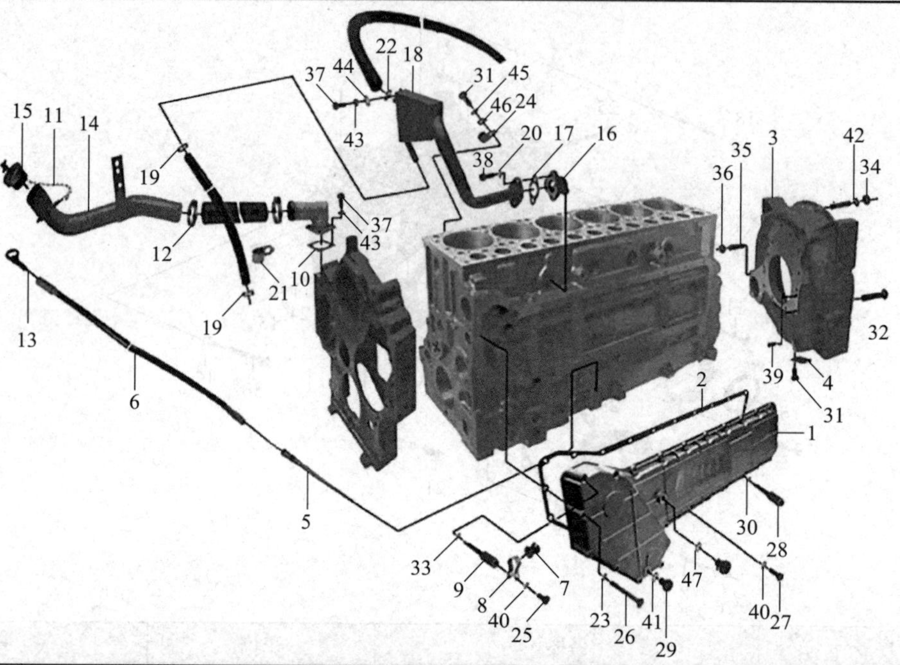

序号	名称	单位	数量
1	机油冷却器盖	件	
2	机油冷却器盖垫片	个	
3	飞轮壳	件	
4	观察孔盖	个	
5、6	油标尺、油尺管组件	个、套	
7	橡胶管箍	个	
8	单管夹片	个	
9	导管	个	
10	加油短管垫片	个	
11	机油盖链	个	
12	卡箍	个	
13	油标尺	个	
14	机油加油管	个	
15	加油管盖总成	套	
16	通风弯管	个	
17	垫片	个	
18	油气分离器组件	套	
19	软管卡箍	个	

续表

序号	名称	单位	数量
21	固定板	个	
22	软管卡箍	个	
24	单管夹子	个	
25 ~ 28	六角头螺栓	个	
29	轻型六角头圆柱螺塞	个	
31	六角头螺栓	个	
32	飞轮壳螺栓	个	
34	1 型六角螺母	个	
35	双头螺柱	个	
36	2 型全金属六角锁紧螺母	个	
37	六角头螺栓	个	
38	内六角圆柱头螺钉	个	
39	圆柱销	个	
20、23、30、33、40 ~ 47	垫圈	个	

2. 机体组的拆解

拆解前需要熟悉所拆部件的结构，掌握拆解工艺流程，知道关键部位的拆解技巧，做好充分的准备，并穿戴好相应的劳保用品，具体拆解步骤见表 2—1—5。

表 2—1—5　　机体组的拆解

序号	拆解内容	注意事项
1	准备工作	发动机固定在翻转支架上，放干机油，准备工具（行车、吊装绳、吊环、扳手、旋具等）
2	拆下气缸盖罩、衬垫	拆下气缸盖罩，拆下前后缸盖上的摇臂轴总成；拆下曲轴管通风管，拆除挺杆室盖；取下推杆；按次序取出挺杆，并同时标写出顺序号，便于装复时按顺序放回原位，以保持原摩擦副配对，避免装错
3	拆下气缸盖	拆下气缸盖及衬垫，应从两端向中间交叉均匀地拆卸。待螺栓和螺母全部拆下以后，可用木锤轻敲缸盖的四周，使其松动，然后用拆卸工具放入气缸盖两端的气门导管孔内或用手平稳地将其拆下。注意，不允许用旋具插缸盖，以免造成气缸垫损坏
4	拆下气缸盖衬垫	
5	翻转机体	拔下定位销，转动蜗轮减速器，翻转机体
6	拆下油底壳	将油底壳螺栓整齐有序放好
7	拆下飞轮	拆下飞轮固定螺栓，将飞轮从曲轴突缘上拆下

续表

序号	拆解内容	注意事项
8	拆下前油封、油封座	拆下曲轴后端油封及飞轮壳。飞轮的固定螺栓是用合金钢制成的，螺栓头部有锻造环形标志，不可混用
9	拆下飞轮壳体	
10	翻转机体	
11	拆下缸套	
12	拆下碗形塞	

3. 机体组的装配

装配前需要熟悉所装部件的结构，掌握装配工艺流程，知道关键部位的装配技巧，做好充分的准备，并穿戴好相应的劳保用品，具体装配步骤见表 2—1—6。

表 2—1—6　　机体组的装配

序号	装配内容	控制要点
1	清洗机体	油道和水套需用专用刷子清洗干净，并用压缩空气吹净，清理机体各表面
2	涂 271 密封胶	用布擦干净各碗形塞孔，将凸轮轴、主油道、副油道碗形塞分别涂上 271 密封胶
3	用敲模敲入碗形塞孔内	擦去表面多余密封胶。在机体后端面的那个副油道碗形塞要反敲，所有碗形塞应平整，并低于机身加工平面 0.20 ~ 0.40 mm
4	安装缸套	检查缸套承孔上止口，修去毛刺，用布擦干净缸套承孔及上止口等处，在缸套承孔和缸套外壁薄薄地涂一层二硫化钼（MoS_2）粉 将缸套放入缸套承孔摆正后，用手或专用工具平稳、不很费力地缓缓压入机体，不能自行落入。缸套压入后，检查缸套高出机体上平面在 0.05 ~ 0.10 mm 范围内
5	翻转气缸体	缸体反转 180°，拆开曲轴箱，将定位销敲入机油喷嘴组合件内，用空心螺栓、紫铜垫片或复合垫片将机油喷嘴组合件装入机体的副油道上并拧紧（拧紧力矩为 40 ~ 50 N · m）
6	安装飞轮壳体	将飞轮壳装到机体上，用 13 个 M12 × 70 的飞轮壳螺栓蘸上机油分两次对角均匀拧紧，第一次力矩为 40 N · m；第二次，转角 120°，拧紧后的力矩应在 110 ~ 150 N · m
7	安装前油封、油封座	将前油封刃口处涂黄油，用专用工具压入前油封座内，将前油封座装到齿轮室上，螺栓涂胶，并用复合垫片（保护唇口）
8	安装油底壳	擦干净机体下平面，将橡胶密封垫套装在油底壳上，用 12 个托块、螺栓将油底壳紧固安装好，清洗干净放油螺塞及里面的磁性圆柱，紧固安装放油螺塞（拧紧力矩为 30 N · m）
9	翻转机体	将机体翻转 180°，上平面朝上

续表

序号	装配内容	控制要点
10	清洗缸盖	用压缩空气吹净，在进、排气门杆部均匀涂上二硫化钼（MoS_2）润滑脂装入气缸盖
11	安装气缸盖衬垫	安装时应仔细检查气缸盖和机体接触面及气缸衬垫是否有损坏，是否清洗干净，如果衬垫有损坏，则要换新。装配时衬垫上有件号的一面（即缸套盖孔反边的一面）应朝上，并仔细地将衬垫的定位孔对准定位套筒及机体与气缸盖之间的润滑油孔
12	安装气缸盖	将组装好的缸盖组合件擦净其底平面装入，未安装到位的允许用木锤敲入，把夹紧块、压紧块装入缸盖副螺栓，将 21 个缸盖副螺母和 24 个缸盖主螺栓的螺纹处涂点机油拧入，并按照规定拧紧
13	安装气缸盖罩、衬垫	依次安装气缸盖罩衬垫和气缸盖罩

三、机体组的检修

1. 气缸体的检修

（1）故障现象

不能形成密封腔，以致机油泄漏，发动机工作时存在危险性。

（2）故障原因

由于发动机机体本身质量问题、受热不均、安装不当、外来不利因素等造成的气缸体破损、裂纹、变形等。

（3）故障检修

清洗干净气缸体后目视检查是否存在裂缝、气缸体破损及裂纹情况。铝合金材料、铁质可以采取修补，多采用焊补，还可以采用 AB 胶粘补进行维修。如果是气缸体变形的情况，由于维修成本较高，通常都建议更换。

通过液压测试检查裂缝或者漏气情况，堵住气缸体的冷却水和机油管道的喷口后向进气口施加约 0.4 MPa 的压力，然后在水中（水温 70℃）浸气缸体 1 min 左右，检查是否存在漏气情况。

2. 气缸盖的检修

（1）故障现象

气缸盖裂纹。高压气体窜入水箱，致冷却水中有气泡逸出；排气管冒白烟或排水；柴油机功率下降、工作不稳定并发出异常声响，起动困难；柴油机外部漏水。

（2）故障原因

使用管理不当，柴油机过热时，突然加冷水；或在冷态下急剧加热（柴油机起动后不暖机又急剧增加负荷）；供油时间不对，产生早燃或爆燃，造成缸盖温度过高等，致使缸盖热胀冷缩而产生裂纹；寒冷季节，停车熄火后，马上放掉冷却水或没有放净，使缸体和缸盖由热骤变冷或因剩余冷却水而冻裂。冷却系统散热效率差，局部高温而使缸盖产生裂纹。修理时，气缸盖螺栓没有按规定顺序、规定扭矩拧紧，或各螺栓拧紧程度不一致，造成缸盖、缸体受力不匀而产生裂纹。缸盖材料问题，如铸造应力和材质缺陷等，会出现应力集中使其产生裂纹。

（3）故障检修

缸盖裂纹可用观察法、荧光探伤法、水压试验法及磁力探伤法进行检查。

1）观察法。指直接用眼睛或放大镜观察即可发现的裂纹。

2）荧光探伤法。当用观察法不能断定出有无裂纹时，可用荧光探伤法。荧光溶液是用 0.25 L 的变压器油、0.5 L 的煤油和 0.25 L 的汽油混合剂，再加入 0.25 g 金黄色的染料制成的。对待鉴定部位进行仔细清洗，彻底祛除油污、锈斑；用毛刷涂敷荧光溶液于待检部位，待荧光渗透液流尽后，用 35～45℃的清水彻底冲洗，再用紫外线烤灯烘烤 2～4 min；然后在零件表面涂一层氧化镁显像粉，粉末覆盖 10～15 min，将多余的粉吹掉；用紫外线灯照射零件表面，则裂纹位置和形状可显示出来。

3）水压试验法。将缸盖放到水压试验台上，加压 0.3～0.5 MPa。若无此设备，就用简易的油浸法，即将疑问处用煤油或汽油洗净，涂上白粉，在油的渗透下会显示出痕迹，即是裂纹所在处。

4）磁力探伤法。使用便携式磁力探伤机，被测缸盖或缸体在电磁场的作用下，由于其表面裂纹会产生磁力线泄漏或聚集，从而显示出裂纹部位。此法不适合于铝合金缸盖。

【知识拓展】

气缸盖拧紧顺序

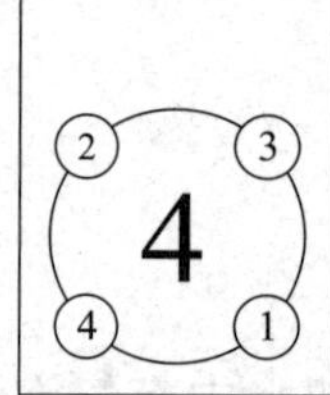

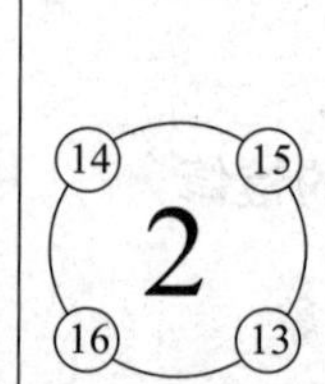

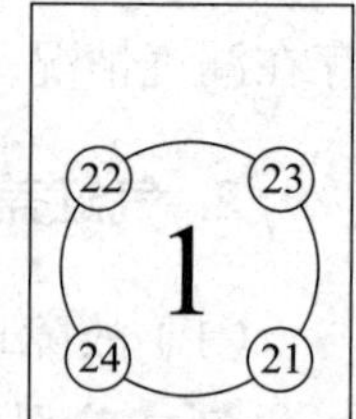

按图中所示数字顺序逐步拧紧。“逐步”指的是（按对角顺序）先每个螺栓拧紧一点，再按同样顺序拧紧一点，分三次才完全拧紧到位。目的是使缸盖及缸垫均匀受力，

正确就位，避免变形。拆卸时按图中所示相反的顺序分三次进行。禁止在柴油机热状态下拆卸缸盖或松动缸盖螺栓，以防止缸盖变形。

课题 2　活塞连杆组的拆装与检修

学习目标

1. 理解活塞连杆组的作用与结构组成。
2. 掌握活塞连杆组的拆装工艺。
3. 掌握活塞连杆组的检修方法。

活塞连杆组由活塞、活塞环、活塞销、连杆、连杆轴瓦等组成（图 2—2—1）。

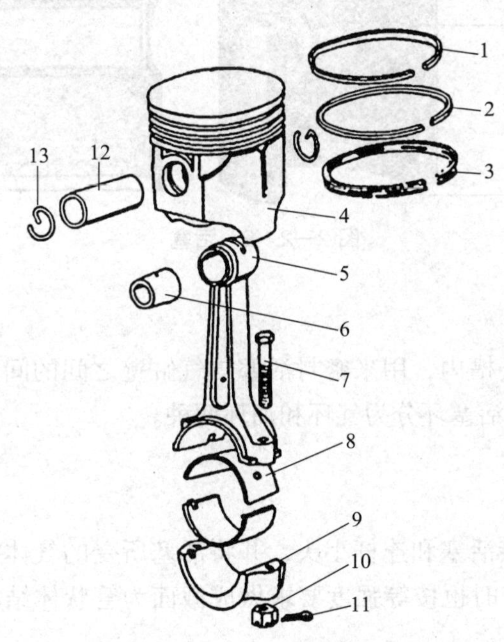

图 2—2—1　活塞连杆组

1、2—气环　3—油环　4—活塞　5—连杆　6—连杆衬套　7—连杆螺栓　8—连杆轴瓦　9—连杆盖　10—连杆螺母　11—开口销　12—活塞销　13—卡环

一、活塞连杆组的认知

1. 活塞

（1）活塞的功用及工作条件

活塞的作用是与气缸盖、气缸壁等共同组成燃烧室，并承受气缸中气体压力，通过活塞销将作用力传给连杆，以推动曲轴旋转。

（2）活塞材料

现代汽车发动机不论是汽油机还是柴油机广泛采用铝合金活塞，只在极少数汽车发动机上采用铸铁或耐热钢活塞。

（3）活塞构造

活塞可分为顶部、头部和裙部三部分，如图 2—2—2 所示。

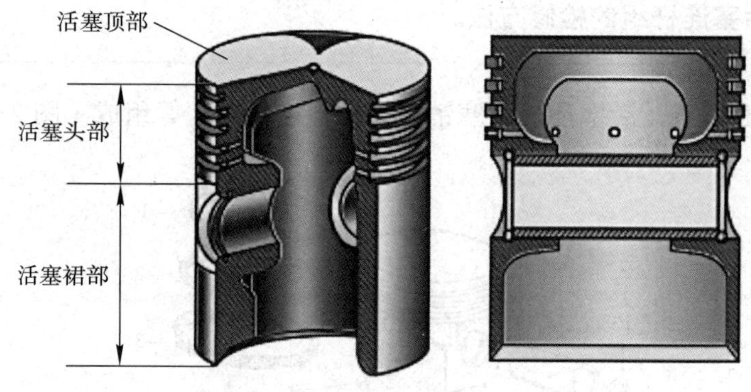

图 2—2—2　活塞

2. 活塞环

活塞环安装在活塞环槽内，用来密封活塞与气缸壁之间的间隙，防止窜气，同时使活塞往复运动方便顺捷。活塞环分为气环和油环两种。

3. 活塞销

活塞销的作用是连接活塞和连杆小头，并将活塞所受的气体作用力传给连杆。活塞销通常为空心圆柱体，有时也按等强度要求做成截面为管状体结构。活塞销一般采用低碳钢或低碳合金制造。

活塞销与活塞销座孔和连杆小头衬套孔的连接采用全浮式和半浮式连接。采用全浮式连接，如图 2—2—3a 所示，活塞销可以在孔内自由转动；采用半浮式连接，如图 2—2—3b 所示，销与连杆小头之间为过盈配合，工作中不发生相对转动；销与活塞销座孔之间为间隙配合。

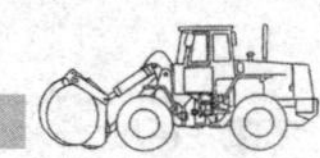

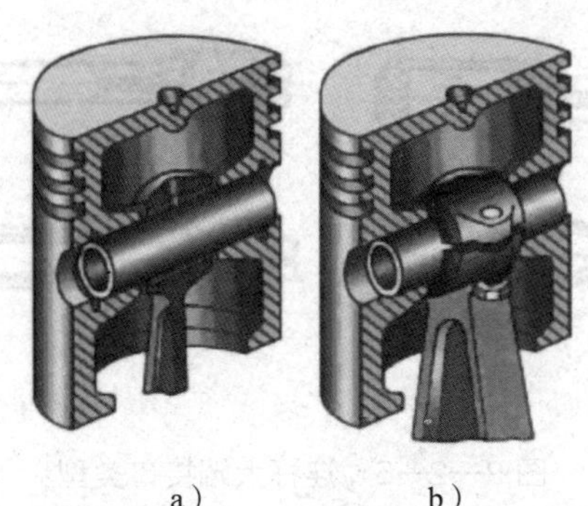

图 2—2—3　活塞销的连接

a）全浮式　b）半浮式

4. 连杆

连杆的作用是将活塞承受的力传给曲轴，并使活塞的往复运动转变为曲轴的旋转运动。

连杆由连杆体、连杆盖、连杆螺栓和连杆轴瓦等零件组成，连杆体与连杆盖分为连杆小头、杆身和连杆大头，如图 2—2—4 所示。

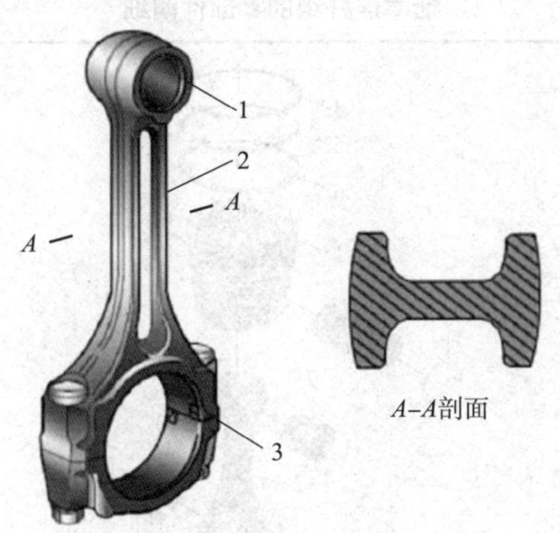

图 2—2—4　连杆结构

1—连杆小头　2—杆身　3—连杆大头

连杆小头用来安装活塞销，以连接活塞。杆身通常做成“工”或“H”形断面，以求在满足强度和刚度要求的前提下减轻重量。

连杆大头与曲轴的连杆轴颈相连。一般做成分开式，分为平切口（图 2—2—5a）与斜切口（图 2—2—5b），与杆身切开的一半称为连杆盖，二者靠连杆螺栓连接为一体。平切口，对口面与连杆杆身轴线垂直，通常用于汽油机；斜切口，对口面与连杆杆身轴线成一定夹角（通常为 45°），常用于柴油机。

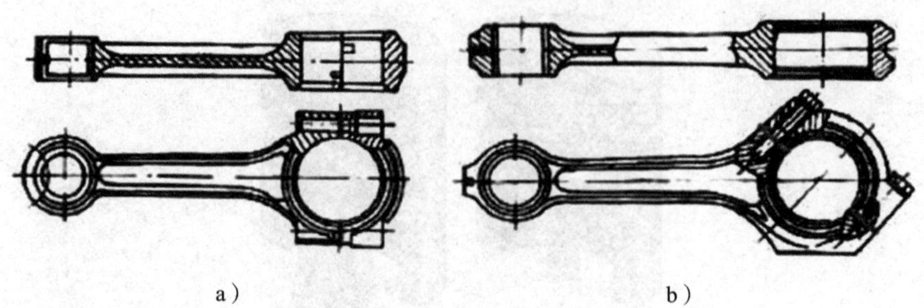

图 2—2—5　连杆大端接口类型
a）平切口　b）斜切口

连杆轴瓦安装在连杆大头孔座中，与曲轴上的连杆轴颈装在一起，是发动机中最重要的配合副之一。常用的减磨合金主要有白合金、铜铅合金和铝基合金。

二、活塞连杆组的拆装

1. 活塞连杆组的零部件明细

表 2—2—1　　活塞连杆组的零部件明细

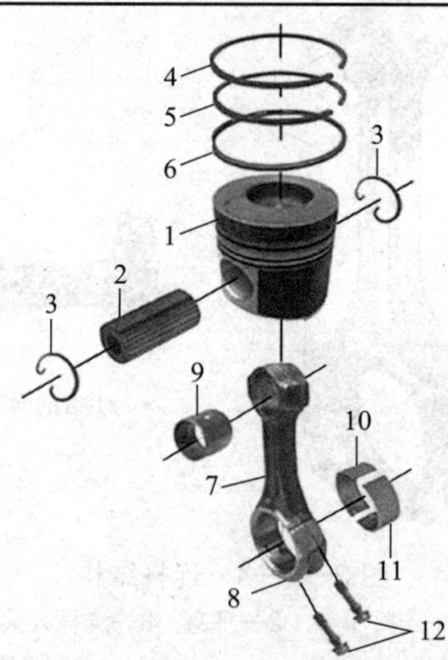

序号	名称	单位	备注
1	活塞	件	
2	活塞销	件	
3	活塞销挡圈	件	
4	梯形环	件	

续表

序号	名称	单位	备注
5	锥面环	件	
6	油环	件	
7	连杆体	件	
8	连杆盖	件	
9	连杆衬套	件	
10	连杆轴瓦	套	
11	连杆轴瓦（上瓦）	套	
12	连杆螺栓	件	

2. 活塞连杆组的拆解

拆解前需要熟悉所拆部件的结构，掌握拆解工艺流程，知道关键部位的拆解技巧，做好充分的准备，并穿戴好相应的劳保用品，具体拆解步骤见表 2—2—2。

表 2—2—2　　活塞连杆组的拆解

序号	拆解内容	注意事项
1	准备工作	活塞环拆装专用工具、卡簧钳、橡胶锤
2	拆下连杆螺栓	转动曲轴到最方便的位置，拆下连杆螺母，取下连杆轴承盖和轴承，用木锤推动连杆，从缸体上部取出活塞连杆总成。如气缸磨损严重，缸壁上部出现台阶，应先用刮刀刮平，以免活塞连杆组总成在推出时产生困难和损坏活塞环。推出之后，要立即将连杆轴承盖和连杆用刚拆下的连杆螺栓、螺母装复，以免错乱
3	拆下连杆大端	
4	拆下活塞连杆组	
5	拆下活塞环	用活塞环装卸钳拆下活塞环，如无活塞环装卸钳，可用两手大拇指将环口拨开少许（不得拨开过大，以防环被折断），用两中指护着活塞环的外圈，将活塞环拆下
6	拆下活塞销	拆卸活塞销，先用尖嘴钳将活塞销两端卡簧环拆下，用活塞销铜棒将活塞销脱出。如是铝合金活塞，应先将铝合金活塞放在水中加热到 75～80℃，然后再取出活塞销，以免活塞变形

3. 活塞连杆组的装配

装配前需要熟悉所装部件的结构，掌握装配工艺流程，知道关键部位的装配技巧，做好充分的准备，并穿戴好相应的劳保用品，具体装配步骤见表 2—2—3。

表 2—2—3 活塞连杆组的装配

序号	装配内容	控制要点
1	安装活塞销、连杆	活塞加热至 60～80℃装入活塞销、连杆，用活塞销卡簧卡住，连杆在活塞内能灵活摆动，连杆大头斜切口背向活塞裙部的避嘴坑 同台柴油机的 6 个活塞连杆组质量差不超过 39 g，重量分组标记必须一致，在连杆大头斜切口远离连杆小头这端侧面标刻有质量分组标记，标记为大写的英文字母
2	安装活塞环	第三道油环内衬环合口与油环开口错开 180°，第一道气环内切口面即有安装标记的一面朝上，开口偏离活塞销轴线 30° 以外，第二道气环开口与第一道气环开口错开 120°，与另一侧活塞销轴线偏离 30°，第三道活塞环开口与第一道气环开口错开 60°，与活塞销中心线成偏移 30° 的位置 三道活塞环开口相互错开 120°，切记第一、第二道气环带有安装标记的一面朝上（TOP）
3	安装连杆轴瓦	擦净连杆大头和瓦盖
4	将活塞连杆组装入缸套内	抹上清洁机油，擦干净缸套，涂上清洁机油，将曲轴转到相应位置。在曲轴连杆轴颈、活塞销、环、活塞裙部等摩擦表面抹上清洁机油，用安装活塞专用工具将活塞连杆组装入缸套内
5	安装连杆大端	连杆大头斜切口朝向机油冷却器一侧，装上配对加工编号一致的连杆瓦盖，不得互换、调向
6	拧紧连杆螺栓	将连杆螺栓蘸机油拧入，分两次拧紧：第一次，120 N · m；第二次，转角 90° 拧紧后的力矩应在 170～250 N · m 范围内。注意：连杆螺栓只允许使用一次
7	检查	检查各缸连杆大头与连杆轴颈开挡间隙在 0.15～0.35 mm，转动曲轴应无卡滞现象。将机体翻转 180°，上平面朝上，测量活塞凸出高度 0.15～0.33 mm，核对 1、6 缸上止点

三、活塞连杆组的检修

1. 活塞的检修

（1）故障现象

活塞是柴油机曲柄连杆机构的主要运动部件，与气缸盖、气缸体组成燃烧室，活塞工作时承受高温气体、活塞销巨大的机械应力和热应力，高速运动还承受着气缸壁摩擦力。因此，活塞是柴油机中易损的零件，常见故障有破损、烧蚀、磨损等，对活塞进行损伤检测及维修研究成为一种必然。

（2）故障原因

常见活塞顶面损伤有活塞顶面的烧蚀和活塞顶面出现裂纹。活塞顶面烧蚀将产生凹凸不平的麻坑，严重的会烧熔活塞表面。活塞烧蚀会造成发动机气缸的漏气、高温气体窜入曲轴箱，导致润滑油温度升高变质，同时发动机的动力性和经济性下降。其原因主要是不正常燃烧造成的，使顶部承受过多热量造成的，由于活塞冷却不良时，在活塞顶上凹坑处产生局部过热，使金属表面出现烧蚀。烧蚀较轻的活塞，允许继续使用，烧蚀严重时必须更换。活塞顶面由于热应力引起的疲劳出现裂纹，裂纹的方向一般垂直于活塞销孔的轴线。当发动机大负荷工作时，活塞变形量过大引起活塞疲劳产生裂纹；混合气的燃烧不正常产生积炭也使热负荷过大，活塞各处受热不均，形成很大的温度梯度产生热开裂。活塞材质不合格，导致高温强度降低，从而加速裂纹的扩展。

（3）故障检修

将活塞放在煤油乳化溶液中浸泡 30 min 后用铜丝刷清洗，不要使用对铝有浸蚀作用的溶液及钢丝刷等坚硬的工具来清洗。清洗后应观察活塞环槽的表面是否有凸起存在，如有凸起，应更换。测量环槽及活塞的外径，如果测量的结果不在规定的范围内应更换。活塞出现顶部烧穿、头部烧熔、环岸损伤或严重磨损、裙部划伤、活塞与气缸配合间隙过大等情况时应更换。

2. 活塞环的检修

（1）故障现象

活塞环磨损、断裂。

（2）故障原因

润滑不良、开口间隙过小。

（3）故障检修

更换新活塞环时，应将其放入相配合的气缸套内，检查活塞环的开口间隙，其间隙值应符合规定要求。

活塞环顶面上有“TOP”或有其他标记的，装配时应将该面朝上。为了避免可燃混合气从活塞环的开口间隙中漏出，在装配时应将环的开口方向互相错开 120°，且不要把开口放在活塞销处。

在将活塞连杆组件装进气缸体前，要检查活塞环朝上标记、活塞指前标记、连杆装配方向和活塞销是否落槽。在气缸孔内、活塞环上、活塞裙部及连杆轴颈等部位均匀涂以 15W–40 牌号的发动机润滑油。应自如地将活塞连杆组件推入气缸孔内，不得强行装配，并将活塞顶上的指前标记朝向柴油机缸体的前端。连杆螺栓装入时，应在连杆螺栓头的承压面及螺纹上涂以少许 15W–40 牌号的发动机润滑油，并用手拧 2 ~ 3 扣。

3. 连杆的检修

（1）故障现象

杆身有压坑或变形等情况。

（2）故障原因

连杆承受大小、方向变化的惯性力。

（3）故障检修

康明斯柴油机大修时，应对连杆进行检查，查看杆身是否有压坑或变形等情况，如超出技术要求，应更换连杆。若出现连杆螺栓被拉长、螺杆的导向部分磨损或存在裂纹、螺纹损坏时应更换。活塞销装入连杆小头孔时，应在活塞销及衬套上涂润滑油；活塞、连杆及连杆盖进行组合装配时，应注意连杆的方向及配对号，当活塞的指前记号“FRONT”朝上时，连杆盖应在左边（将活塞朝内从上往下看）。

【知识拓展】

1. 活塞环拆装钳

活塞环拆装钳是一种专门用于拆装活塞环的工具，如图 2—2—6 所示。维修发动机时，必须使用活塞拆装钳拆装活塞环。

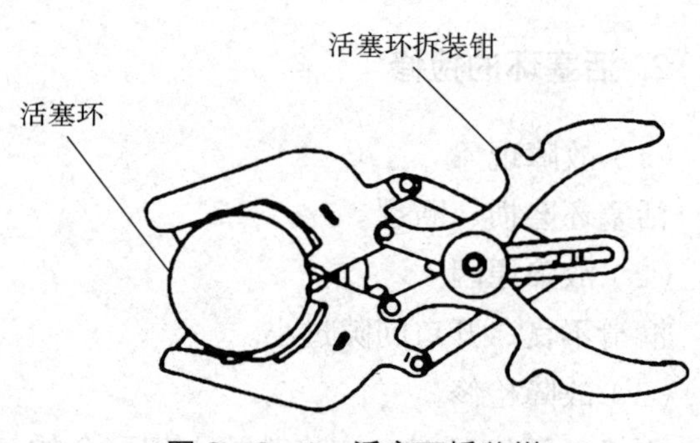

图 2—2—6 活塞环拆装钳

使用活塞环拆装钳时，将拆装钳上的环卡卡住活塞环开口，握住手柄稍稍均匀地用力，使拆装钳手把慢慢地收缩，环卡将活塞环徐徐地张开，使活塞环能从活塞环槽中取出或装入。

使用活塞环拆装钳拆装活塞环时，用力必须均匀，避免用力过猛而导致活塞环折断，同时能避免伤手事故。

2. 气门弹簧拆装架

气门弹簧拆装架是一种专门用于拆装顶置气门弹簧的工具，如图 2—2—7 所示。使用时，将拆装架托架抵住气门，压环对正气门弹簧座，然后压下手柄，使得气门弹簧被压缩。这时可取下气门弹簧锁销或锁片，慢慢地松抬手柄，即可取出气门弹簧座、气门弹簧和气门等。

3. 活塞环压缩器

活塞环压缩器是活塞装配时要使用的一种专用工具，如图 2—2—8 所示，活塞环装上活塞后，用活塞环压缩器把活塞环压缩成活塞大小连同活塞一起从气缸顶部装配，注意活塞的方向，用橡胶锤击打活塞顶部，从而使活塞连同活塞环一起装入气缸内。

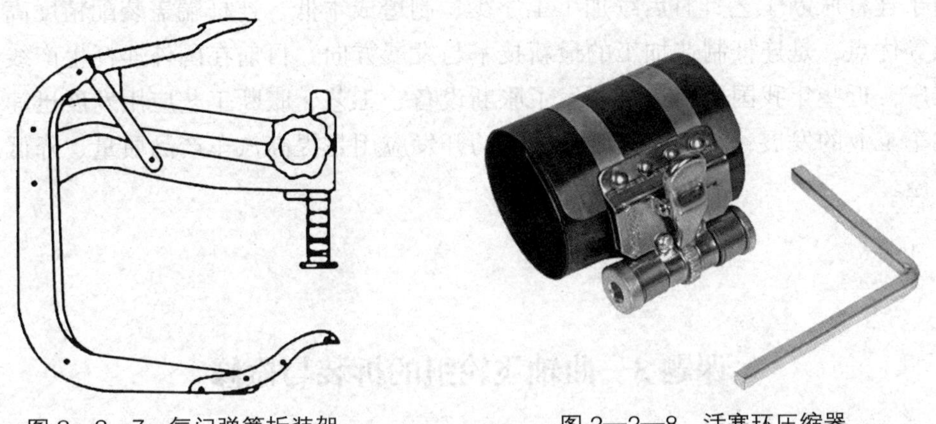

图 2—2—7　气门弹簧拆装架　　　图 2—2—8　活塞环压缩器

4. 胀断工艺

连杆胀断工艺是对连杆大头孔的断裂线处先加工出两条应力集中槽，然后楔铁往下移动进入连杆大头孔，如图 2—2—9 所示，大头孔与楔铁之间还有一对半圆胀块。当楔铁往下移动时对大头孔产生径向力，使其在槽处出现裂缝，并最终把连杆盖从连杆本体上胀断而分离出来。

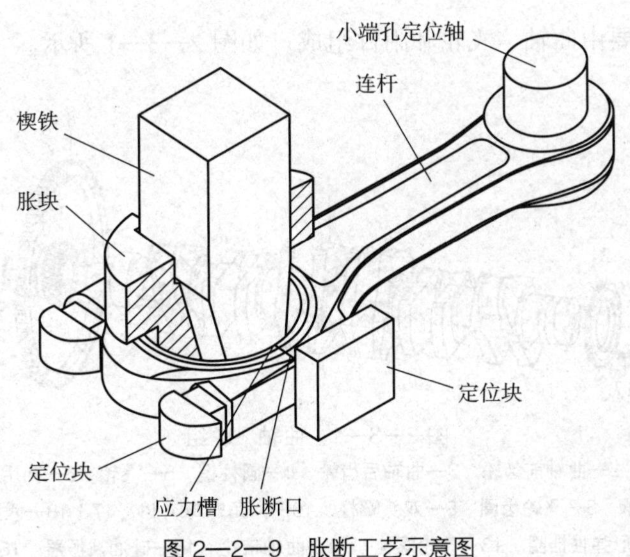

图 2—2—9　胀断工艺示意图

胀断工艺要求连杆锻件在裂解过程中不能有过大的塑性变形，因此，对连杆材料的要求是在保证其强韧综合性能指标的前提下，限制连杆的韧性指标，使其断口呈脆性断裂状态。最理想的胀断分离面是不带任何塑性变形的脆性断裂，可装配性达到最佳。烧结粉末金属连杆的可胀断性较好，是最开始用于胀断连杆的材料。可用于连杆胀断的材料有粉末烧结材料、球墨铸铁、高碳钢（70号钢）。

由于连杆胀断工艺具有后续加工工序少、制造成本低、连杆端盖装配精度高、承载能力强等优点，是连杆制造加工的最新技术与发展方向，目前在国外连杆生产线中已经大量推广，近些年我国也引进与开发了胀断设备、工艺，胀断工艺应用发展迅速。随着我国汽车工业的发展，各种先进制造技术的开发应用是提高汽车产品质量、降低成本的必然途径。

课题 3　曲轴飞轮组的拆装与检修

学习目标

1. 理解曲轴飞轮组的作用与结构组成。
2. 掌握曲轴飞轮组的拆装工艺。
3. 掌握曲轴飞轮组的检修方法。

曲轴飞轮组主要由曲轴、飞轮和附件组成，如图 2—3—1 所示。

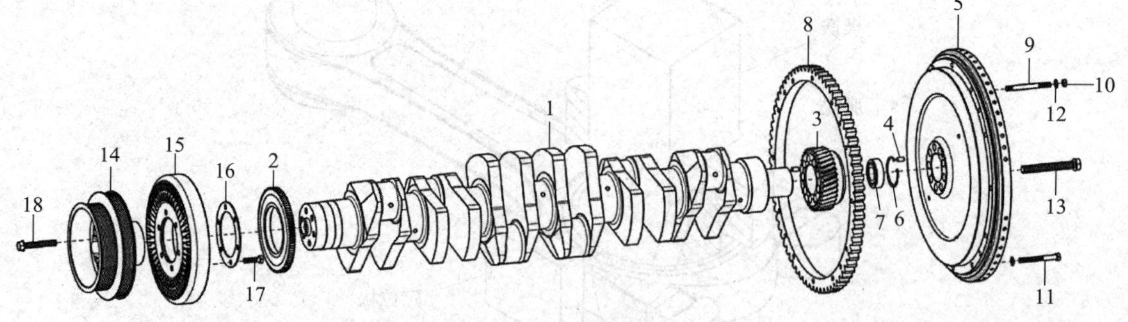

图 2—3—1　曲轴飞轮组

1—曲轴　2—曲轴前齿轮　3—曲轴后齿轮　4—圆柱销　5—飞轮　6—孔用弹性挡圈　7—球轴承　8—飞轮齿圈　9—双头螺柱　10—六角螺母　11、17、18—六角头螺栓　12—波形弹性挡圈　13—飞轮螺栓　14—曲轴带轮　15—硅油减振器　16—垫环

一、曲轴飞轮组的认知

1. 曲轴

曲轴是发动机最重要的机件之一。其作用是将活塞连杆组传来的气体作用力转变成曲轴的旋转力矩对外输出，并驱动发动机的配气机构及其他辅助装置工作。曲轴前端主要用来驱动配气机构、水泵和风扇等附属机构，前端轴上安装有正时齿轮（或同步带轮）、风扇与水泵的带轮、扭转减振器以及起动爪等。曲轴后端采用凸缘结构，用来安装飞轮。

曲轴一般选用强度高、冲击韧度高和耐磨性能好的优质中碳结构钢、优质中碳合金钢或高强度球墨铸铁来锻造或铸造。

曲轴在装配前必须经过动平衡校验，对不平衡的曲轴，常在其偏重的一侧平衡重或曲柄上去除一部分质量，以达到平衡的要求。

2. 飞轮

飞轮是一个转动惯量很大的圆盘，外缘上压有一个齿圈，与起动机的驱动齿轮啮合，供起动发动机时使用。飞轮上通常还刻有第一缸点火正时记号，以便校准点火时刻。

多缸发动机的飞轮应与曲轴一起进行动平衡试验。为了保证在拆装过程中不破坏飞轮与曲轴间的装配关系，采用定位销或不对称螺栓布置方式。

3. 扭转减振器

当发动机工作时，曲轴在周期性变化的转矩作用下，各曲拐之间发生周期性相对扭转的现象称为扭转振动。发动机的振动关系到它的使用寿命、工作效率和对周围环境的影响，曲轴系统的振动是引发内燃机振动的重要因素。

为了消减曲轴的扭转振动，现在汽车发动机多在扭转振幅最大的曲轴前端装置扭转减振器，目前在汽车发动机曲轴系统中广泛采用的是橡胶阻尼式扭转减振器，如图 2—3—2 所示，有效地改善了发动机曲轴系统的扭振特性，降低了扭振幅值。

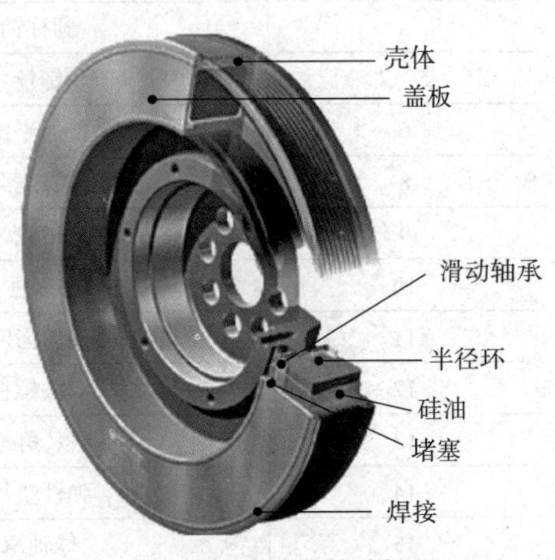

图 2—3—2　扭转减振器

扭转减振器的主要作用有：消减曲轴扭转振动，提高曲轴的疲劳寿命，减少应力水平；传递扭矩，衰减扭矩波动；减少整车的振动、噪声。

二、曲轴飞轮组的拆装

曲轴飞轮组相关零部件明细见表 2—3—1。

表 2—3—1　　曲轴飞轮组相关零部件明细

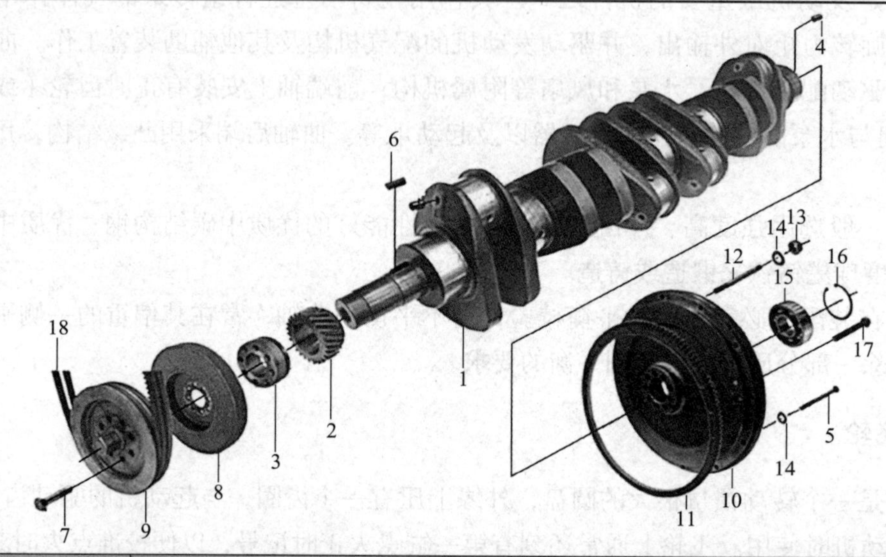

序号	名称	单位	备注
1	曲轴	个	
2	曲轴齿轮	个	
3	法兰	个	
4	圆柱销	个	
5、7	螺栓	个	
6	普通平键	个	
8	减振器	个	
9	带轮	个	
10	飞轮	个	
11	飞轮齿圈	个	
12	双头螺柱	个	
13	1 型六角螺母	个	
14	弹性垫片	个	
15	球轴承	个	
16	孔用弹性挡圈	个	
17	六角头螺栓	个	
18	V 带	个	

1. 曲轴飞轮组的拆解

拆解前需要熟悉所拆部件的结构，掌握拆解工艺流程，知道关键部位的拆解技巧，做好充分的准备，并穿戴好相应的劳保用品，具体拆解步骤见表 2—3—2。

表 2—3—2　　曲轴飞轮组的拆解

序号	拆解内容	注意事项
1	准备工作	将工位卫生清理干净，准备好所需的工具、物品等。检查拆装台架完整情况、是否安全固定
2	拆减振器	拆下扭转减振器
3	拆飞轮	对角分 2 ~ 3 次拧下曲轴后油封凸缘的 6 个固定螺栓。用橡皮锤轻击并取下曲轴后油封凸缘
4	拆油封	
5	拆主轴承盖	拆卸螺栓时应按顺序分 2 ~ 3 次均匀拆下主轴承盖螺栓。使用拆下的主轴承盖的螺栓，前后撬动并拆下主轴承盖和下止推垫片，止推垫片的作用主要是防止曲轴的轴向移动。把下轴承和主轴承盖放在一起。将拆卸下来的主轴承盖按顺序摆放一起
6	拆曲轴及轴瓦	用行车吊装曲轴

2. 曲轴飞轮组的装配

装配前需要熟悉所装部件的结构，掌握装配工艺流程，知道关键部位的装配技巧，做好充分的准备，并穿戴好相应的劳保用品，具体装配步骤见表 2—3—3。

表 2—3—3　　曲轴飞轮组的装配

序号	装配内容	控制要点
1	安装主轴瓦	用布擦净七道主轴承孔，安装主轴瓦，在轴瓦内圆面涂上清洁机油，注意上、下瓦不要装错，有油槽和油孔的为上瓦
2	安装止推垫片、密封圈	上、下两对止推垫片涂上黄油分别安装在第二道主轴承孔上、下两边，注意油槽朝外。在第二、第三道主轴承处的油道孔口分别套上两个 O 形橡胶密封圈。用油石修去上下机体结合面毛刺并用布擦净（用清洗剂或工业酒精除油），用适量的 510 平面密封胶均匀地涂在机体上下接合面
3	清洗曲轴	特别是曲轴油道须用专用刷子清理，敲上 6 个油道堵头，用扁凿子在孔圆周上敲个口子起保险作用
4	安装曲轴	将曲轴装入上机体，在曲轴主轴颈上涂上清洁机油，将下机体与上机体合上，贴平后敲入 3 个定位销，用凿子在销孔圆周上均匀敲上 3 个口子以作保险

续表

序号	装配内容	控制要点
5	在曲轴后端轴颈上涂上清洁机油	将后油封装上（注意保护唇口）
6	安装主轴承	将 14 个主轴承螺栓蘸机油装入主轴承螺孔内，从中间向两边依次均匀分两次拧紧。拧紧力矩为：第一次，80 N・m；第二次，250 N・m。用手转动曲轴应灵活无卡滞现象，检查曲轴轴向间隙应为 0.102 ~ 0.305 mm，回转力矩≤50 N・m。拧紧下机体两侧的六角螺栓。注意：头部带螺纹孔的主轴承应装在第六主轴承靠高压油泵侧
7	安装飞轮轴承、螺栓	擦干净飞轮轴承孔，装入轴承挡圈，将 6305 飞轮轴承用敲模从飞轮与曲轴结合的这一面敲入飞轮轴承孔内
8		在飞轮齿圈上拧入 2 个 M10 × 90 的双头螺栓，将飞轮齿圈装到飞轮上，抬起飞轮使飞轮定位销孔对准曲轴上的定位销，将飞轮装到曲轴上
9		将飞轮螺栓蘸上机油先拧入 2 个，在飞轮壳下方孔内放入工艺止动销，再将飞轮螺栓按要求分两次对角拧紧，第一次，60 N・m；第二次，转角 180°，拧紧后的力矩应在 230 ~ 280 N・m 范围内
10	检查	转动飞轮，使第一和第六缸的活塞在上止点，这时飞轮应在零位，即从飞轮壳检视孔中刻线看下去应在飞轮的 OT 刻线
11	安装减振器	用 8 个 M10 × 70 的螺栓蘸机油将减振器、带轮装入曲轴并拧紧，力矩为 65 N・m。禁止在无减振器或减振器失效的情况下使用柴油机，否则将会使正时齿轮磨损增加，甚至造成曲轴疲劳断裂

三、曲轴飞轮组的检修

1. 曲轴的检修

（1）故障现象

曲轴裂纹、曲轴弯扭变形、轴颈磨损。

（2）故障原因

1）裂纹多发生在曲柄与轴颈之间的过渡圆角处以及油孔处，多由应力集中引起。

2）曲柄与轴颈过渡圆角处的裂纹是横向裂纹，危害极大，严重时造成曲轴断裂。油孔处的裂纹为轴向裂纹，沿斜置油孔的锐边轴向发展，必要时也应更换曲轴。

3）曲轴超负荷，冲击，振动，少数缸不工作或工作不平衡，受力不均匀是导致曲轴弯曲的原因。

4）主轴颈和连杆轴颈径向最大磨损部位相互对应，即各主轴颈的最大磨损靠近连杆

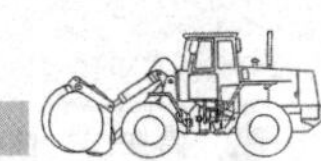

轴颈一侧，连杆轴颈的最大磨损部位在主轴颈一侧。

5）曲轴轴颈沿轴向还有锥形磨损，与连杆轴颈油道的油流相背的一侧磨损严重。

（3）故障检修

1）曲轴弯曲变形的检查。以两端主轴颈的公共轴线为基准，检查中间主轴颈的径向圆跳动误差，如图 2—3—3 所示。检验时，将曲轴两端主轴颈分别放置在检验平板的 V 形块上，将百分表触头垂直地抵在中间主轴颈上，慢慢转动曲轴一圈，百分表指针所指示的最大读数与最小读数之差，即为中间主轴颈的径向圆跳动误差值。

图 2—3—3　曲轴弯曲变形的检查

2）曲轴磨损的检查。主要是用外径千分尺测量轴颈的直径、圆度误差和圆柱度误差。一般根据圆柱度误差确定轴颈是否需要修磨，同时也可确定修理尺寸。

主轴颈和连杆轴颈磨损后，其圆度、圆柱度误差超出标准要求时，应进行曲轴的光磨修理。在小修时，轴颈某些较轻的表面损伤，可用油石、细锉刀或砂布加以修磨。发动机大修时，对轴颈磨损已超过规定的曲轴，可用修理尺寸法对曲轴主轴颈、连杆轴颈进行光磨修理。其修理尺寸一般以每缩小 0.25 mm 为一级，如图 2—3—4 所示。

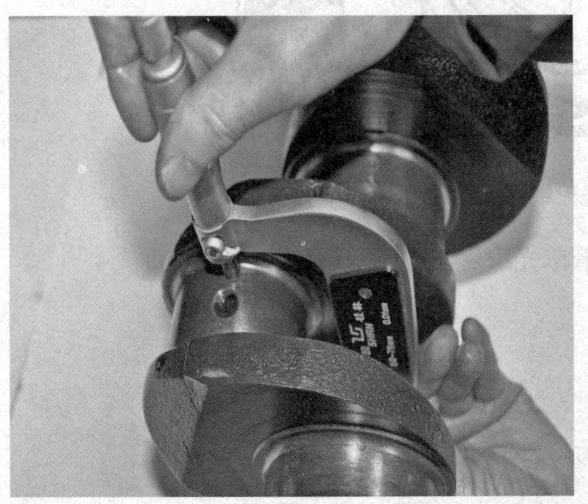

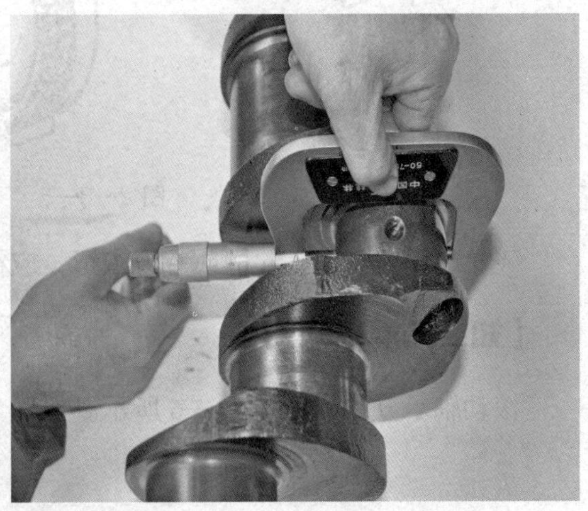

图 2—3—4　曲轴磨损的检查

2. 飞轮的检修

（1）故障现象

齿圈的磨损、打坏。

（2）故障原因

飞轮齿圈与起动机齿圈在起动发动机时产生碰撞，或两齿轮啮合不良，容易造成牙齿磨损和损伤。

（3）故障检修

齿轮牙齿如单面磨损，可将齿圈翻过来使用。齿圈两面均严重磨损超过齿长的 1/3，应更换齿圈。飞轮与齿圈是过盈装配，拆装齿圈时，应进行加温。加热至 623 ~ 673 K，进行垫压配合。齿圈与飞轮配合过盈为 0.30 ~ 0.60 mm。

用带架千分表检查飞轮端面跳动量，端面跳动量应不超过 0.15 mm。检查方法如图 2—3—5 所示。如果超过使用限度应予以修磨或更换飞轮。

图 2—3—5　飞轮端面圆跳动

飞轮端面若磨损、起槽或有波浪形，应精车光磨，磨削量不得大于 1 mm。

【知识拓展】

滚动轴承分类如图 2—3—6 所示。

滚动轴承
向心轴承
向心球轴承
深沟球轴承
角接触球轴承
四点接触球轴承
调心球轴承
向心滚子轴承
圆柱滚子轴承
滚针轴承
圆锥滚子轴承
调心滚子轴承
推力轴承
推力球轴承
推力球轴承
推力角接触球轴承
推力滚子轴承
推力圆柱滚子轴承
推力滚针轴承
推力圆锥滚子轴承
推力调心滚子轴承

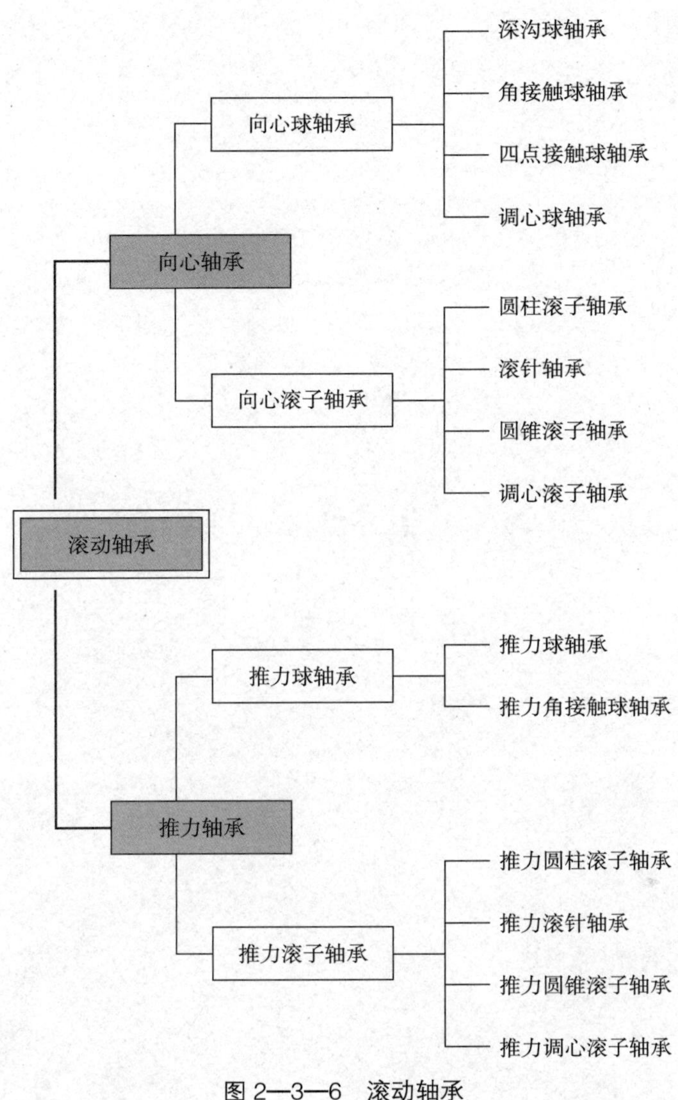

图 2—3—6　滚动轴承

模块三 配气机构的拆装与检修

配气机构的作用是根据发动机工作循环和点火次序，适时地开启和关闭各缸的进、排气门，使纯净空气或空气与燃油的混合气及时地进入气缸，废气及时地排出。

课题 1 配气机构的认知

学习目标

1. 理解气门组的作用与结构组成。
2. 理解气门传动组的作用与结构组成。

配气机构组成如图 3—1—1 所示。

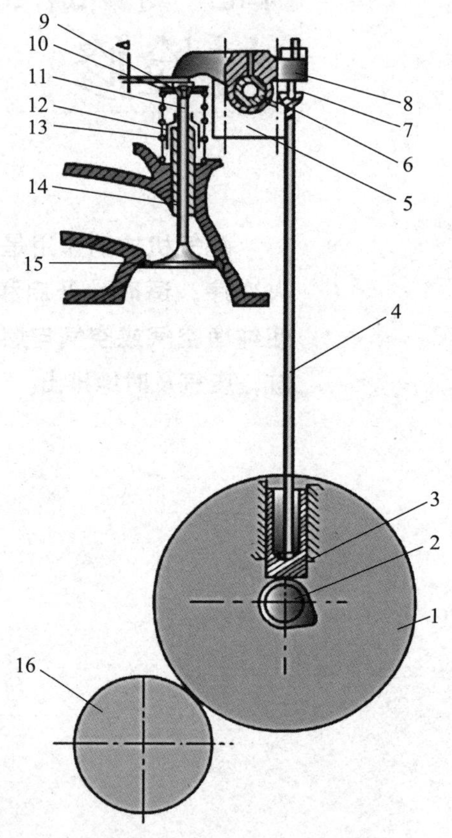

图 3—1—1 配气机构组成

1—凸轮轴正时齿轮 2—凸轮轴 3—挺柱 4—推杆 5—摇臂轴座 6—摇臂轴 7—气门间隙调整螺钉及锁紧螺母 8—摇臂 9—气门锁夹 10—气门弹簧座 11—气门 12—防油罩 13—气门弹簧 14—气门导管 15—气门座圈 16—曲轴正时齿轮

曲轴正时齿轮驱动凸轮轴旋转，使凸轮轴上的凸轮凸起部分通过挺柱、推杆、调整螺钉，推动摇臂摆转，摇臂的另一端便向下推开气门，同时使弹簧进一步压缩；当凸轮

的凸起部分的顶点转过挺柱以后，气门在其弹簧张力的作用下，开度逐渐减小，直至最后关闭，进气或排气过程即告结束。压缩和做功行程中，气门在弹簧张力作用下严密关闭，使气缸密闭。

一、气门组

气门组由气门、气门座、气门导管、油封、气门弹簧、气门锁夹等零件组成，如图 3—1—2 所示。

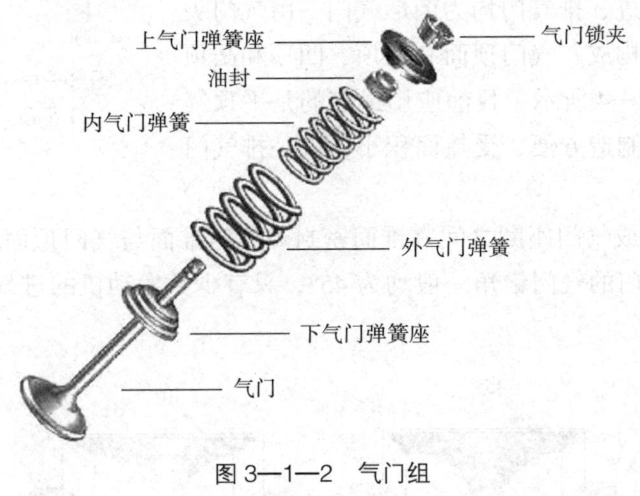

图 3—1—2　气门组

1. 气门

气门分为进气门与排气门两种，其作用是密封进、排气道。气门由头部和杆身组成，如图 3—1—3 所示。

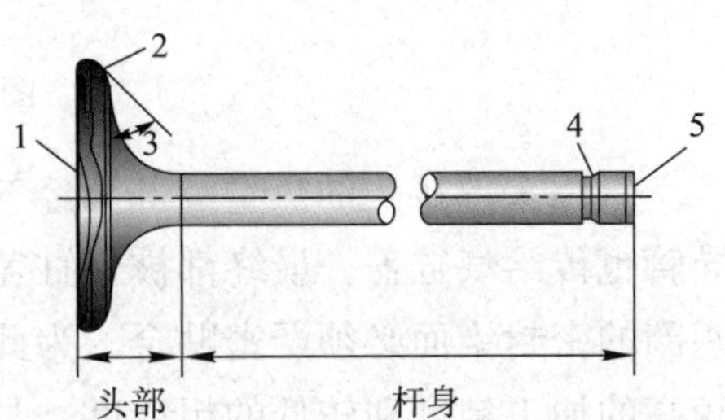

图 3—1—3　气门结构及各部分名称

1—气门顶面　2—气门锥面　3—气门锥角
4—气门锁夹槽　5—气门尾端面

气门头部用来封闭进、排气道，杆身用来在气门开闭过程中起导向作用。气门头部与具有腐蚀介质的高温燃气接触，并在关闭时承受很大的落座冲击力。气门杆身润滑困难，处于半干摩擦状态下工作。由于气门的工作条件很差，要求气门材料必须有足够的强度、刚度、耐高温、耐腐蚀和耐磨损。进气门一般采用中碳合金钢，排气门多采用耐热合金钢。

（1）气门的工作条件

气门的工作条件非常恶劣。首先，气门直接与高温燃气接触，受热严重，而散热困难，因此气门温度很高。其次，气门承受气体力和气门弹簧力的作用，以及由于配气机构运动件的惯性力使气门落座时受到冲击。最后，气门在润滑条件很差的情况下以极高的速度启闭并在气门导管内做高速往复运动。此外，气门由于与高温燃气中有腐蚀性的气体接触而受到腐蚀。

（2）气门材料

进气门一般用中碳合金钢制造，如铬钢、铬钼钢和镍铬钢等。排气门则采用耐热合金钢制造，如硅铬钢、硅铬钼钢、硅铬锰钢等。

（3）气门构造

汽车发动机的进、排气门均为菌形气门，由气门头部和气门杆两部分构成。气门顶面有平顶、凹顶和凸顶等形状，如图 3—1—4 所示。目前应用最多的是平顶气门，其结构简单，制造方便，受热面积小，进、排气门都可采用。

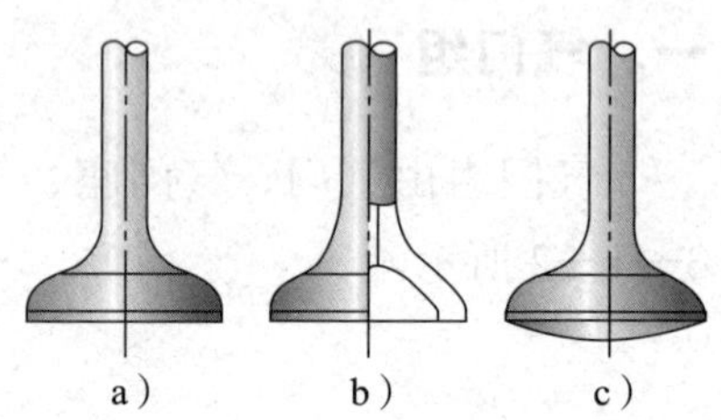

图 3—1—4 气门顶面的形状
a）平顶 b）凹顶 c）凸顶

气门与气门座或气门座圈之间靠锥面密封。气门锥面与气门顶面之间的夹角称为气门锥角。进、排气门的气门锥角一般均为 45°，只有少数发动机的进气门锥角为 30°，如图 3—1—5 所示。

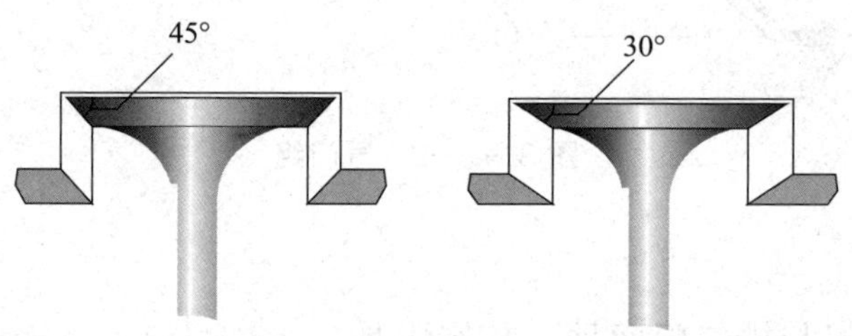

图 3—1—5 气门锥角

气门头部接受的热量一部分经气门座圈传给气缸盖；另一部分则通过气门杆和气门导管也传给气缸盖，最终都被气缸盖水套中的冷却液带走。为了增强传热，气门与气门座圈的密封锥面必须严密贴合。为此，二者要配对研磨，研磨之后不能互换。气门杆有较高的加工精度和较低的粗糙度，与气门导管保持较小的配合间隙，以减小磨损，并起到良好的导向和散热作用。气门尾端的形状决定于上气门弹簧座的固定方式。采用剖分成两半且外表面为锥面的气门锁夹来固定上气门弹簧座，结构简单，工作可靠，拆装方便，因此得到了广泛的应用。气门锁夹内表面有多种形状，相应地气门尾端也有各种不同形状的气门锁夹槽。在某些高度强化的发动机上采用中空气门杆的气门，目的是减轻气门质量和减小气门运动的惯性力。为了降低排气门的温度，增强排气门的散热能力，在许多汽车发动机上采用钠冷却气门。这种气门是在中空的气门杆中填入一半金属钠。因为钠的熔点是 97.8℃，沸点为 880℃，所以在气门工作时，钠变成液体，在气门杆内

上下剧烈地晃动，不断地从气门头部吸收热量并传给气门杆，再经气门导管传给气缸盖，使气门头部得到冷却。

（4）每缸气门数

一般发动机每个气缸有两个气门，即一个进气门和一个排气门。进气门头部直径比排气门大 15%～30%，目的是增大进气门通过断面面积，减小进气阻力，增加进气量。凡是进气门和排气门数量相同时，进气门头部直径总比排气门大。每缸两气门的发动机又称两气门发动机。现代高性能汽车发动机普遍采用每缸 3、4、5 个气门，其中尤以四气门发动机为数最多，如图 3—1—6 所示。

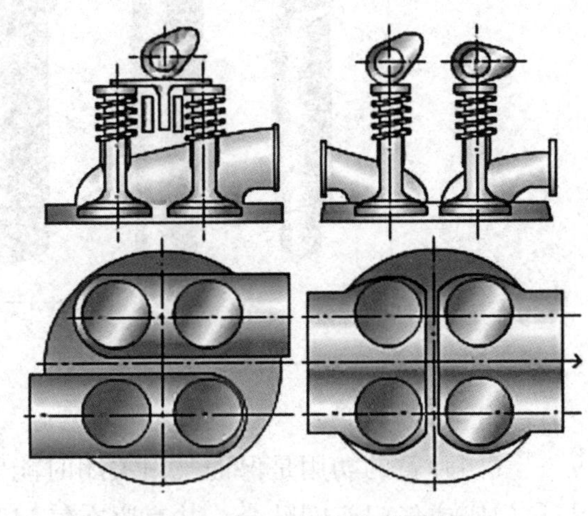

图 3—1—6　四气门发动机

四气门发动机每缸有两个进气门，两个排气门。其突出的优点是气门通过断面积大，进、排气充分，进气量增加，发动机的转矩和功率提高；每缸 4 个气门的头部直径较小，质量较轻，运动惯性力减小，有利于提高发动机转速。

2. 气门座

气缸盖上与气门锥面相贴合的部位称为气门座，如图 3—1—7 所示。气门座的温度很高，又承受频率极高的冲击载荷，容易磨损。因此，铝气缸盖和大多数铸铁气缸盖均镶嵌由合金铸铁或粉末冶金或奥氏体钢制成的气门座圈。在气缸盖上镶嵌气门座圈可以延长气缸盖的使用寿命。也有一些铸铁气缸盖不镶气门座圈，直接在气缸盖上加工出气门座。

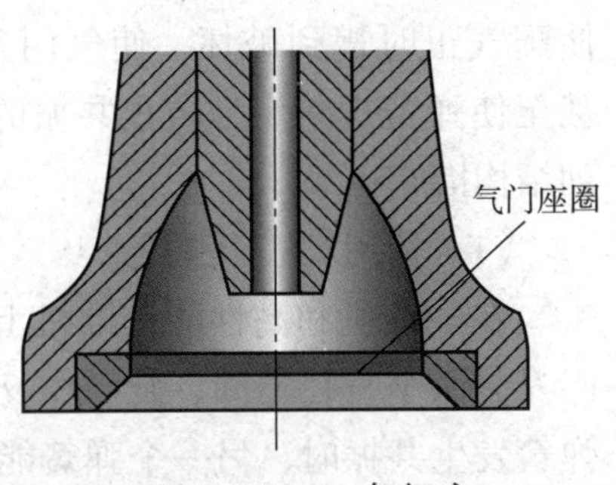

图 3—1—7　气门座

3. 气门导管

气门导管的功用是对气门的运动导向，保证气门做直线往复运动，使气门与气门座或气门座圈能正确贴合，如图 3—1—8 所示。此外，还将气门杆接受的热量部分地传给气缸盖。气门导管的工作温度较高，而且润滑条件较差，靠配气机构工作时飞溅起来的机油来润滑气门杆和气门导管孔。气门导管由灰铸铁、球墨铸铁或铁基粉末冶金制造。将气门导管压入气缸盖上的气门导管座孔之后，再精铰气门导管孔，以保证气门导管与气门杆的正确配合间隙。

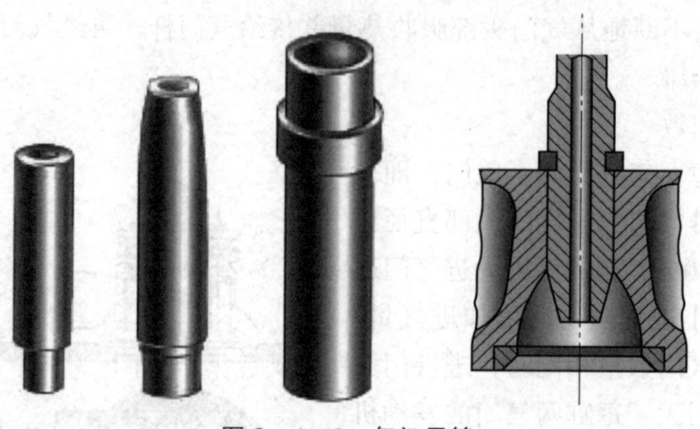

图 3—1—8　气门导管

4. 气门弹簧

气门弹簧的功用是保证气门关闭时能紧密地与气门座或气门座圈贴合，并克服在气门开启时配气机构产生的惯性力，使传动件始终受凸轮控制而不相互脱离，如图 3—1—9 所示。

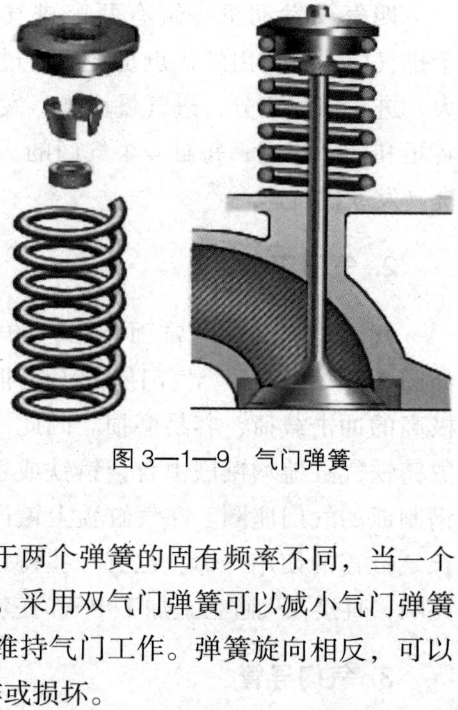

气门弹簧一般为等螺距圆柱形螺旋弹簧。当气门弹簧的工作频率与其固有的振动频率相等或为整数倍时，气门弹簧就会发生共振。共振时将使配气正时遭到破坏，使气门发生反跳和冲击，甚至使弹簧折断。为防止共振的发生，可采取下列结构措施：

图 3—1—9　气门弹簧

（1）采用双气门弹簧

在柴油机和高性能汽油机上广泛采用每个气门安装两个直径不同、旋向相反的内、外弹簧。由于两个弹簧的固有频率不同，当一个弹簧发生共振时，另一个弹簧能起到阻尼减振作用。采用双气门弹簧可以减小气门弹簧的高度，而且当一个弹簧折断时，另一个弹簧仍可维持气门工作。弹簧旋向相反，可以防止折断的弹簧圈卡入另一个弹簧圈内使其不能工作或损坏。

（2）采用变螺距气门弹簧

某些高性能汽油机采用变螺距单气门弹簧。变螺距弹簧的固有频率不是定值，从而可以避开共振。

（3）采用锥形气门弹簧

锥形气门弹簧的刚度和固有振动频率沿弹簧轴线方向是变化的，因此，可以消除发生共振的可能性。

二、气门传动组

由于气门驱动形式和凸轮轴位置的不同，气门传动组的零件组成差别很大。

1. 凸轮轴

（1）凸轮轴工作条件

凸轮轴承受周期性的冲击载荷。凸轮与挺柱之间的接触应力很大，相对滑动速度也很高，因此，凸轮工作表面的磨损比较严重。

（2）凸轮轴构造

凸轮轴是通过凸轮轴轴颈支撑在凸轮轴轴承孔内的，因此，凸轮轴轴颈数目的多少是影响凸轮轴支撑刚度的重要因素。如果凸轮轴刚度不足，工作时将发生弯曲变形，这会影响配气正时。下置式凸轮轴每隔 1 ~ 2 个气缸设置一个凸轮轴轴颈。

进、排气门开启和关闭的时刻、持续时间以及开闭的速度等分别由凸轮轴上的进、排气凸轮控制。转速较低的发动机，其凸轮轮廓由几段圆弧组成，这种凸轮称为圆弧凸轮。高转速发动机则采用函数凸轮，其轮廓由某种函数曲线构成。如图 3—1—10 所示，*O* 点为凸轮轴回转中心，凸轮轮廓上的 *AB* 段和 *DE* 段为缓冲段，*BCD* 段为工作段。挺柱在 *A* 点开始升起，在 *E* 点停止运动，凸轮转到 *AB* 段内某一点处，气门间隙消除，气门开始开启。此后随着凸轮继续转动，气门逐渐开大，至 *C* 点气门开度达到最大。再后气门逐渐关闭，在 *DE* 段内某一点处气门完全关闭，接着气门间隙恢复。气门最迟在 *B* 点开始开启，最早在 *D* 点完全关闭。由于气门开始开启和关闭落座时均在凸轮升程变化缓慢的缓冲段内，其运动速度较小，从而可以防止强烈的冲击。凸轮轴上各同名凸轮（各进气凸轮或排气凸轮）的相对角位置与凸轮轴旋转方向、发动机工作顺序及气缸数或做功间隔角有关。如果从发动机风扇端看凸轮轴逆时针方向旋转，则工作顺序为 1—3—4—2 的四缸发动机其做功间隔角为 720°/4=180° 曲轴转角，相当于 90° 凸轮轴转角，即各同名凸轮间的夹角为 90°。对于工作顺序为 1—5—3—6—2—4 的六缸发动机，其同名凸轮间的夹角为 60°，如图 3—1—11 所示。同一气缸的进、排气凸轮的相对角位置即异名凸轮相对角位置，决定于配气正时及凸轮轴旋转方向。

（3）凸轮轴轴承

中置式和下置式凸轮轴的轴承一般制成衬套压入整体式轴承座孔内，再加工轴承内孔，使其与凸轮轴轴颈相配合。上置式凸轮轴的轴承多由上、下两片轴瓦对合而成，装入剖分式轴承座孔内。轴承材料多与主轴承相同，在低碳钢钢背上浇敷减摩合金层。也有的凸轮轴轴承采用粉末冶金衬套或青铜衬套。

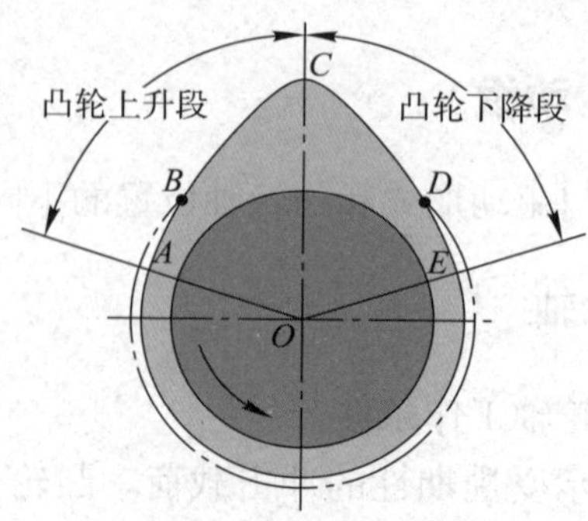

图 3—1—10 凸轮轴

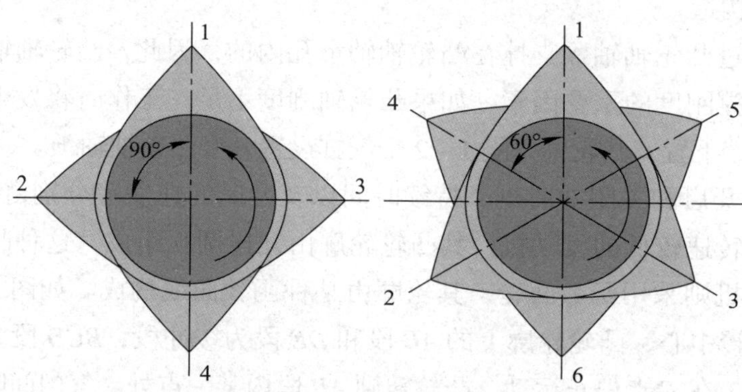

图 3—1—11 四缸、六缸发动机

（4）凸轮轴传动机构

凸轮轴由曲轴驱动，其传动机构有齿轮式、链条式及齿形带式。齿轮传动机构用于下置式和中置式凸轮轴的传动。汽油机一般只用一对正时齿轮，即曲轴正时齿轮和凸轮轴正时齿轮。柴油机需要同时驱动喷油泵，所以增加一个中间齿轮。为了保证齿轮啮合平顺，噪声低，磨损小，正时齿轮都是圆柱螺旋齿轮，并用不同的材料制造。曲轴正时齿轮用中碳钢制造，凸轮轴正时齿轮则采用铸铁或夹布胶木。为了保证正确的配气正时和喷油正时，在传动齿轮上刻有正时记号，装配时必须对正记号，如图 3—1—12 所示。

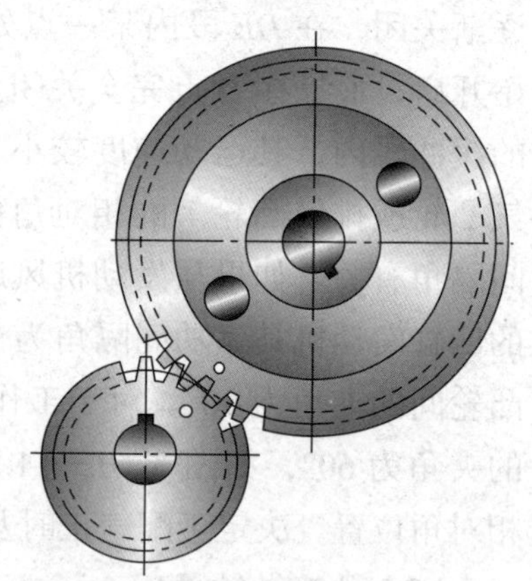

图 3—1—12 齿轮传动机构

链传动机构用于中置式和上置式凸轮轴的传动，尤其是上置式凸轮轴的高速汽油机采用链传动机构的很多。链条一般为滚子链，工作时应保持一定的张紧度，不使其产生振动和噪声。为此在链传动机构中装有导链板，并在链条的松边装置张紧器。

齿形带传动机构用于上置式凸轮轴的传动。与齿轮和链传动机构相比具有噪声小、质量轻、成本低、工作可靠和不需要润滑等优点。另外，齿形带伸长量小，适合有精确

正时要求的传动。因此，被越来越多的汽车发动机特别是轿车发动机所采用。齿形带由氯丁橡胶制成，中间夹有玻璃纤维，齿面粘覆尼龙编织物。在使用中不能使齿形带与水或机油接触，否则容易引起跳齿。齿形带轮由钢或铁基粉末冶金制造。为了确保传动可靠，齿形带需保持一定的张紧力，为此在齿形带传动机构中也设置由张紧轮与张紧弹簧组成的张紧器。

2. 挺柱

（1）挺柱的功用、材料及分类

挺柱是凸轮的从动件，其功用是将来自凸轮的运动和作用力传给推杆或气门，同时还承受凸轮所施加的侧向力，并将其传给机体或气缸盖。制造挺柱的材料有碳钢、合金钢、镍铬合金铸铁和冷激合金铸铁等。挺柱可分为机械挺柱和液力挺柱两大类，每一类中又有平面挺柱和滚子挺柱等多种结构形式。

挺柱是凸轮的从动件，使凸轮的回转运动变为挺柱的直线运动，并将凸轮的推力通过推杆和摇臂传到气门。

（2）机械挺柱

机械挺柱的结构简单，质量轻，在中、小型发动机中应用比较广泛。挺柱上的推杆球面支座的半径比推杆球头半径略大，以便在两者中间形成楔形油膜来润滑推杆球头和挺柱上的球面支座，如图3—1—13所示。

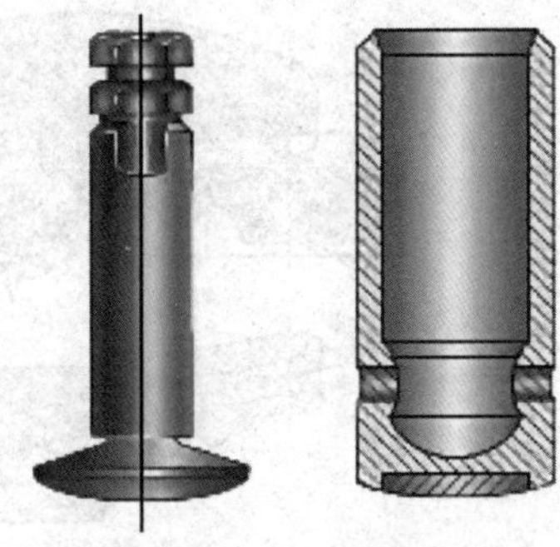

图3—1—13　机械挺柱

（3）液力挺柱

在配气机构中预留气门间隙将使发动机工作时配气机构产生撞击和噪声。为了消除这一弊端，有些发动机尤其是轿车发动机采用液力挺柱，借以实现零气门间隙。气门及其传动件因温度升高而膨胀，或因磨损而缩短，都会由液力作用来自行调整或补偿，如图3—1—14所示。

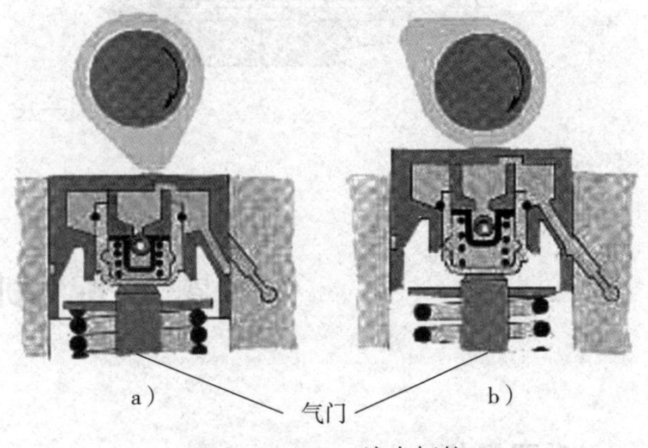

图3—1—14　液力挺柱
a）气门开启　b）气门关闭

3. 推杆

推杆处于挺柱和摇臂之间，其功用是将挺柱传来的运动和作用力传给摇臂，如图3—1—15所示。在凸轮轴下置式的配气机构中，推杆是一个细长杆件，加上传递的力很大，所以极易弯曲。因此，要求推杆有较好的纵向稳定性和较大的刚度。推杆一般用冷拔无缝钢管制造，两端焊上球头和球座。也可以用中碳钢制成实心推杆，这时两端的球头或球座与推杆锻成一个整体。

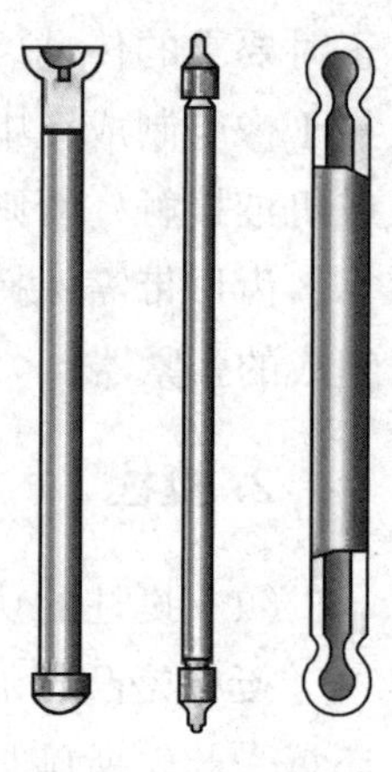
图 3—1—15　推杆

4. 摇臂

摇臂的功用是将推杆和凸轮传来的运动和作用力，改变方向传给气门使其开启，如图 3—1—16 所示。摇臂在摆动过程中承受很大的弯矩，因此，应有足够的强度和刚度以及较小的质量。摇臂由锻钢、可锻铸铁、球墨铸铁或铝合金制造。摇臂是一个双臂杠杆，以摇臂轴为支点，两臂不等长。短臂端加工有螺纹孔，用来拧入气门间隙调整螺钉。长臂端加工成圆弧面，是推动气门的工作面。

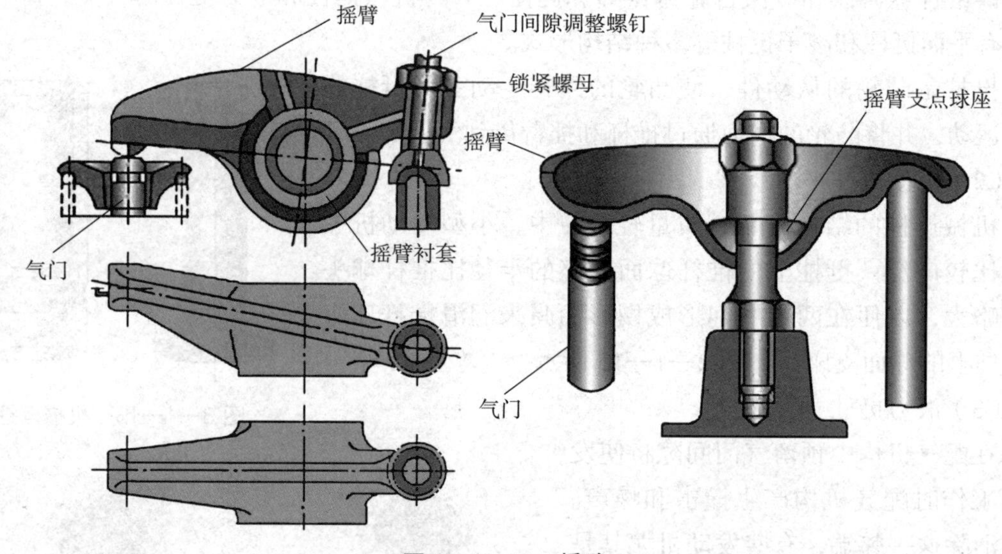

图 3—1—16　摇臂

课题 2　配气机构的拆装

学习目标

1. 熟悉配气机构的各零部件。
2. 掌握配气机构的主要零部件名称。

一、配气机构的零部件明细

表 3—2—1　　　　配气机构相关零部件明细

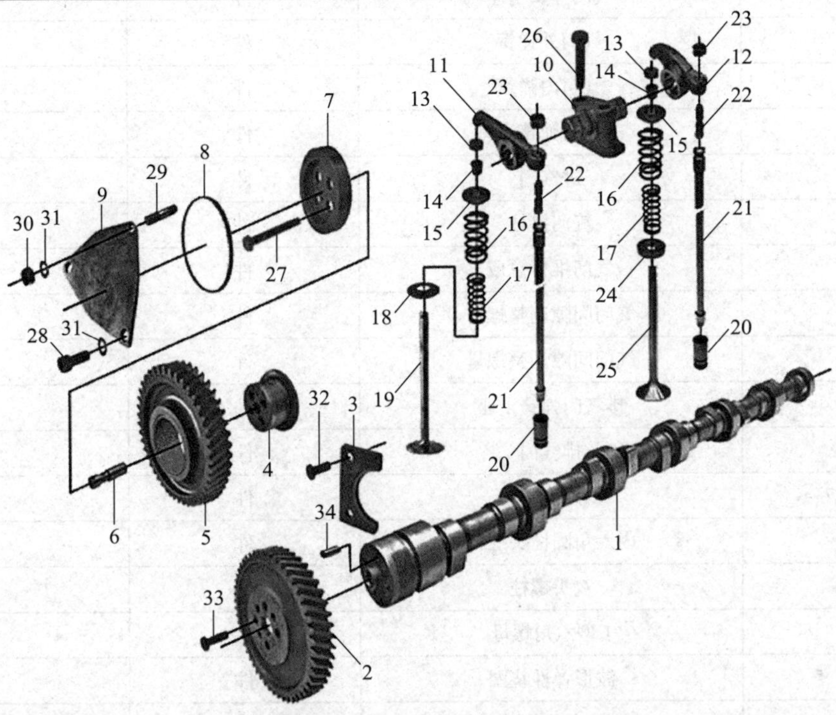

序号	名称	单位	备注
1	凸轮轴	件	
2	凸轮轴正时齿轮	件	
3	凸轮轴止推垫片	件	
4	中间齿轮轴	件	
5	中间齿轮总成	件	
6	轴	件	
7	挡板	件	
8	密封圈	件	
9	盖板	件	
10	气门摇臂座	件	
11	进气门摇臂	件	
12	排气门摇臂	件	
13	气门帽	件	

续表

序号	名称	单位	备注
14	气门锁夹	件	
15	气门弹簧上座	件	
16	气门外弹簧	件	
17	气门内弹簧	件	
18	进气门弹簧下座	件	
19	进气门	件	
20	气门挺柱	件	
21	气门推杆总成	件	
22	气门间隙调整螺钉	件	
23	气门间隙调整螺母	件	
24	排气门弹簧下座	件	
25	排气门	件	
26、27	六角头螺栓	件	
28	内六角圆柱头螺钉	件	
29	双头螺柱	件	
30	1 型六角螺母	件	
31	波形弹性垫圈	件	
32、33	六角头螺栓	件	
34	圆柱销	件	

二、配气机构的拆解

拆解前需要熟悉所拆部件的结构，掌握拆解工艺流程，知道关键部位的拆解技巧，做好充分的准备，并穿戴好相应的劳保用品，具体拆解步骤见表 3—2—2。

表 3—2—2　　配气机构的拆解

序号	拆解内容	注意事项
1	拆下摇臂座	拆下前后缸盖上的摇臂轴总成；拆下曲轴管通风管，拆除挺杆室盖；取下推杆；按次序取出挺杆，并同时标写出顺序号，便于装复时按顺序放回原位，以保持原摩擦副配对，避免装错
2	拆下推杆、挺柱	
3	拆下凸轮轴	检查正时齿轮上有无记号，如无记号应在两个齿轮上做出对应记号。转动凸轮轴正时齿轮，将齿轮上的两个圆孔对准凸轮轴止推突缘的固定螺栓，拆下两个螺栓，拆去分电器连接轴，抽出凸轮轴

续表

序号	拆解内容	注意事项
4	拆下锁片	气门组在组装完毕后，弹簧处于预紧状态，如拆卸不当，弹簧弹出会击伤人体，因此，在拆卸气门组时必须使用专门的气门弹簧拆卸器进行规范操作，方能保证安全拆卸气门组。拆卸时使用弹簧拆卸器将弹簧座连同已被预紧的弹簧一起压下，使锁片处于自由状态可方便取下
5	拆下气门弹簧座、气门弹簧	将弹簧座连同弹簧一起慢慢放松，直至弹簧处于完全放松的自由状态，即可轻松取出弹簧座、弹簧
6	拆下气门	拆下气门弹簧座及气门弹簧后，用手轻轻推气门杆尾端，从气缸盖下面取下气门

三、配气机构的装配

装配前需要熟悉所装部件的结构，掌握装配工艺流程，知道关键部位的装配技巧，做好充分的准备，并穿戴好相应的劳保用品，具体装配步骤见表 3—2—3。

表 3—2—3　配气机构的装配

序号	装配内容	控制要点
1	准备工作	在凸轮轴轴孔内涂上机油，将凸轮轴擦净装入机体，在完全装入各轴承前，在各轴颈上涂上清洁机油
2	安装凸轮轴	用两个涂有 242 螺纹胶的螺栓将凸轮轴止推垫片装入机体前端面凸轮轴承处并拧紧。凸轮轴轴向间隙为 0.102 ~ 0.305 mm，用手旋转凸轮轴应无卡滞现象
		在凸轮轴上敲入定位销，将凸轮轴齿轮上的刻线落在齿轮室上两条正时刻线标记内，转动凸轮轴，使凸轮轴齿轮上的定位销孔对准凸轮轴上的定位销，装入凸轮轴齿轮，在 4 个 M8 × 20 的凸轮轴齿轮螺栓上涂 242 螺纹胶，拧紧力矩为 32 N · m。安装完毕的正确位置应为凸轮轴齿轮上的刻线落在齿轮室上的两条标记线内，检查各齿轮是否有间隙
3	安装挺柱	将 12 个挺柱清理干净，用压缩空气吹检内部油孔必须畅通，在表面涂上清洁机油后装入机体挺柱孔内
4	依次装入气门弹簧下座，气门油封，内、外弹簧、气门弹簧上座	将缸盖底平面朝下放平，用专用工具将气门内、外弹簧压下，在气门弹簧上座和气门杆间装入气门锁片，然后缓慢放松弹簧即可，检查气门锁片是否安装到位
5	安装推杆、调整气门间隙	将气门推杆清洗干净，检查油孔是否畅通，放入推杆室，安装摇臂座及进、排气门摇臂，调整气门间隙，装上摇臂罩壳及垫片

课题 3　配气机构的检修

学习目标

1. 了解气门组常见的故障现象及原因。
2. 掌握正确操作工具对气门组的检修方法。
3. 了解气门传动组常见的故障现象及原因。
4. 掌握正确操作工具对气门传动组的检修方法。

一、气门组的检修

1. 气门

气门是发动机进排气通道的阀门，既然是阀门就必须反应灵敏，关闭严密。气门工作环境恶劣，直接与燃气接触，排气门最高温度可达 800℃，又处于润滑循环的末端，再加上气门工作时开启关闭动作频繁，气门组零件极易产生损伤。因此，要注意对气门组零件的检修，以保证其处于正常的工作状态。

气门一般都安装在气缸盖中，靠回位弹簧关闭，靠凸轮挺杆打开。影响开闭质量的因素有气门的垂直度、气门弹簧的状态、气门与气门导管的配合、气门与气门座圈的配合、气门油封的密封性、气门间隙的正确性，凸轮轴的工作状态等。

规范测量过程如下：

（1）检查气门头部和杆的弯度，如图 3—3—1 所示，气门杆端部变形或磨损时应进行修正，修正值必须是最小值，研磨气门面。

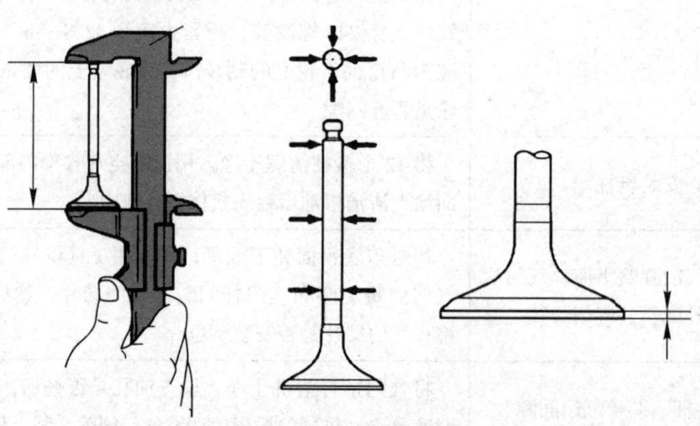

图 3—3—1　检查气门

（2）气门厚度小于极限值时更换气门。在维修时，要检验每个气门杆尾端有无偏摆、磨损和弯曲。

（3）检查每个气门的工作面和杆有无磨损、烧毁或变形，如有必要，应进行更换。

（4）气门杆尾端偏摆使用限度：进气门为 0.1 mm，排气门为 0.1 mm。测量气门头厚度标准值：进气门为 1.0 mm，排气门为 1.5 mm。使用限度：进气门为 0.7 mm，排气门为 1.0 mm。

（5）使用千分表和 V 形架测量气门杆弯曲度。检查时，气门杆支撑在两个距离 100 mm 的 V 形架上，然后用千分表检查气门长度的 1/2 处即为弯曲度。超过允许限度，应用手压机校正或更换。

2. 气门弹簧

在气门开启和关闭过程中，气门弹簧不断地被压缩和伸长。长期工作后，产生疲劳性损坏，表现为自由长度缩短，弹力减弱，甚至产生疲劳裂纹或折断，从而影响了气门关闭的密封性，造成漏气。轻者使柴油机起动困难、功率下降，重者发生捣坏缸盖等事故。

（1）造成气门弹簧弹力减弱或折断的原因

1）气门弹簧长期在高速下工作，金属材料易产生疲劳断裂或弹性减弱现象。

2）发动机转速突然变化，如频繁而突然地加大和减小油门等，使气门弹簧压缩和伸张的频率突然猛增，易疲劳折断。

3）气门弹簧长期处于高温下工作，高温使气门弹簧退火，弹力减弱。

4）气门弹簧材质不好，热处理不当，过软则弹力不足，过硬会引起折断。

（2）检验更换方法

1）自由长度检验。可用高度规进行测量，也可以与新的气门弹簧进行比较检验，如图 3—3—2 所示。自由长度缩短量不得超过规定值的 4%。

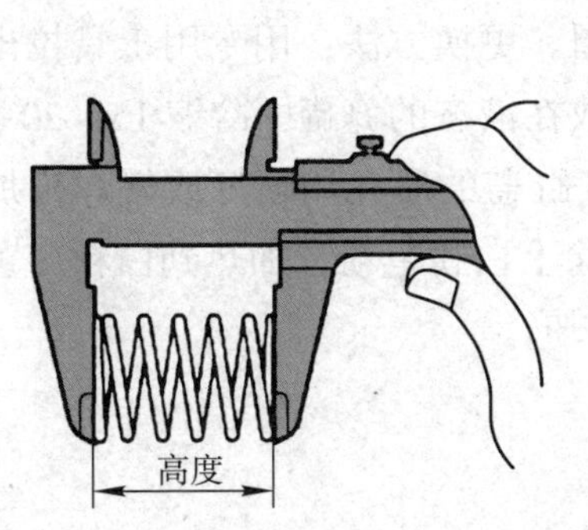

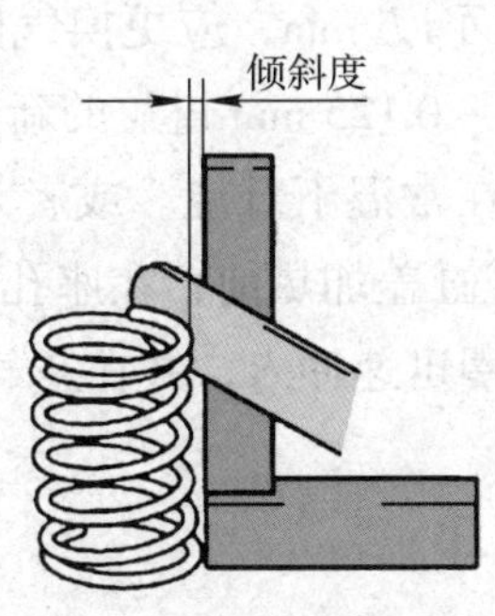

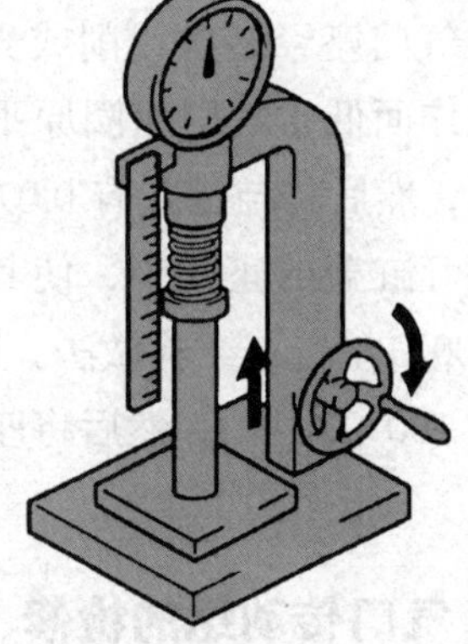

图 3—3—2　测量气门弹簧

2）弹力检验。在专用弹簧测试器上检验：在规定压缩长度下，相应压力降低值不得大于 8%。也可用比较法检验，将被检弹簧与标准弹簧串联后夹在台式虎钳上，中间垫一块铁板，压缩弹簧，若被检查弹簧长度等于标准弹簧则可用。若被检弹簧压缩后长度小于标准弹簧压缩后长度，则弹力不足，应更换新弹簧。

3）垂直度检验。弹簧的弯曲、扭转可用直角尺检查，要求垂直度偏差不得大于 2°，各道弹簧外径应在同一圆柱面上，误差不大于 1.5 mm。

4）裂纹检验。用磁力探伤器进行检验，发现裂纹及时更换。

3. 气门导管

先用精铰刀除去气门导管内积炭，擦净后插入新气门，并将气门提起至气缸盖平面 15 mm 左右，再用千分表检查其摆动量，进气门磨损极限为摆动量不超过 1.0 mm，排气门不超过 1.3 mm，否则，应更换气门导管。

气门导管与气门的正常配合间隙为 0.02 ~ 0.04 mm，如间隙过小，可用气门导管铰刀进行铰削，铰削吃刀量不能过大，并且还要用冷却液冷却，边铰边试，以防铰大。

4. 气门座

气门座单独制成后，再镶嵌到气缸盖上。气门与气门座需研磨配合，以保证密封。检查气门座工作面，若磨损变宽超过 2.0 mm，或烧蚀出现斑点、凹陷时，应用铰刀铰削或用磨光机修复。

气门座的工作面如磨损变宽，超过一定程度或工作面有较严重的烧蚀、斑点及凹陷时，应进行铰削或修磨。若已决定更换或铰削气门导管，应先进行此项工作后再铰削气门座，以免影响气门杆与导管的同心度。

气门座的铰削，通常用气门座铰刀控制。铰刀的角度分为 30°、45°、75°、15° 四种。30°、45° 铰刀又分为粗刀和细刀两种。

气门座经多次铰削或光磨后工作面逐渐下陷，影响气门与座的正常配合。如果气门座工作面低于气门座圈原平面 1.5 mm，应更换气门座圈。更换方法：用专用工具拉出旧座圈，然后将与座孔有 0.075 ~ 0.125 mm 过盈的新座圈放在液态的氮罐中冷缩 15 ~ 20 s 后压入气缸盖的座孔中，使其在常温下升温。或者是将气缸盖的座孔用喷灯或气焊枪加热到 100℃左右（经验做法：气缸盖加热前，在座孔周围涂上白粉笔粉，加热到白粉变黄时即为 100℃左右），然后将座圈迅速冲入，并在空气中冷却。

二、气门传动组的检修

气门传动组是配气机构的主要组成部分。气门传动组的主要功用是按照凸轮的外廓

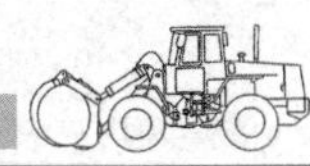

形状传递动力，使气门按时开启和关闭。气门传动组由挺杆、推杆、摇臂、摇臂轴、摇臂座及气门间隙调整螺钉组成。气门传动组零件在长期工作中，由于周期性不均衡负荷的作用，也会产生弯曲变形和磨损，破坏配气正时的准确性，导致气缸内充气量不均或不足，影响柴油机的工作性能的正常发挥。

1. 气门摇臂总成

（1）故障现象

摇臂和摇臂轴磨损的现象是使气门间隙发生变化。

（2）故障原因

摇臂和摇臂轴常见缺陷是摇臂和摇臂轴的磨损，发生的原因主要是发动机缺少机油或长期缺乏保养，机油不清洁，机油泵工作压力低是加速气门摇臂磨损的重要原因。发动机配气机构的凸轮轴、摇臂气门杆及摇臂轴的润滑，都靠缸体后上角一小孔流出的机油进行润滑的。为保证油道的机油压力和其他零件的正常润滑，此孔有规定尺寸，是一机油量孔，如果发动机长期缺乏保养，机油过脏、变质都容易将此孔堵塞，轻则造成缸盖上零件，如摇臂等润滑不良，加速磨损，重则使凸轮轴咬死，同样原因如发动机润滑油不足或机油泵工作压力过低，也会使缸盖上的摇臂等零件润滑不良而加速磨损。

（3）故障排除

用圆弧半径规测量摇臂撞头圆弧，用游标卡尺或千分尺测量摇臂撞头，与标准值比较。摇臂轴和摇臂衬套的磨损，可用千分尺和内径百分表检验测量，算出配合间隙，它们最大磨损允许间隙为0.20～0.25 mm，装配间隙见各机型说明书。若摇臂轴和摇臂衬套磨损严重时，可将轴或衬套换新。摇臂撞头工作面因磨损而形态不正确时，应进行更换。

2. 凸轮轴

（1）故障现象

凸轮轴的工作条件、工作环境相对较好，它受力不大，润滑条件也好，因此，凸轮轴的磨损比较缓慢。一般发动机经过2～3次大修后才需要修理凸轮轴。凸轮轴的主要缺陷是凸轮高度与凸轮表面的磨损、凸轮轴的弯曲和凸轮轴轴颈磨损等。

（2）故障原因

凸轮外形磨损后，会破坏配气相位，影响发动机的工作。凸轮轴弯曲后影响配气正时和气门升起高度，使气缸充气量受到影响，同样也会影响发动机的工作，并使轴颈和轴套发生偏磨。

凸轮轴的损伤有凸轮工作表面磨损、擦伤、点蚀，及支撑轴颈磨损、凸轮轴弯曲变形等。

（3）故障排除

凸轮轴修理前应将凸轮轴擦净进行探伤检查，检查其有无裂纹、凸轮轴颈有无明显擦伤、键槽有无磨损和扭曲。凸轮轴不得有裂纹，正时齿轮键槽应完整，如有损伤应进行修理或更换。

1）凸轮工作表面损伤的检修。用标准凸轮轮廓线制成的样板置于凸轮尖顶轮廓处，如产生缝隙超过规定值，则为磨损，也可用外径千分尺测凸轮高度。若小于规定值，则为磨损。若凸轮表面损伤为擦伤和疲劳剥落应更换凸轮轴。若为磨损，根据凸轮升程高度减小值而定，若高度减小量在 0.5 mm 以内，直接磨削修复；如超过此限，先堆焊，然后按标准尺寸加工。

2）凸轮轴轴颈磨损的检修。测量轴颈的圆度和圆柱度误差，如超过规定值，用修理尺寸法进行修理，配用相应修理尺寸的凸轮轴轴承。若超过最后一级修理尺寸，可用堆焊方法修复，再磨削至标准尺寸。

3）凸轮轴弯曲的检验修复。凸轮轴弯曲检验以两端轴颈为基准，若凸轮轴转一周后中间轴颈对两端轴颈的径向圆跳动大于 0.1 mm，应进行校正或更换。

4）凸轮轴轴承的检修。检查凸轮轴承内径，并计算凸轮轴颈与轴承的配合间隙，若间隙超过极限值，应更换轴承和修磨轴颈。新轴承与轴颈的配合间隙可通过刮削、镗削、铰削等加工方法修配。

5）凸轮轴轴向间隙的检查与调整。用塞尺塞入止推凸缘与轴颈端面间隙，塞入塞尺厚度值即为轴向间隙。若间隙过大，应更换止推垫片。

3. 挺柱

（1）故障现象

挺柱的常见缺陷有擦伤、磨损和疲劳剥落等。

（2）故障原因

1）擦伤：挺柱由凸轮的推动传递动力，同时承受凸轮的侧压力，底面会产生较大的接触应力，若凸轮与挺柱间润滑条件恶化，则部分接触面会发生干摩擦，局部温度剧增，甚至可达到或超过凸轮与挺柱金属的熔点，这样，就会引起凸轮与挺柱接触面的金属熔合并撕裂，造成表面擦伤。

2）磨损：挺柱的磨损主要是底面和圆柱面的磨损。

①挺柱底面和凹坑，分别与凸轮及推杆摩擦而磨损。润滑不良，机油不净会加速磨损。

②挺柱圆柱面与挺柱安装孔摩擦而磨损。挺柱磨损的现象是影响配气正时，使气门开度减少，柴油机工作噪声增大。

3）疲劳剥落：挺柱底面边缘处，相对滑动速度较高，接触应力较大，接触表面反复

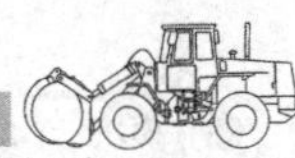

受压，以致在材料本身有缺陷处先产生疲劳剥落。

（3）故障排除

挺柱底面磨损呈辐射形分布的细小金属点蚀，放大镜下可明显见到一块块细小的被撕裂的凹穴。

用千分尺测量圆柱面上下两个截面，每个截面位置上又取相互垂直的两个方向的直径。用千分尺测量机体上的配合孔内圆，算出磨损量、圆柱度、圆度。

挺柱底面或表面有轻微擦伤时，可用油石修磨后继续使用，严重时应更换。一般小型柴油机当挺柱与机体上的配合孔磨损后间隙达到 0.20 ~ 0.25 mm 时，应更换新挺柱或用修理尺寸法修复。挺柱与机体上的配合孔的装配间隙见各机型说明书。对挺柱底面发现有金属剥落的现象，一般不做修理，而进行更换。

4. 推杆

（1）故障现象

推杆经长期使用后，会出现杆身弯曲、端面磨损等。

（2）故障原因

1）气门间隙太小，气门在导管内卡死，气门导管安装凸出缸盖过高，使推杆推起摇臂的阻力增加，而被顶弯。

2）安装时没有放入挺柱凹坑中。

3）配气正时不正确，气门开启时间太早，会使进气门推杆弯曲；气门开启太迟，也会使气门推杆弯曲。

（3）故障排除

检验的方法是对推杆直线度进行检查，可在平台上捻转推杆，判断其变形程度，如果全长直线度超过 0.30 mm/m 时，应进行校直。推杆直线度超差时，应进行冷压校直。顶端磨损的可进行堆焊修理，组合式推杆可更换两头的易磨损件。

【知识拓展】

气门间隙调整

利用“二次调整法”即“双排不进法”进行调整气门间隙，见表 3—3—1。以直列六缸为例进行说明，先用盘车工具转动飞轮将 1 缸调整至 1 缸压缩上止点，此时调整 1 缸的进排气门，即“双”；调整 5、3 缸的排气门，即“排”；6 缸不做调整，即“不”；调整 2、4 缸的进气门，即“进”，然后用盘车工具将飞轮旋转 360° 至 6 缸压缩上止点，重新调整其余缸的进排气门。

表 3—3—1　　二次调整法调整气门间隙

发动机类型	活塞处于上止点的气缸	可调气门对应气缸				点火顺序	气缸由前至后排列序号
		双	排	不	进		
直列三缸	1 缸压缩上止点	1	2	—	3	1–2–3	1–2–3
	1 缸排气上止点	—	3	1	2		
直列四缸	1 缸压缩上止点	1	3	4	2	1–3–4–2	1–2–3–4
	4 缸压缩上止点	4	2	1	3		
直列五缸	1 缸压缩上止点	1	2	4、5	3	1–2–4–5–3	1–2–3–4–5
	1 缸排气上止点	4、5	3	1	2		
直列六缸	1 缸压缩上止点	1	5、3	6	2、4	1–5–3–6–2–4	1–2–3–4–5–6
	6 缸压缩上止点	6	2、4	1	5、3		
V 型六缸	1 缸压缩上止点	1	6、5	4	3、2	1–6–5–4–3–2	左：1–3–5 右：2–4–6
	4 缸压缩上止点	4	3、2	1	6、5		
V 型八缸	1 缸压缩上止点	1	5、4、2	6	3、7、8	1–5–4–2–6–3–7–8	左：1–2–3–4 右：5–6–7–8
	6 缸压缩上止点	6	3、7、8	1	5、4、2		

模块四 润滑系统的拆装与检修

发动机工作时，各运动零件均以一定的力作用在另一个零件上，并且发生高速的相对运动，有了相对运动，零件表面必然要产生摩擦，加速磨损。因此，为了减轻磨损，减小摩擦阻力，延长使用寿命，发动机上都必须有润滑系统。

课题 1　润滑系统的认知

学习目标

1. 了解润滑系统的作用。
2. 掌握润滑系统的结构组成。

一、润滑系统的功用

发动机润滑系统（图 4—1—1）的任务就是将压力、温度适宜的清洁润滑油（机油）连续不断地、循环地输送到所有相对运动的零部件表面间，起到以下作用。

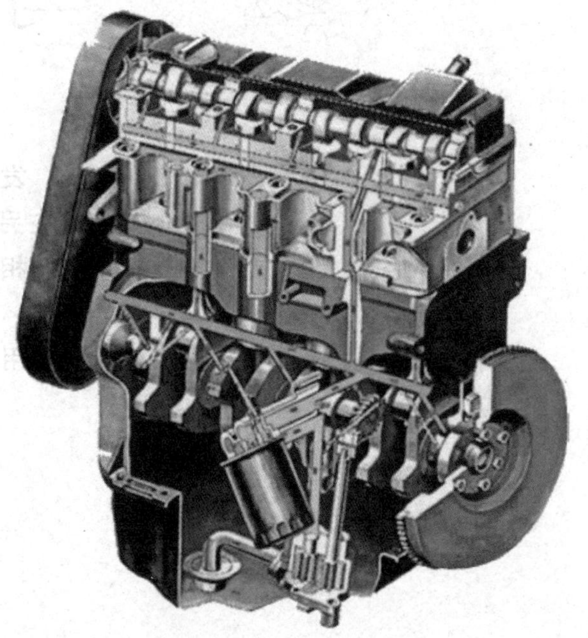

图 4—1—1　发动机润滑系统

1. 润滑作用

润滑作用是指在相对运动零件表面之间形成一层油膜，以减少摩擦和磨损。发动机润滑系统将机油送到各个零件的摩擦表面，由于机油有一定的黏性，能黏附在摩擦表面，形成一层油膜，从而使两个摩擦表面并不直接接触。当摩擦表面相对运动时，每一零件与黏在它表面上的油层一同运动，这样各接触面的干摩擦就变成了液体摩擦。

由于液体摩擦系数比干摩擦系数小得多，所以摩擦阻力显著减小，从而降低了功率损耗，并减轻了零件的磨损。

2. 冷却作用

在发动机工作时，由于零件的摩擦以及混合气的燃烧，使某些零件产生较高的温度。润滑系统可以通过机油的循环流动不断地从摩擦表面吸收和带走一定的热量，保持零件温度不至过高，以防摩擦表面过热而烧毁。

较冷的润滑油流过零件表面，带走零件热量，降低零件温度。

3. 清洗作用

润滑油可带走零件表面上的污物，清洁零件表面。

利用机油的循环流动冲洗零件的工作表面，带走由于零件磨损而产生的金属屑和其他脏物，以防止在零件之间形成磨料而加剧磨损。

4. 密封作用

利用机油的黏性，附着于运动零件表面，形成油封，提高了零件的密封效果。

在运动零件之间形成油膜，提高它们的密封性，有利于防止漏气或漏油。气缸壁、活塞环、活塞表面形成的油膜，提高了气缸的密封性。

5. 防锈作用

机油能吸附在金属零件表面，防止水、空气和酸性气体与零件表面接触而发生氧化和腐蚀。

6. 液压作用

润滑油还可用做液压油，如用于液压挺柱机构，起液压油的作用。

7. 减振缓冲作用

在运动零件表面形成油膜，吸收冲击并减小振动，起减振缓冲作用。

当气缸压力急剧上升时，突然作用到活塞、活塞销、连杆、曲轴和它们的轴承上的力很大，这个负荷经过轴承的传递时，轴承间隙内机油承受冲击负荷，从而起到缓冲的作用。

二、润滑系统的组成

润滑系统主要由油底壳、机油泵、机油滤清器、机油冷却器和润滑油道等组成，如图4—1—2所示。

1. 机油泵

（1）功用

为了保证润滑部位得到必要的润滑油量，主油道必须具有一定的供油压力。机油泵的作用就是将足够量的润滑油以足够的压力供给主油道，以克服机油滤清器及管道的阻力。主油道的机油压力一般为0.08～0.8 MPa。

（2）分类、结构组成

机油泵一般安装在发动机机体的下部，可安置在曲轴箱里面或外面，由发动机驱动。机油泵常用的结构形式有齿轮式机油泵和转子式机油泵，齿轮式机油泵又分为外啮合齿轮式机油泵和内啮合齿轮式机油泵，前者简称为齿轮式机油泵。

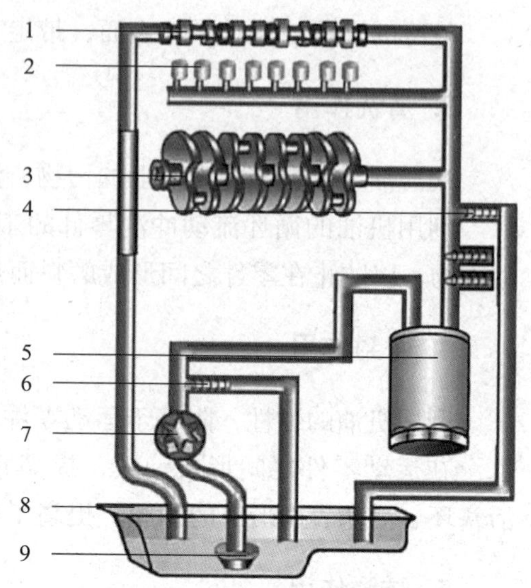

图 4—1—2 发动机润滑系统

1—配气凸轮轴 2—液压挺柱 3—曲轴 4—回油阀 5—机油滤清器 6—限压阀 7—机油泵 8—油底壳 9—集滤器

1）齿轮式机油泵。齿轮式机油泵的结构如图 4—1—3 所示，主要由主动轴、主动齿轮、从动轴、从动齿轮、壳体等组成，两个齿数相同的齿轮相互啮合，装在壳体内，齿轮与壳体的径向和端面间隙很小。主动轴与主动齿轮通过键连接，从动齿轮空套在从动轴上。

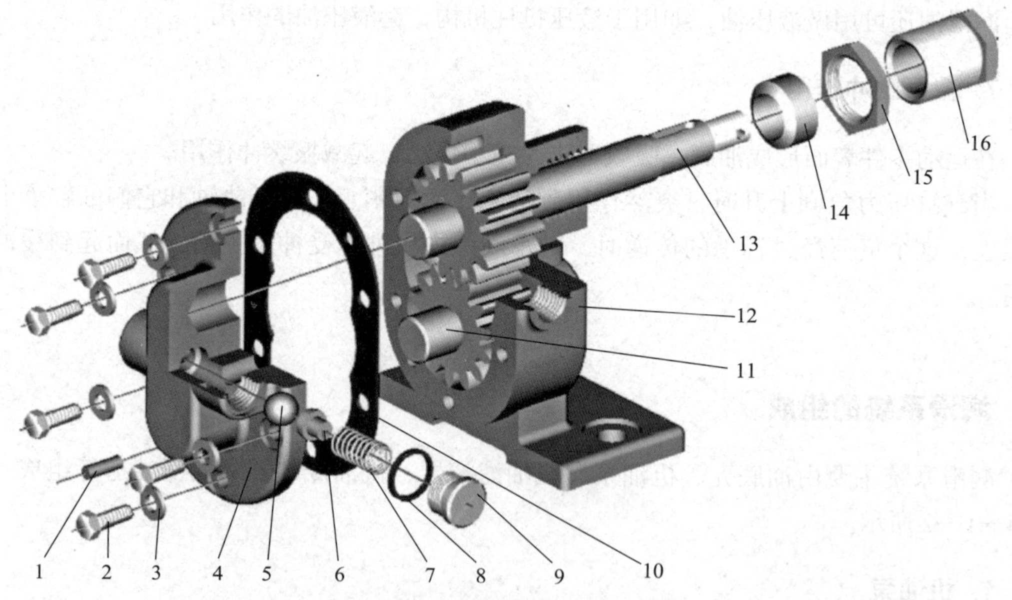

图 4—1—3 齿轮式机油泵结构

1—圆柱销 2—螺栓 3—垫圈 4—泵盖 5—钢珠 6—钢珠定位圈 7—弹簧 8—小垫片 9—螺塞 10—垫片 11—从动齿轮轴 12—泵体 13—主动齿轮轴 14—填料 15—锁紧螺母 16—填料压盖

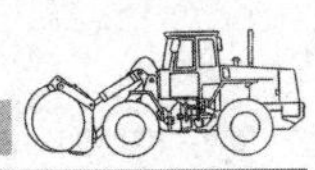

齿轮式机油泵的工作原理如图 4—1—4 所示。当齿轮按图示的箭头方向旋转时，轮齿从左侧退出啮合，使该腔容积增大，形成局部真空。油箱中的液压油在大气压力的作用下经齿轮泵的吸油管进入左腔，即吸油腔，完成一次吸油。随着齿轮的转动，每个齿轮的齿间把液压油从左腔带到右腔。轮齿在右侧进入啮合，使密封齿槽内的容积逐渐减小，齿间的液压油被挤出，使右腔油压升高，液压油从压油腔输出，经管道进入液压系统，齿轮泵轴在电动机的带动下不停地转动，齿轮泵的吸、排油口便连续不断地吸油和压油。

2）转子式机油泵。转子式机油泵结构如图 4—1—5 所示，由壳体、内转子、外转子、转子轴和泵盖等组成。内转子用键或销子固定在转子轴上，由曲轴齿轮直接或间接驱动，内转子和外转子中心的偏心距为 e，内转子带动外转子一起沿同一方向转动。内转子有 4 个凸齿，外转子有 5 个凹齿，这样就实现了内、外转子同向不同步的旋转。

转子式机油泵工作原理如图 4—1—6 所示，转子齿形齿廓设计得使转子转到任何角

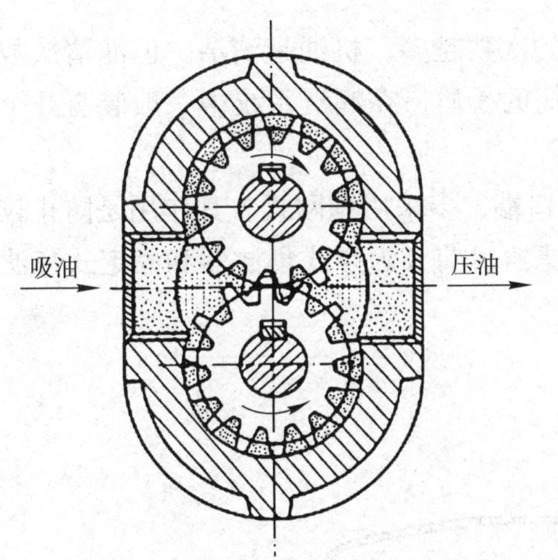

图 4—1—4　齿轮式机油泵工作原理

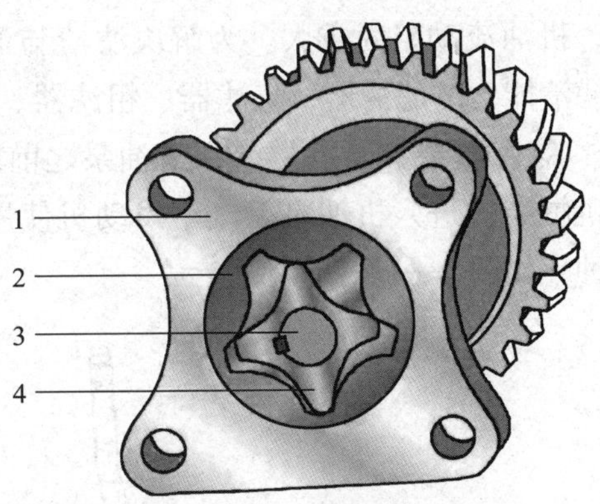

图 4—1—5　转子式机油泵

1—壳体　2—外转子　3—转子轴　4—内转子

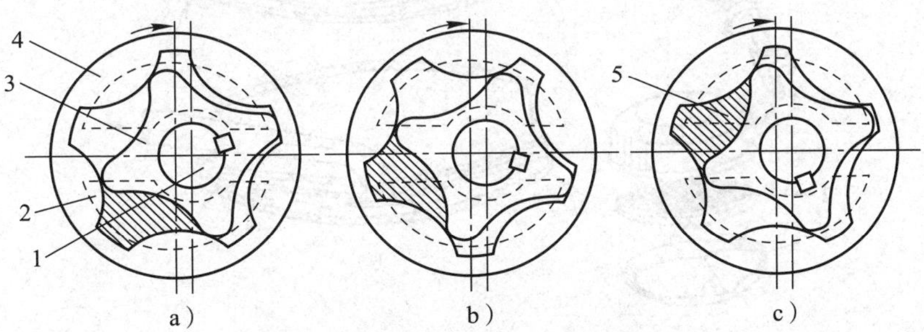

图 4—1—6　转子式机油泵工作原理

a）进油　b）压油　c）出油

1—机油泵主动轴　2—进油口　3—内转子　4—外转子　5—出油口

度时，内、外转子每个齿的齿形廓线上总能互相成点接触。这样，内、外转子间形成 4 个工作腔，随着转子的转动，这 4 个工作腔的容积是不断变化的。在进油道的一侧空腔，由于转子脱开啮合，容积逐渐增大，产生真空，机油被吸入；转子继续旋转，机油被带到出油道的一侧，这时，转子正好进入啮合，使这一空腔容积减小，油压升高，机油从齿间挤出并经出油道压送出去。这样随着转子的不断旋转，机油就不断地被吸入和压出。

2. 机油滤清器

（1）功用

机油滤清器主要是用来滤清机油中的金属磨屑、机械杂质以及机油本身氧化的产物，如各种有机酸、沥青质及碳化物，防止它们进入零件的润滑表面而将零件拉毛、刮伤，使磨损加剧，以及防止润滑系统通道堵塞而烧坏轴瓦等严重事故的发生。机油滤清器性能的好坏直接影响发动机的大修期限和使用寿命。

（2）分类、结构组成

机油通到摩擦表面之前，经过滤清器滤清的次数越多，机油越清洁。但滤清次数过多，机油流动阻力越大。为解决滤清与油路通畅的矛盾，在润滑系统中一般装有几个不同滤清能力的滤清器：集滤器、粗滤器、细滤器。

1）集滤器。集滤器装在机油泵之前的吸油口端，多采用滤网式。其作用是防止较大的机械杂质进入机油泵。汽车发动机使用的集滤器目前分为浮式集滤器和固定式集滤器两种，如图 4—1—7 所示。

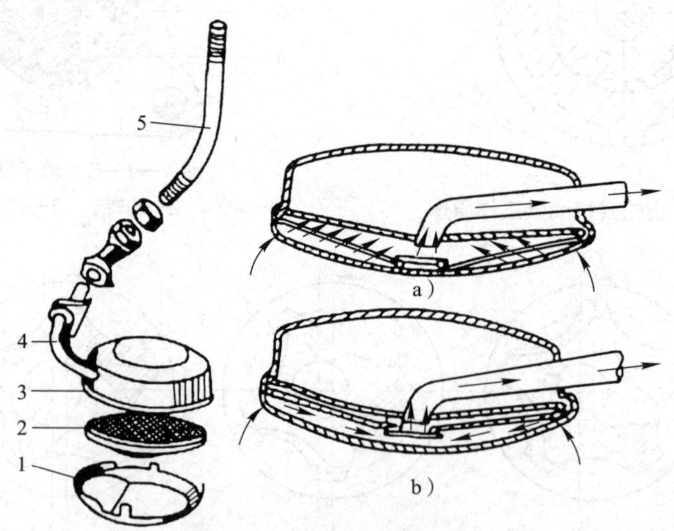

图 4—1—7　浮式集滤器

a）滤网未被淤塞　b）滤网被淤塞

1—罩　2—滤网　3—浮子　4—吸油管　5—固定管

浮式集滤器漂浮于机油表面，保证油泵吸入最上层较清洁的机油，但油面上的泡沫易被吸入，使机油压力降低，润滑欠可靠。固定式集滤器淹没在油面之下，吸入的机油清洁度较差，但可防止泡沫吸入，润滑可靠，结构简单。

2）粗滤器。机油粗滤器串联在润滑油路中，安装在机油泵之后，是全流式滤清器。粗滤器的功能是滤掉机油中较大直径的杂质（大于 0.05 mm），同时保证主油路中有足够量的润滑油。

粗滤器一般有两种类型：纸质粗滤器和锯末粗滤器，如图 4—1—8 和图 4—1—9 所示。

3）细滤器。机油细滤器用以清除细小的杂质，它对机油的流动阻力较大，多数做成分流式，与主油道并联，只有少量的机油通过它滤清后又回到油底壳。细滤器有过滤式和离心式两种。过滤式机油细滤器存在着滤清能力与通过能力的矛盾，为此多数发动机采用离心式细滤器，利用离心力清除机油中的杂质，如图 4—1—10 所示。

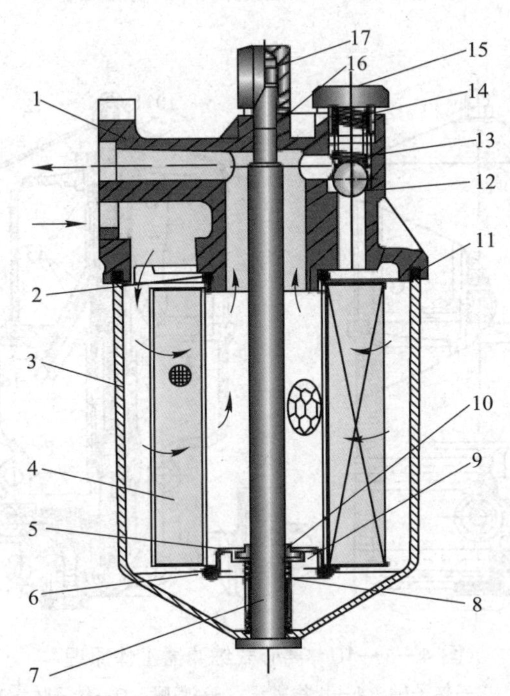

图 4—1—8　纸质粗滤器

1—上盖　2—滤芯密封圈　3—外壳　4—纸质滤芯　5—托板　6—滤芯密封圈　7—拉杆　8—滤芯压紧弹簧　9—压紧弹簧垫圈　10—拉杆密封圈　11—外壳密封圈　12—球阀　13—旁通阀弹簧　14—密封垫圈　15—阀座　16—密封垫圈　17—螺母

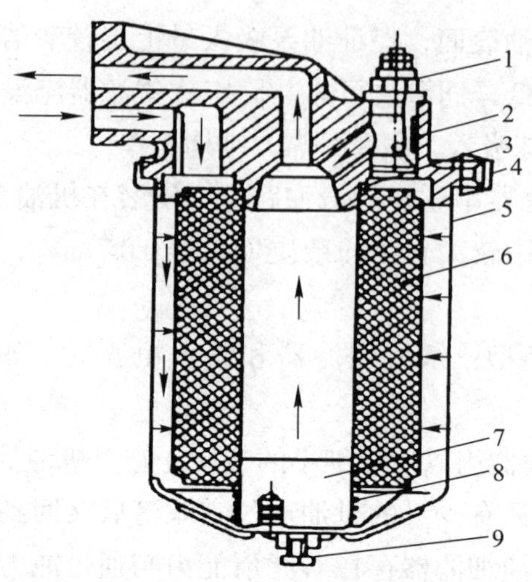

图 4—1—9　锯末粗滤器

1—指示器　2—外壳座　3—密封圈　4—卡箍　5—外壳　6—滤芯
7—滤芯底座　8—压紧弹簧　9—放油螺塞

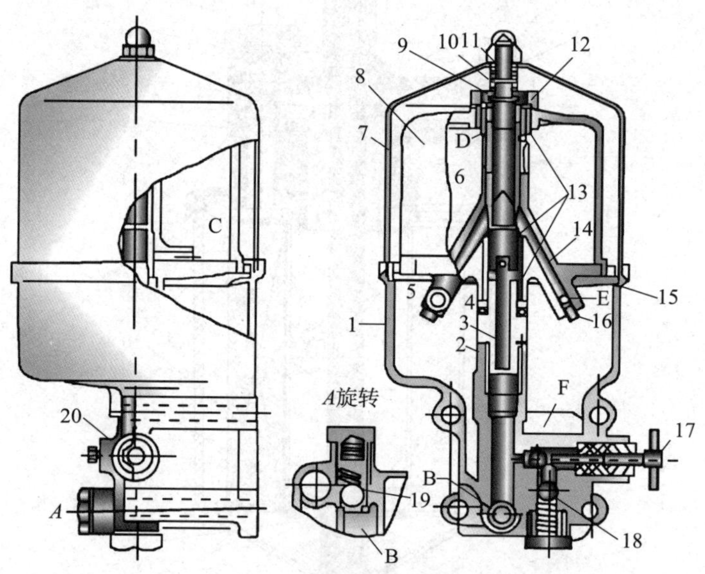

图 4—1—10　离心式细滤器工作原理

1—壳体　2—锁片　3—转子轴　4—止推轴承　5—喷嘴　6—转子体端套　7—滤清器盖
8—转子盖　9—支撑座　10—弹簧　11—压紧螺母　12—压紧螺母　13—衬套
14—转子体　15—挡板　16—螺塞　17—机油散热器开关　18—机油散热器安全阀
19—进油限压阀　20—管接头
B—滤清器进油孔　C—出油孔　D—进油孔　E—通喷嘴油道　F—滤清器出油孔

3. 机油冷却器

（1）功用

机油温度太高，黏度下降，影响润滑效果，并导致机油高温变质，因此需对机油进行冷却。

（2）冷却方式

1）自然冷却。汽车发动机油底壳内的机油，靠汽车运动产生的空气对流风冷却，使机油工作在允许的温度范围内。

2）强制冷却。

水冷：机油冷却器的冷却介质使用冷却系统的循环冷却液，由于冷却液温度限制，使热交换能在温度较高的机油和温度较低的冷却液间进行。反之，起动时迅速升高的冷却液温度，有助于机油温度的迅速上升而缩短暖机时间。

风冷：发动机直接用冷却风扇的对流风来吹风从而冷却机油。机油冷却器采用内管式机油冷却器，为了强化散热、增加散热面积，管的周围焊有散热片，管和散热片常用导热性好的黄铜制造。机油滤清器总成流出的机油，流入机油散热器的内管中，与散热器肋片进行热交换，温度降低后流出的机油或进入主油道，或流回油底壳。

三、润滑方式

1. 压力润滑

压力润滑方式润滑可靠，润滑效果好，具有一定的清洗和冷却作用，是发动机中最重要的一种润滑方式。通过润滑油泵，将一定压力和一定流量的润滑油，连续循环地提供给相对速度高、工作载荷大的重要运动件表面，使发动机能正常工作。采用压力润滑的发动机零部件有曲轴主轴颈和曲柄销的轴承、配气凸轮轴轴承、摇臂轴轴承等，有的发动机连杆小头轴承、摇臂与气门端接触面等也采用压力润滑。发动机工作时，必须监视润滑油压力，怠速暖机情况下的机油压力一般不能低于 0.15 ~ 0.20 MPa。

2. 飞溅润滑

飞溅润滑方式比较简单，但可靠性差。飞溅润滑是利用某些运动零件溅起或挤出的润滑油滴或油雾飞落到摩擦表面进行润滑的方式，可使裸露在外面承受载荷较轻的气缸壁，相对滑动速度较小的活塞销，以及对于压力润滑油不宜到达或承受载荷不大的摩擦部位，如配气机构的凸轮表面、挺柱、活塞环等得到润滑。

3. 润滑脂润滑

对于负荷较小的发动机辅助装置，如风扇、水泵、发电机、起动机等的轴承，采用定期加注润滑油脂的方法润滑，如图 4—1—11 所示。近年来在发动机上采用含有耐磨润滑材料（如尼龙、二硫化钼等）的轴承来代替加注润滑脂的轴承。

图 4—1—11　润滑脂润滑

四、润滑剂

1. 机油

（1）机油的功用

1）润滑抗磨。机油在运动零件的所有摩擦表面之间形成连续的油膜，以减小零件之间的摩擦。

2）冷却。机油在循环过程中流过零件工作表面，可以降低发动机和零件的温度。

3）清洁。机油可以带走摩擦表面产生的金属碎末，以及冲洗掉沉积在气缸、活塞、活塞环及其他零件上的积炭。

4）密封。附着在气缸壁、活塞及活塞环上的油膜，可起到密封防漏的作用。

（2）机油的特性

1）黏度：指机油在外力作用下流动时，分子间的内聚力阻碍分子间的相对运动产生的一种内摩擦力所表现出来的性质。

2）温度—黏度特性：指机油的黏度随温度变化而变化的性质。

3）低温性：指机油在低温下的流动性。

4）安定性：指机油一般情况下抵抗氧化变质的性能。

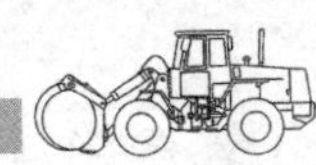

5）腐蚀性：指机油对金属及其他物质产生腐蚀作用的性质。

（3）机油的分类牌号

我国采用国际上通用的美国SAE（美国机动车工程师学会）黏度分类法和API（美国石油学会）使用分类法。

1）SAE黏度分类法。

冬季用机油：SAE0W、SAE5W、SAE10W、SAE15W、SAE20W和SAE25W六个低温黏度等级。

非冬季用机油：SAE20、SAE30、SAE40、SAE50和SAE60五个高温黏度等级。

号数越大机油黏度越大，适于在较高的环境温度下使用。上述牌号的机油只有单一的黏度等级，称为单级机油。需根据季节和气温的变化随时更换机油。

目前使用的机油大多数具有多黏度等级，称为多级机油，即同时具有含W的冬季用机油黏度等级和非冬季用机油黏度等级，两黏度级号之差至少等于15，其牌号有SAE5W/20、SAE10W/30、SAE15W/40、SAE20W/40等。

2）API使用分类法。分类依据：根据机油的性能及适用的场合。

S系列：SA、SB、SC、SD、SE、SF、SG和SH。

C系列：CA、CB、CC、CD和CE。

级号越往后，使用性能越好，适用的机型越新或强化程度越高，其中SA、SB、SC和CA等级别的机油除制造厂特别推荐外，否则不再使用。

（4）机油的选用

汽油机与柴油机使用时，应根据汽车说明书的要求，全面对照油的名称，既看品种，又看牌号，合理选择使用。机油的选用原则如下。

1）根据工作条件的苛刻程度选用适当的品种（使用级）。

低速发动机相对运动零件间油膜不易形成；旧发动机零件间间隙较大，机油易流动；大负荷或强化发动机轴承受力大，油膜不易形成。以上几种情况均需选用高黏度的机油。

2）根据地区季节气温，结合发动机的热负荷，选用适当的牌号。

气温低选择黏度小的机油，气温高选择黏度大的机油。冬季选择黏度小的机油，夏季选择黏度大的机油。

2. 润滑脂

（1）润滑脂的主要性能指标

1）锥入度（稠度）：指润滑脂反映的软硬、稠密程度和流动性。

2）滴点：指润滑脂在规定条件下加热熔化，开始滴下第一滴时的温度。

3）耐水性：指润滑脂与水接触时保持其性能稳定的程度。

（2）润滑脂的分类

润滑脂主要分为钠基润滑脂、钙基润滑脂、钙钠基润滑脂、羟基润滑脂、石墨润滑脂、石墨（固体润滑剂）、二硫化铅（固体润滑剂）等。

课题 2　润滑系统的拆装

学习目标

1. 熟悉润滑系统主要零部件。
2. 掌握润滑系统各主要零部件名称。

一、润滑系统的零部件明细

润滑系统的机油泵零部件明细见表 4—2—1。

表 4—2—1　润滑系统的机油泵零部件明细

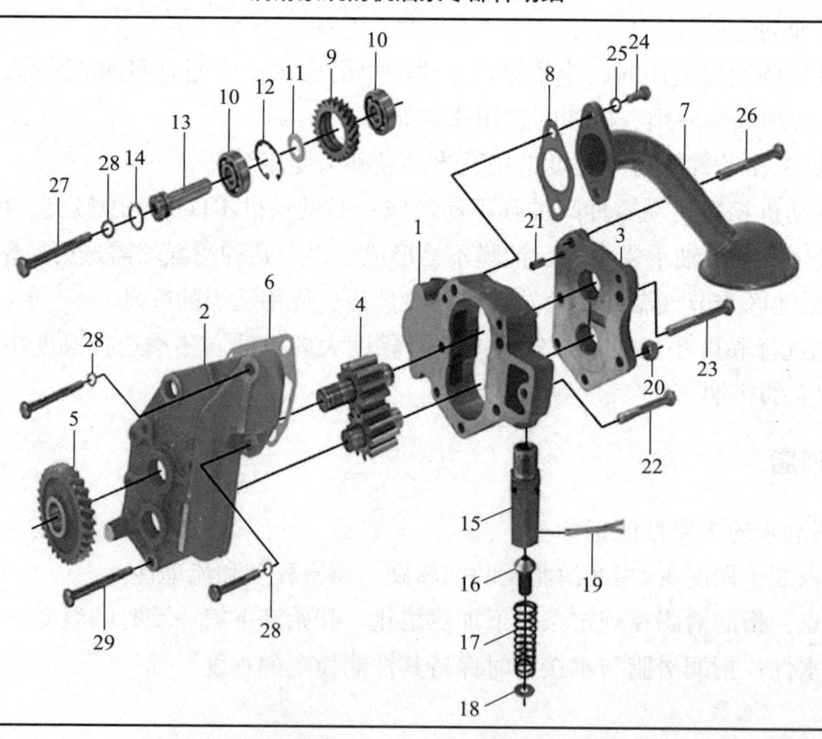

续表

序号	名称	单位	备注
1	机油泵壳体	件	
2	机油泵前端盖	件	
3	机油泵后端盖	件	
4	机油泵齿轮	件	
5	机油泵驱动齿轮	件	
6	机油泵垫片	个	
7	集滤器总成	件	
8	垫片	个	
9	机油泵中间齿轮	件	
10	向心球轴承	件	
11	中间隔圈	个	
12	带凸齿的孔用挡圈	个	
13	中间齿轮轴	件	
14	密封圈	个	
15	阀体	件	
16	限压阀	件	
17	弹簧	个	
18	弹簧座	件	
19	锁止销	件	
20	管接头	件	
21	导向销	件	
22	六角头螺栓	件	
23	六角头螺栓	件	
24	六角头螺栓	件	
25	平垫圈	个	
26	内六角圆柱头螺钉	个	
27、29	六角头螺栓	个	
28	弹簧垫圈	个	

润滑系统的滤清器、冷却器零部件明细见表 4—2—2。

表 4—2—2　　润滑系统的滤清器、冷却器零部件明细

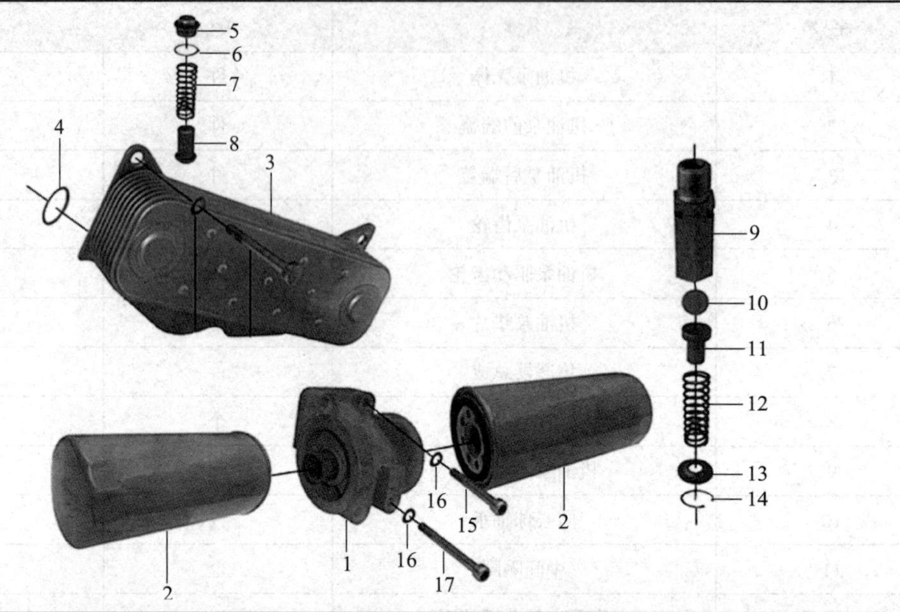

序号	名称	单位	数量
1	机油滤清器底座组件	件	
2	旋转式机油滤芯总成	件	
3	机油冷却器（8 片）	件	
4	密封圈	个	
5	轻型六角头圆柱螺塞	件	
6	垫圈	个	
7	安全阀弹簧	件	
8	安全阀	件	
9	阀体	件	
10	钢球	个	
11	弹簧座	件	
12	弹簧	件	
13	弹簧座	件	
14	弹性挡圈	个	
15	内六角圆柱头螺钉	个	
16	波形弹性垫圈	个	
17	内六角圆柱头螺钉	个	

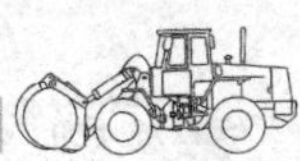

二、润滑系统的拆解

拆解前需要熟悉所拆部件的结构，掌握拆解工艺流程，知道关键部位的拆解技巧，做好充分的准备，并穿戴好相应的劳保用品。润滑系统具体拆解步骤见表 4—2—3。

表 4—2—3　　润滑系统的拆解

序号	拆解内容	注意事项
1	拆解前准备工作	拆解工具摆放整齐
2	机油泵的拆解	1. 放尽油底壳的机油后，拆卸油底壳 2. 拆下机油泵总成紧固螺栓，将总成一起拆卸下来 3. 拆卸机油泵粗集滤器、连接管（吸油管组） 4. 拆卸机油泵盖组，检查泵盖上的限压阀组 5. 分解主、从动齿轮，再分解齿轮和轴 6. 清洗、检查、测量所有零件
3	机油粗滤器的拆解	1. 松开紧固螺母，分解底座和外壳推杆总成 2. 取出密封垫圈、滤芯压紧弹簧垫圈和弹簧 3. 松开阀座，取出旁通阀弹簧和钢球，仔细观察旁通阀的工作情况
4	离心式机油细滤器的拆解	1. 松开外罩上的盖形螺母，取下密封垫圈、外罩、止推弹簧和止推垫片 2. 将转子转动到喷嘴对准挡油盘缺口时，取出转子体总成 3. 松开转子罩上的紧固螺钉，分解转子总成，仔细观察转子的工作情况 4. 松开进油阀座，拆卸阀座垫圈、进油阀弹簧、进油阀柱塞

三、润滑系统的装配

装配前需要熟悉所装配部件的结构，掌握装配工艺流程，知道关键部位的装配技巧，做好充分的准备，并穿戴好相应的劳保用品。润滑系统具体装配步骤见表 4—2—4。

表 4—2—4　　润滑系统的装配

序号	装配内容	控制要点
1	准备工作	清理和擦干净机油泵与机体前端两结合面，将机油泵密封垫片涂上黄油贴在机体前端面正确位置，插上机油泵中心销，装正机油泵位置，用螺栓拧紧装好机油泵，拆下中心销（拧紧力矩为 50 N·m）
2	涂密封胶	用油石修磨齿轮室后端面和机体前端面，清理毛刺并擦干净，在齿轮室后端面敲入空压机定位销，用适量的 510 平面密封胶均匀地涂抹两结合面
3	安装惰轮	中间惰轮有标记面朝外，惰轮轴由内向外装好，放入齿轮室，抬起齿轮室对准位置，分别用 6 个 M10×75 和 3 个 M10×25 螺栓套上弹簧垫圈安装到机体上（暂不拧紧）
4	安装惰轮	机油泵惰轮凸出高点的那面朝里装入齿轮室，找准位置敲入机油泵惰轮轴

续表

序号	装配内容	控制要点
5	安装惰轮	在中间齿轮上装上挡板，注意刻线位置，对正螺栓孔，装上六角头螺栓并拧紧后漆封。对称拧紧，拧紧力矩为（60±5）N·m，转角为90°±5°，力矩控制在100～125 N·m，不在此范围的应予以更换。螺栓最多重复使用3次
6	调整齿轮间隙	装上挡板对准螺孔，用4个惰轮轴螺栓涂上242螺纹胶拧紧，拧紧力矩为90 N·m。检查齿轮侧隙：中间惰轮与正时齿轮侧隙为0.15～0.33 mm，机油泵惰轮与正时齿轮侧隙为0.05～0.20 mm。然后对角均匀拧紧齿轮室的9个紧固螺栓
7	安装集滤器	用2个涂有螺纹胶的M10×25螺栓将机油集滤器密封垫片安装到机油泵进油口处并拧紧（注意检查是否有漏油的地方）
8	安装主油道限压阀	在主油道限压阀螺纹部位涂上242螺纹胶，将其拧入机油主油道限压阀螺孔中并拧紧（拧紧力矩为120 N·m）
9	安装机油滤清器	用油石修磨机油滤清器座与机体结合的两平面并擦干净，均匀涂上510平面密封胶，将机油滤清器总成用4个螺栓涂上242螺纹胶装上拧紧

课题3　润滑系统的检修

学习目标

1. 了解机油泵常见的故障现象及原因。
2. 能操作工具对机油泵进行检修。

一、机油压力过高

1. 故障现象

（1）接通点火开关，机油压力表指示为196 kPa，发动后上升至490 kPa以上。

（2）发动机运转中机油压力突然增高。

（3）机油滤清器胀裂或机油传感器冲裂。

2. 故障原因

（1）机油黏度过大，限压阀卡住或调整不当。

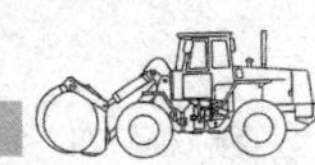

（2）气缸体主油道堵塞。

（3）机油滤清器芯堵塞，旁通阀不开启。

（4）机油压力表或油压传感器工作不良。

（5）曲轴主轴承、连杆轴承间隙过小。

（6）曲轴箱机油加注过多，机油太脏。

3. 故障检修

（1）检查机油油量。拔出量油尺，检查油面是否过高，查看机油黏度是否过大。

（2）机油油压突然增高，应检查机油滤清器芯是否堵塞，旁通阀弹簧是否过硬，润滑油道是否堵塞，机油泵限压阀是否卡死。

（3）接通点火开关，机油表有压力指示，应检查机油表传感器是否完好。

二、机油消耗量过多

1. 故障现象

（1）发动机在使用过程中机油消耗过多（机油消耗率为 0.1 ~ 0.5 L/km），需经常添加机油。

（2）排气管冒蓝烟。

2. 故障原因

（1）活塞与气缸壁间隙过大，导致飞溅的润滑油从缝隙处上窜到燃烧室而被燃烧，引起润滑油消耗量剧增。

（2）活塞环磨损或损坏，活塞环对口或装反。

（3）进气门导管磨损过大，以及气门杆油封失效，导致进气行程在进气管真空度的作用下，润滑油从气门杆与导管孔的配合间隙处大量进入气缸而被燃烧。

（4）润滑油的黏度过低，易上窜，且油膜薄，易被烧掉；另外，黏度低的润滑油易挥发。

（5）油路有渗漏现象。油封损坏、管路破裂、结合处不密封等均会引起润滑油泄漏，使机油消耗量增加。

（6）曲轴箱通风装置堵塞，使曲轴箱内气体压力和润滑油的温度升高，不但造成润滑油的渗漏、蒸发，而且还会使油底壳衬垫或气门盖边盖衬垫冲破。

3. 故障检修

（1）检查有无渗漏油处。检查曲轴的前、后油封处机油滤清器有无渗漏，润滑油管有无破裂漏油现象。油封漏油常常是由油封破损、装配不当、老化或曲轴皮带轮与油封接触表面磨损过甚引起的。

（2）检查曲轴箱的通风情况，看有无堵塞现象。

（3）观察是否存在排气管大量冒蓝烟的现象。

当加大油门发动机高速运转时，若排气管大量冒蓝烟，则机油加注口也会大量冒烟或脉动冒烟。这说明活塞、活塞环与气缸壁磨损过甚，使机油窜入燃烧室而燃烧，应拆下活塞连杆组进行检查分析；另外，需检查第一道环的端隙、背隙和侧隙，若这些间隙过大，则会使泵油现象严重。

当发动机大负荷运转时，排气管冒浓蓝烟，但机油加注口并不冒烟，这是飞溅到气门室内的机油沿气门导管间隙被吸入燃烧室的结果。

若短时间冒蓝烟，而曲轴箱机油量不减，则是由空气滤清器堵塞或油面过高造成的。

三、机油泵检修

1. 齿轮式机油泵的检修（表 4—3—1）

表 4—3—1　　齿轮式机油泵的检修

序号	检查内容	对应图形
1	齿轮与泵壳径向间隙	
2	齿轮与泵壳轴向间隙	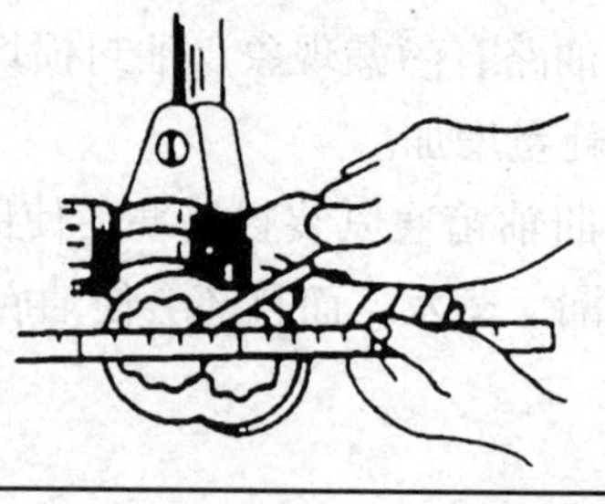

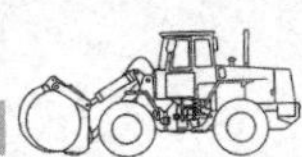

续表

序号	检查内容	对应图形
3	齿轮啮合间隙	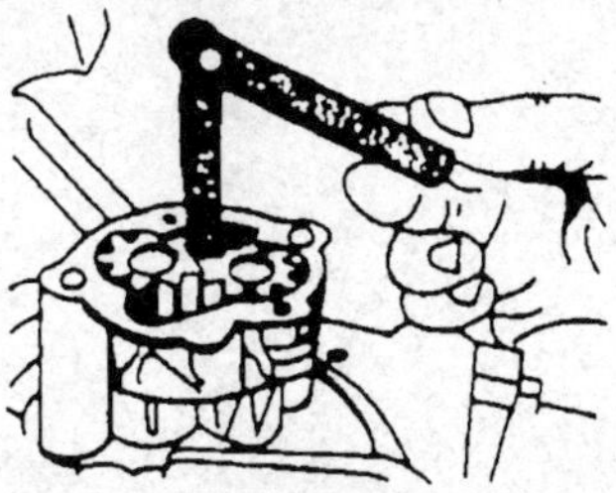
4	主动轴和从动轴与轴承孔配合间隙（用千分尺和内径百分表测量轴外径和孔内径，计算间隙）	
5	检查机油泵限压阀的钢球移动是否灵活。在实验台上做阀开启压力试验	

2. 转子式机油泵的检修（表 4—3—2）

表 4—3—2　　转子式机油泵的检修

序号	检查内容	对应图形
1	转子轴孔与轴承孔配合间隙（千分尺和内径千分表）	
2	外转子与泵壳配合间隙	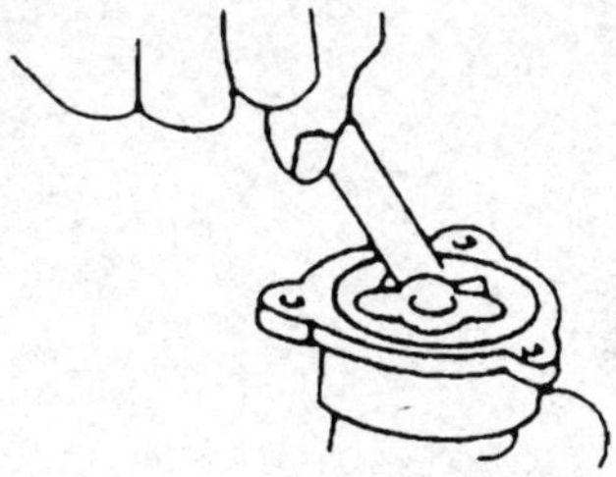
3	内、外转子啮合间隙	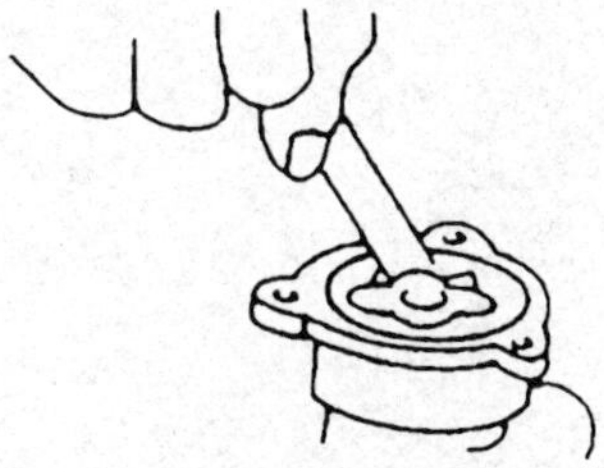 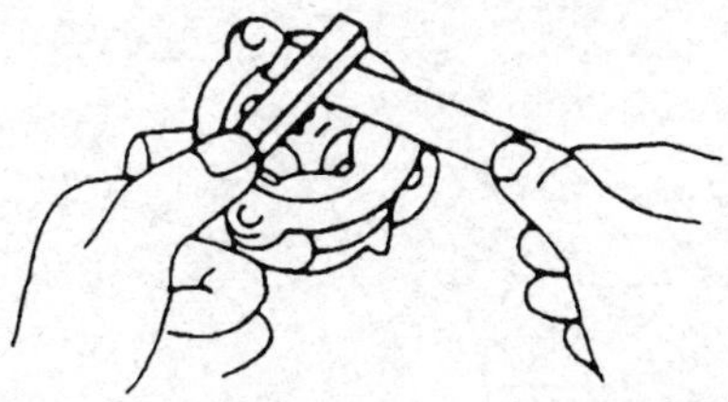

模块五 冷却系统的拆装与检修

柴油机工作温度过高或过低都会降低它的动力性和经济性。冷却系统的作用是保持柴油机在最适宜的温度状态下工作，以获得良好的经济性、动力性和耐久性。

课题 1　冷却系统的认知

学习目标

1. 了解冷却系统的作用。
2. 掌握冷却系统的结构组成。

一、冷却系统的作用和冷却方式

1. 冷却系统的作用

发动机工作时，高达 2 500℃的燃气及高速相对运动件间的摩擦，使活塞、气缸盖、气缸套、气门等零件的温度也很高。若不适当冷却，零件会严重的受热，将破坏正常的配合间隙，降低机械强度和刚度；高温下润滑油性能恶化，润滑不良，零件磨损加剧；高温下发动机充气不良，使汽油机易产生不正常燃烧。因此，过热带来发动机工作可靠性下降，使用寿命缩短，动力性、经济性恶化等一系列后果。所以，必须对发动机进行适当的冷却。

2. 冷却方式及影响

（1）冷却方式（表 5—1—1）

表 5—1—1　冷却方式

系统	温度范围
水冷系统	气缸盖内冷却水温度为 80 ~ 90℃
风冷系统	铝气缸壁的温度为 150 ~ 180℃，铝气缸盖为 160 ~ 200℃

（2）过冷过热带来的影响（表 5—1—2）

表 5—1—2　机体过冷过热带来的影响

冷却程度	后果
过冷	1. 混合气温度过低，点燃困难或燃烧缓慢，造成功率下降，燃料消耗量增加 2. 润滑油黏度增大，流动性差，造成润滑不良，加剧机件磨损，增大功率消耗 3. 燃烧生成的水蒸气易凝结成水，与酸性气体形成酸性物质，严重腐蚀各摩擦表面

续表

冷却程度	后果
过热	1. 降低充气效率，减少进气量，导致发动机功率下降 2. 燃烧室发生异常燃烧、早燃或爆燃的倾向大 3. 各部位因热膨胀而变形，使正常间隙被破坏 4. 金属材料的力学性能变坏，造成零件的变形及损坏 5. 润滑油因温度过高而变稀，使润滑效果变差，加速机件磨损

二、冷却系统的组成

目前，绝大多数汽车上使用的是水冷系统，其主要由散热器、电动风扇、节温器、水泵、气缸体水套、发动机水套排气管、冷却液膨胀箱组成，如图 5—1—1 所示。

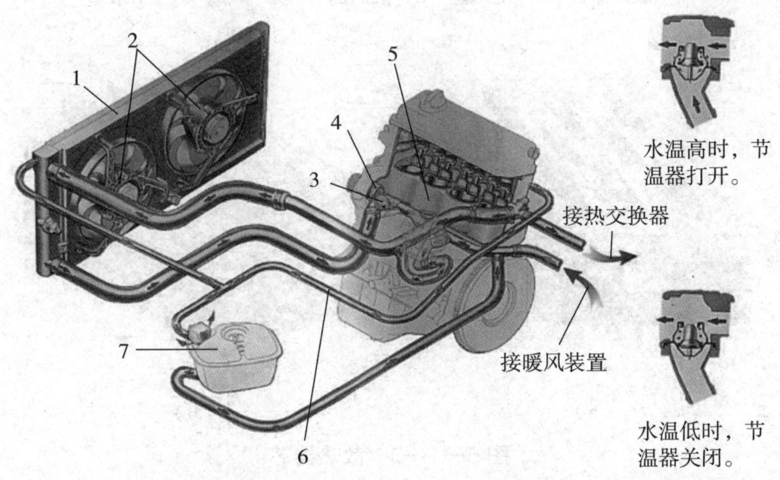

图 5—1—1　发动机水冷系统的组成

1—散热器　2—电动风扇　3—节温器　4—水泵　5—气缸体水套　6—发动机水套排气管　7—冷却液膨胀箱

1. 散热器

散热器总成如图 5—1—2 所示。散热器安装在车架上，用来对从发动机水套流出的高温冷却液进行散热，使之温度降低，继续循环使用。散热器由上水室、下水室和连接上、下水室的散热器芯组成。上水室设有水箱盖，但平时水箱盖不打开。上水室的进水管接头通过软管与水泵进水管连通。下水室设有放水开关，用来放掉散热器中的冷却液。

散热器芯如图 5—1—3 所示，它是散热器的核心，一般由铝制材料制成，形状分为管片式和管带式两大类。管片式由若干扁形或圆形冷却管组成，空气吹过扁形冷却管和散热片，使管内流动的水得到冷却。管片式散热器因结构刚度较好，广为制造发动机所使用。管带式由若干扁平冷却管组成，水管与散热器相间排列，在散热器带上常开有形似百叶窗的孔，以破坏气流在散热器表面上的附面层，提高散热能力。

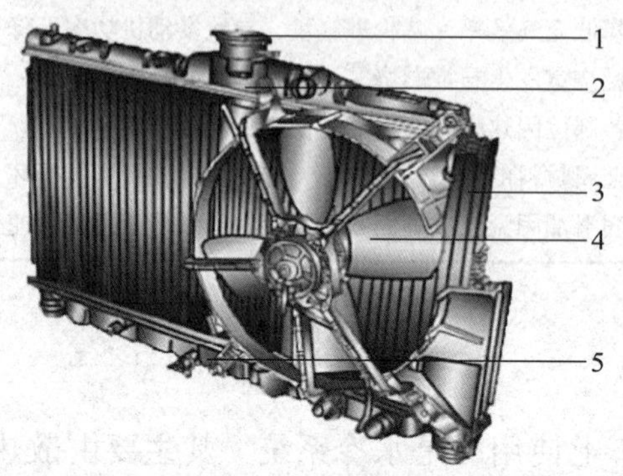

图 5—1—2　散热器总成

1—散热器盖　2—上水室　3—散热器芯　4—风扇　5—下水室

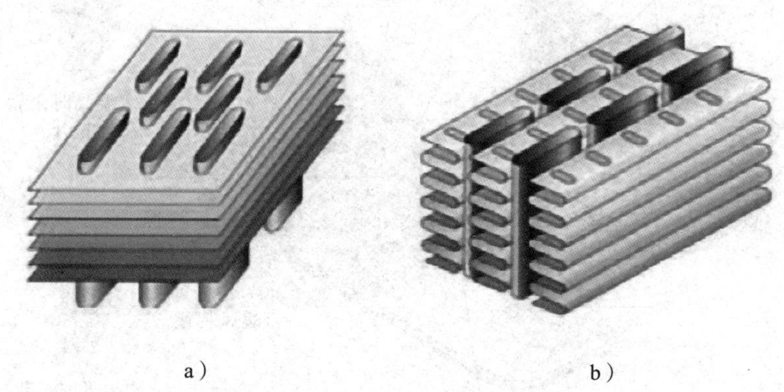

图 5—1—3　散热器芯

a）管片式　b）管带式

散热器的盖上有一个限压阀，当散热器压力达到一定范围时，限压阀就打开，以降低散热器内的压力。工作原理如图 5—1—4、图 5—1—5、图 5—1—6 所示。

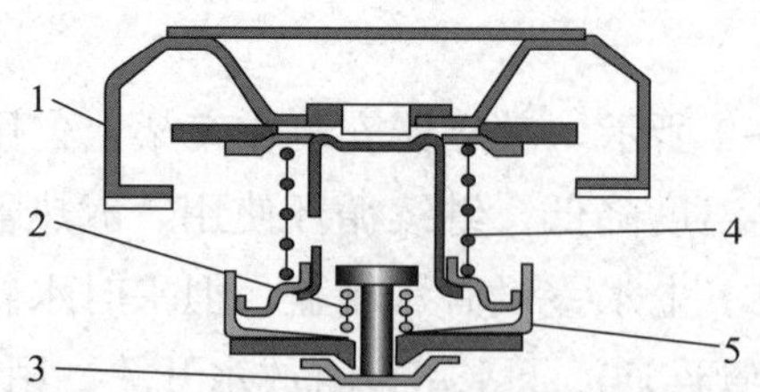

图 5—1—4　散热器盖

1—盖　2—真空阀弹簧　3—真空阀　4—压力阀弹簧　5—压力阀

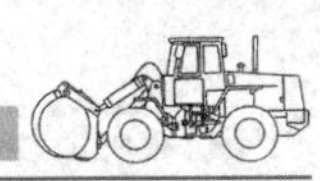

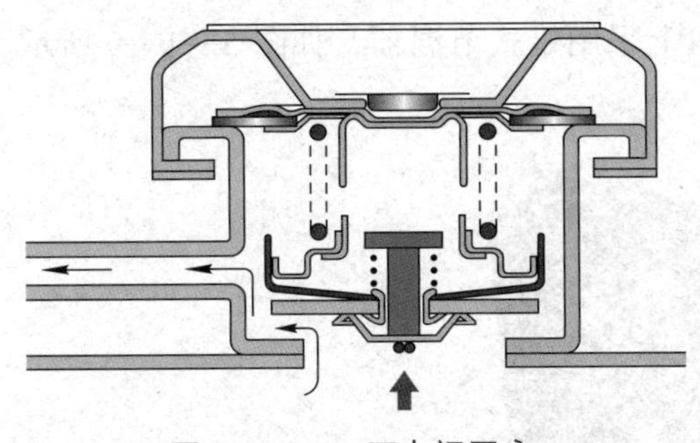

图 5—1—5 压力阀开启

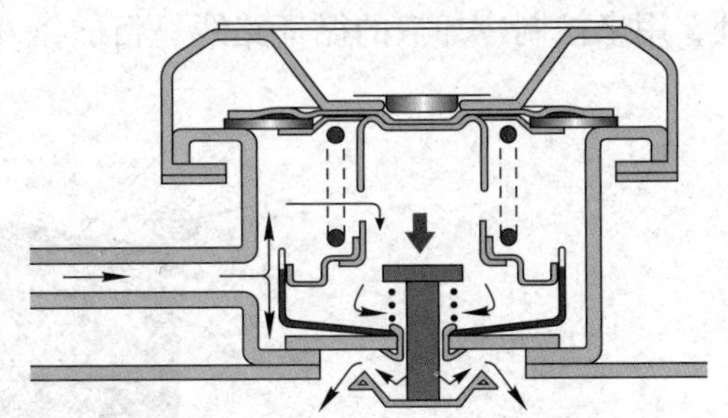

图 5—1—6 真空阀开启

发动机热态正常时，两阀门关闭，将冷却系统与大气隔开。因水蒸气的产生使冷却系统内的压力稍高于大气压力，提高了冷却水的沸点，改善了冷却效能。当散热器内部压力达到 126 ~ 137 kPa 时，压力阀开启而使水蒸气从通气孔排出；当水温下降，冷却系统内部的真空度低于 10 ~ 20 kPa 时，真空阀打开，空气从通气孔进入冷却系统，以防散热器及芯管被大气压瘪。

2. 膨胀水箱

加注防冻液的发动机，为了减少冷却液的损失，保证冷却系统的正常工作，采用散热器 + 膨胀水箱（储水箱）结构，如图 5—1—7 所示。膨胀水箱用透明塑料制成，安装位置高于散热器。膨胀水箱的上端通过出气管，分别与散热器上水室和发动机出水管连通，其下端通过补充水管与水泵进水口连通。膨胀水箱设有加液口，用来补充冷却液。

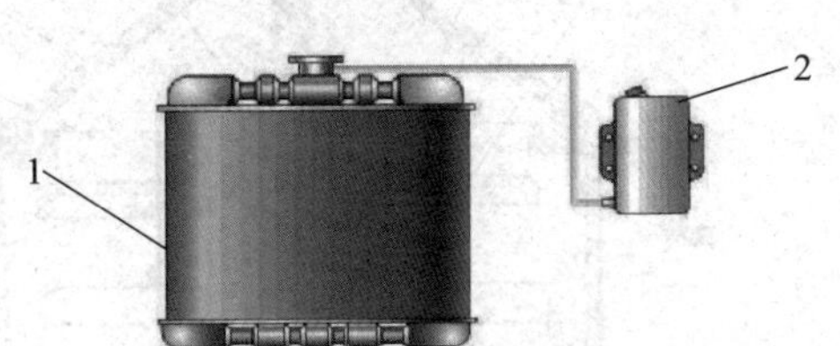

图 5—1—7 散热器 + 膨胀水箱
1—散热器 2—膨胀水箱

当冷却系统产生蒸汽后，蒸汽从出水管或者散热器上水室进入膨胀水箱上部空间。由于膨胀水箱温度低，故蒸汽冷凝。膨胀水箱还通过补充水管将冷却液送入水泵进水口，保持水泵进水口处的高压。膨胀水箱可以使水气分离，避免冷却液的损失；同时，还可有效地防止柴油机气缸套穴蚀的产生。

3. 冷却风扇

冷却风扇如图 5—1—8 所示。冷却风扇的作用是当风扇旋转时吸进空气使其通过散热器，以增强散热器的散热能力，加快冷却液的冷却速度。

冷却风扇置于散热器后面。风扇的转速与发动机在各种工况下的运行有很大关系。

4. 节温器

节温器是一个由发动机冷却液温度控制的阀门，位于发动机缸盖出水管与软管连接处，用来控制冷却液的循环路线。目前，发动机上采用蜡式节温器，如图 5—1—9 所示。

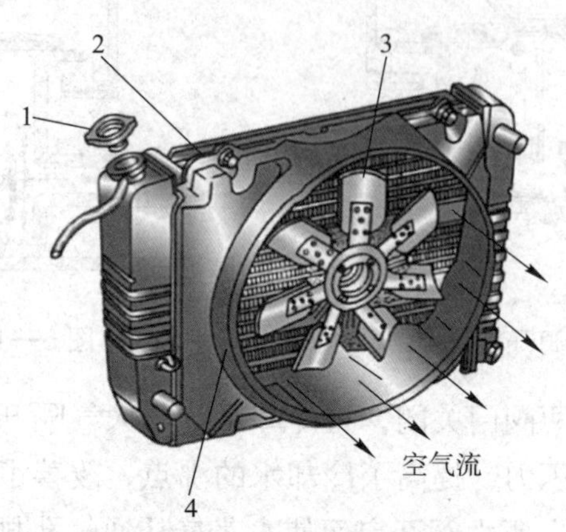

图 5—1—8 冷却风扇与导风罩

1—散热器盖 2—散热器 3—风扇 4—导风罩

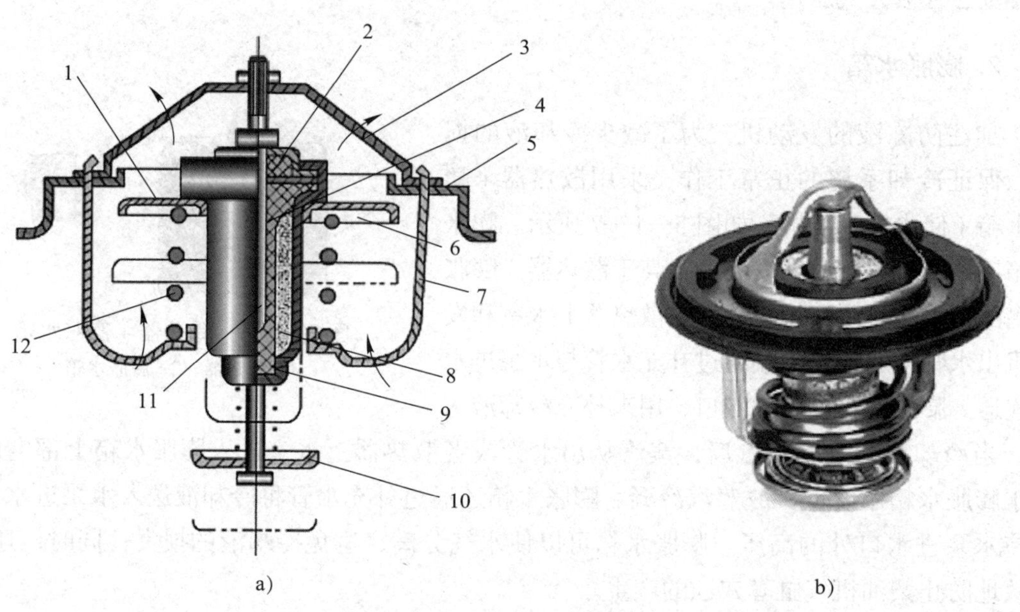

图 5—1—9 蜡式节温器

a）节温器结构图 b）节温器实物图

1—主阀门 2—盖和密封垫 3—上支架 4—胶管 5—阀座 6—通气孔 7—下支架 8—石蜡 9—感应体 10—旁通阀 11—中心杆 12—弹簧

节温器的上支架上有孔与通往散热器上水室的软管相通，下支架上有孔与出水管相通。出水管同时与通往水泵进水口的旁通管相通。上、下支架通过阀座连成一体，并固定于出水管内。上支架固定有中心杆，中心杆上套装有可以沿中心杆上下移动的感应体。主阀门位于感应体上部，用来控制出水管与软管之间的通路。副阀门位于感应体的下部，

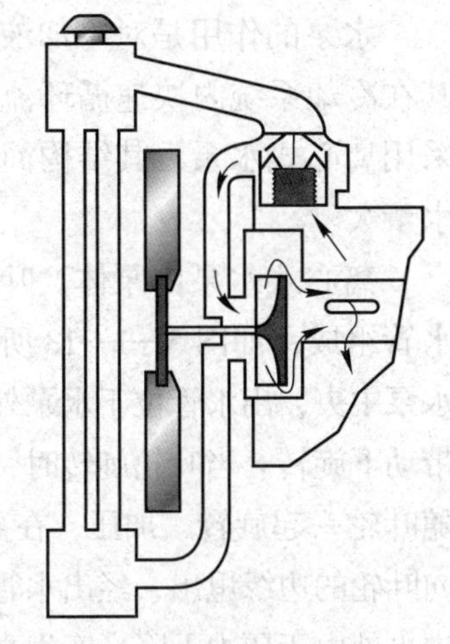
图 5—1—10　小循环工作状态

用来控制出水管与旁通管之间的通断。两个阀门通过弹簧单向固定于感应体，随感应体外壳同步移动。

蜡式节温器的工作原理是利用石蜡受热体积急剧膨胀的特性。当发动机温度很低时，感应体内的石蜡凝固成固态，体积缩小，弹簧的弹力将主阀门连同感应体、副阀门一起向上推，直至主阀门完全关闭，副阀门完全打开。此时，出水管内的冷却液通过副阀门进入旁通阀，完全进行小循环，如图 5—1—10 所示。

当冷却液温度达到或大于（76±2）℃时，石蜡随着温度升高而逐渐变成液态，体积随即增大。石蜡体积增大产生对胶管的推力，推力作用在中心杆锥面上，产生使胶管下移的作用力。在此作用力下，感应体与阀门下移，主阀门开始打开，副阀门开度开始缩小。此时，冷却液同时进行大、小循环，如图 5—1—11 所示。大、小循环的比例与冷却液温度有关，温度越高，主阀门开度越大，副阀门开度越小，大循环的冷却液就越多。

当冷却液温度达到 86℃时，大循环阀门开度达到最大值，而小循环阀门完全关闭，冷却液全部流进散热器进行大循环，如图 5—1—12 所示。

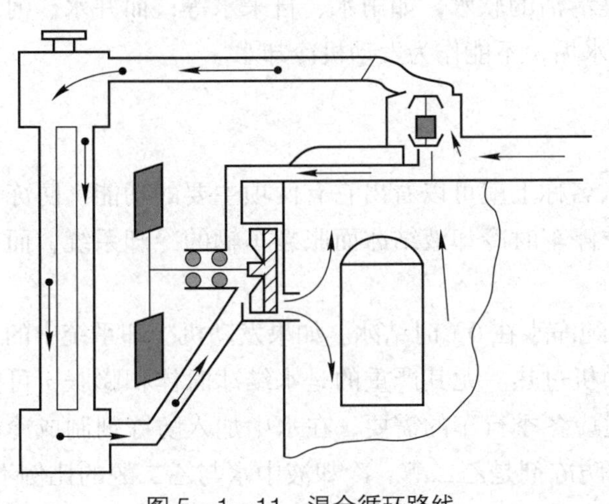
图 5—1—11　混合循环路线

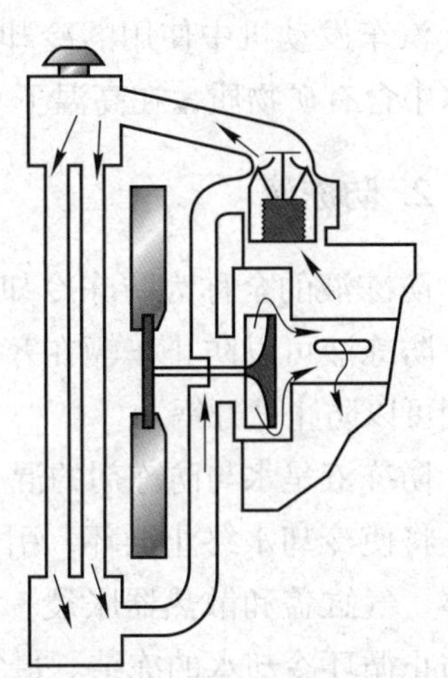
图 5—1—12　大循环工作状态

5. 水泵

水泵固定于发动机缸体的前端，由发动机曲轴通过 V 带驱动。水泵的进水口通过软管与散热器下水室连通，水泵的出水口直接与分水管或者水套连通。

水泵的作用是对冷却液进行加压，维持其在冷却系统内快速循环流动。柴油发动机采用离心式水泵，其结构简单、尺寸小、排水量大。

离心式水泵由泵体、叶轮、进水管和出水管组成，如图 5—1—13 所示。进水管位于水泵中央，出水管位于水泵外缘，叶轮在外力带动下旋转。当叶轮旋转时，水泵中的冷却液随叶轮一起旋转、加压，在离心力的作用下，向叶轮的边缘甩出，经出水管输出水泵。叶轮中央处由于压力下降，产生真空吸力，将散热器中的冷却液源源不断地吸入水泵。

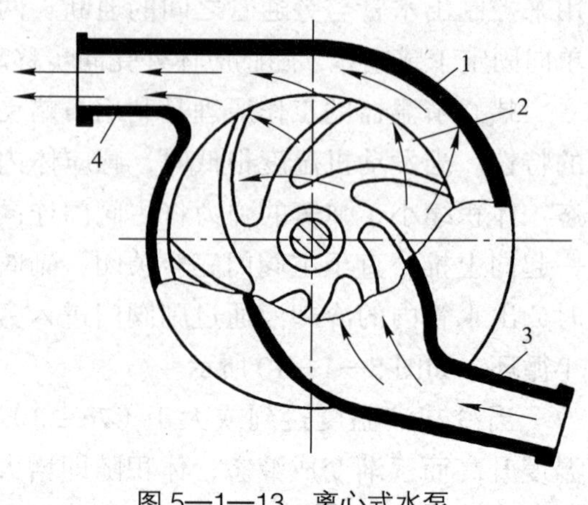

图 5—1—13　离心式水泵
1—泵体　2—叶轮　3—进水管　4—出水管

三、冷却液

1. 冷却水

汽车发动机中使用的冷却水应是清洁的软水，如雨水、自来水等；而井水、河水等硬水中含有矿物质，在高温下易生成水垢，不能作为发动机冷却水。

2. 防冻液

防冻液的全称为防冻冷却液，从名称上就可以看出它有两项主要的功能：防冻和冷却。防冻液可以防止车辆在寒冷冬季停车时冷却液结冰而胀裂车辆的冷却系统，而在夏天则可以防止“开锅”。

防冻液是水与防冻剂的混合物。纯净水在 0℃时结冰。如果发动机冷却系统中的水结冰，将使冷却水终止循环，引起发动机过热。尤其严重的是水结冰时体积膨胀，可能将机体、气缸盖和散热器胀裂。为了适应冬季行车的需要，在水中加入防冻剂制成冷却液以防止循环冷却水的冻结。最常用的防冻剂是乙二醇。冷却液中水与乙二醇的比例不同，其冰点也不同。50% 的水与 50% 的乙二醇混合而成的冷却液，其冰点约为 −35.5℃。

在水中加入防冻剂还可以提高防冻液的沸点。例如，含 50% 乙二醇的冷却液在大气压力下的沸点是 130℃。因此，防冻剂有防止防冻液过早沸腾的附加作用。

防冻剂中通常含有防锈剂和泡沫抑制剂。防锈剂可延缓或阻止发动机水套壁及散热器锈蚀或腐蚀。防冻液中的空气在水泵叶轮的搅动下会产生很多泡沫，这些泡沫将妨碍水套壁的散热。泡沫抑制剂能有效地抑制泡沫的产生。在使用过程中，防锈剂和泡沫剂

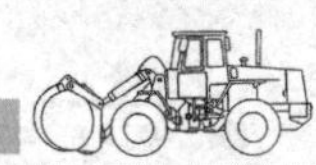

会逐渐消耗殆尽，因此，定期更换防冻液是十分必要的。在防冻剂中一般还要加入着色剂，使冷却液呈绿色、红色、蓝色，以便识别。

对于用户来说，最需要注意的就是包装上的冰点标识。防冻液的冰点应比实际居住地的冬季最低气温低 10 ~ 15℃。

课题 2　冷却系统的拆装

学习目标

1. 掌握冷却系统主要零部件名称。
2. 能识别冷却系统各主要零部件。
3. 能编制冷却系统的拆解工艺卡片。
4. 能编制冷却系统的装配工艺卡片。

一、冷却系统的零部件明细（表 5—2—1）

表 5—2—1　　　冷却系统零部件明细

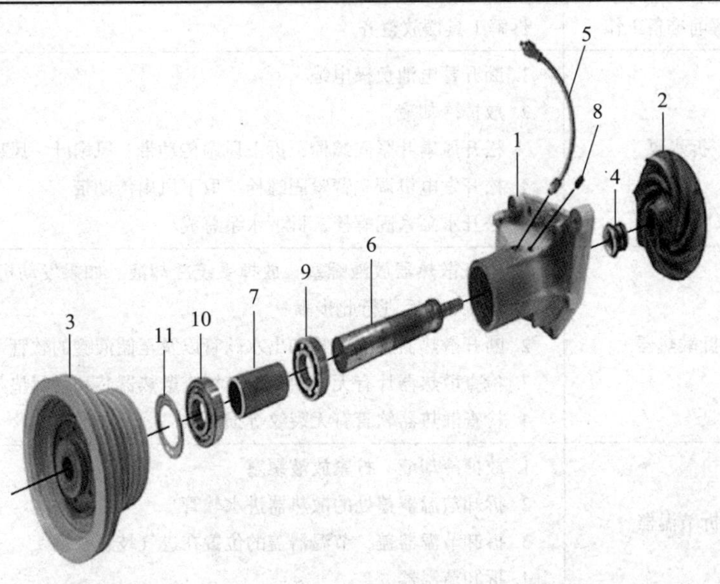

续表

序号	名称	单位	备注
1	水泵体	件	
2	叶轮	件	
3	带轮	件	
4	水封总成	件	
5	水泵加黄油装置	件	
6	泵轴	件	
7	支撑套	件	
8	锥端紧定螺钉	个	
9	向心球轴承	件	
10	圆柱滚子轴承	件	
11	防护圈	个	

二、冷却系统的拆解

拆解前需要熟悉所拆部件的结构，掌握拆解工艺流程，知道关键部位的拆解技巧，做好充分的准备，并穿戴好相应的劳保用品。冷却系统的拆解步骤见表5—2—2。

表5—2—2　　冷却系统的拆解

序号	拆解内容	注意事项
1	拆解前准备工作	拆解工具摆放整齐
2	拆水泵	1. 断开蓄电池负极电缆 2. 放掉冷却液 3. 松开风扇叶紧固螺栓，拆下风扇传动带、风扇叶、风扇带盘 4. 松开发电机调整臂紧固螺栓，取下风扇传动带 5. 松开水泵紧固螺栓，拆下水泵总成
3	拆散热器	1. 松开散热器放液螺塞，放掉系统冷却液。如果发动机为热车状态，则应待发动机冷却后进行此步骤 2. 断开散热器进水软管和出水软管以及至储液罐的软管 3. 检查散热器片有无弯曲变形，检查散热器芯和密封垫是否泄漏 4. 检查散热器软管有无裂纹等损坏
4	拆节温器	1. 放掉冷却液，拧紧放液螺塞 2. 拆卸节温器盖处的散热器进水软管 3. 拆卸节温器盖，节温器盖的位置在进气歧管一侧 4. 拆卸节温器

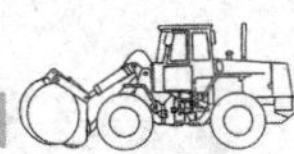

三、冷却系统的安装

安装前需要熟悉所安装部件的结构，掌握安装工艺流程，知道关键部位的安装技巧，做好充分的准备，并穿戴好相应的劳保用品。冷却系统的安装步骤见表5—2—3。

表5—2—3　冷却系统的安装

序号	装配内容	控制要点
1	准备工作	工具摆放整齐
2	水泵安装	1. 安装新的密封垫至缸体 2. 把水泵装到缸体上并按规定扭矩拧紧 3. 安装风扇传动带、风扇叶 4 调整发电机调整臂紧固螺栓，以使皮带的松紧度至规定值 5. 接上蓄电池负极电缆
3	散热器安装	注意事项如下 1. 确保进气和排气通道密封，且具有良好的流动特性 2. 使用柔性的胶管接头来补偿发动机和散热器之间的相对运动 3. 安装弹性支撑，以防止车架的振动传送至冷却系统 4. 发动机及散热器通气管应连续上行，不能下垂和有下弯段 5. 发动机与散热器间的进出水管直径应大于发动机上的相应接口的直径，以减小水阻力 6. 必须确保散热器不受污染，并易于清洗
4	节温器安装	1. 把节温器装入进气歧管时，确保能露出放气阀（注意向上标记） 2. 把节温器盖装到进气歧管上 3. 连接散热器进水软管 4. 向系统内加注冷却液 5. 接上蓄电池负极电缆 6. 安装完毕，检查每个部件有无泄漏

课题3　冷却系统的检修

学习目标

1. 了解水泵常见的故障现象及原因。
2. 掌握正确操作工具对水泵进行检修的方法。

一、发动机水温过高

1. 故障现象

运转中的发动机，水温表指针经常指在100℃以上或指针长时间处在红区，水温警示灯闪亮，并伴随着冷却液沸腾现象，且发动机易产生突爆或早燃以及熄火困难等。严重时，散热器伴随有“开锅”现象。

2. 故障原因

（1）冷却液液面过低，循环水量不足；或气缸盖垫片破碎引起的严重漏水。

（2）冷却液中水垢过多，致使冷却效能降低。

（3）冷却液温度表或警告灯指示有误。如感应塞损坏，线路搭铁、脱落，或指示表失灵。

（4）散热器芯管堵塞、漏水、水垢过多或散热器片变形导致冷却效果下降。

（5）风扇带松弛或因油污打滑，风扇离合器失效，温控开关、风扇电动机损坏，叶片变形。

（6）水泵泵水量不足，水泵带过松或因油污打滑，轴承松旷，水泵轴与叶轮脱转，水泵叶轮、叶片破损，水泵密封面、水封漏水，水泵内有空气。

（7）节温器起动不良，致使冷却液大循环工作不良。

（8）冷却液套、分水管等积垢过多、堵塞、锈蚀。

（9）喷油正时不合适。

（10）混合气过稀或过浓、润滑不良。

（11）压缩比过大、气缸压力过大、突爆或进排气不畅。

（12）使用不合理，如经常超负荷工作等。

3. 故障检修

检查冷却液液面高度，冷却液的规格、牌号是否符合要求，冷却液品质，以及冷却液中锈皮、水垢是否过多等。检查冷却散热器或膨胀散热器中的水是否充足，加水或疏通膨胀散热器的通气孔。

（1）检查冷却液指示装置。旧车诊断时，将感应器中心电极与发动机机体搭铁，若搭铁后水温表指针摆动，说明水温表良好，感应塞有故障；否则，说明水温表有故障。水温表指示值过高时，观察散热器水温是否过热或开锅，如水温正常，即为感应塞或水温表故障，应先更换感应塞；若水温表的指示值还高，则是水温表已坏。

（2）检查风扇带是否过松、叶片有无变形、风扇离合器是否失效等。对电动风扇，

应先检查温控开关，若将其短接后风扇立即转动，说明温控开关损坏；若风扇仍然不转，应检查线路熔断器、继电器、电动机等是否损坏。风扇不转时应检查风扇传动带是否过松打滑，若打滑应进行调整。松开电动机支架固定螺栓，向外扳动电动机，同时拧紧固定螺栓。风扇传动带松紧度的检查方法：用拇指按压两轮距中点处，带的下沉量为 10 ~ 15 mm 为宜。

（3）检查散热器是否变形、漏水，并触摸散热器，检查其各部分温度是否均匀。如散热器性能下降，多因散热器内部被水垢或泥沙堵塞，或散热片之间被堵塞，应清洗、疏通散热器。若冷却液的沸点温度未提高，发动机冷却后散热器内的真空度未形成，有膨胀散热器的箱内液面无变化，则为散热器盖损坏，应修复或更换。

（4）触摸散热器及上下通水管，若温度过低，说明节温器大循环阀门未打开，为节温器故障，应拆检节温器。若发动机温度过高，而散热器的温度并不高，或散热器上半部分温度高而下半部分却温度较低时，可能是节温器的阀门没打开或阀门升程太小，应检查更换节温器。

（5）检查水泵，先检查水泵带是否过松、轴承是否松旷、水泵是否漏水等，再检测水泵的泵水能力。检查时用手握住发动机顶部至散热器的通水管，然后由怠速加速到某一高速，如感到通水管内的流速随发动机转速的增加而加快，说明水泵工作正常；反之，说明水泵工作不良，应拆检水泵。可将散热器盖打开，操纵油门，突然变化发动机转速，从加水口观察冷却液面有无变化，若无搅动现象，则为水泵工作不正常，应检查并排除水泵故障。

（6）检查发动机供给系、机械方面、润滑系及使用方面的故障，调整喷油正时。检查护风罩、百叶窗等能否正常工作。

二、发动机水温过低

1. 故障现象

运行中的发动机，水温表指针经常指在 75℃以下（水温过低）。发动机工作时，水温表指针长时间达不到 90 ~ 100℃正常位置（升温缓慢），发动机加速困难。

2. 故障原因

（1）冷却液温度过低或升温缓慢的主要原因是节温器工作不良、水温指示装置失效。

（2）水温表或水温感应器损坏，指示有误。

（3）在冬季或寒冷地区行驶时，未关闭百叶窗或未采取车身保温措施。

（4）节温器漏装或阀门黏结不能闭合。

（5）冷车快，怠速调整过低。

3. 故障检修

（1）若环境温度过低，应检查百叶窗是否关闭，是否采取了保温措施。

（2）检查水温表、传感器及线路是否正常。

（3）拆检节温器，若损坏应更换。

三、水泵检修

水泵是汽车发动机冷却系统的重要构成部分之一，水泵的作用是通过对冷却液进行加压，保证其在冷却系统中循环流动，加速热量的散发。作为一个长期运转的装置，水泵在使用过程中也会出现故障。水泵的故障诊断一般来说是比较简单的。在冷却系统出现泄漏的情况下，可以闻出热防冻液的气味，但是必须进行一番检查，查明冷却水是否是从水泵轴封处漏出的，利用一面小镜子和灯光去查看水泵放气孔处是否漏水。要定期地进行保养，注意检查水箱冷却液的损耗。漏水是水泵的头号故障；噪声则是第二号故障；因轴承的擦伤而导致水泵轴咬死的现象，是非常少见的，一旦出现这种现象，风扇和散热器便会受到损坏。

1. 检查泵体及带轮有无磨损及损伤，必要时应更换。检查水泵轴有无弯曲、轴颈磨损程度、轴端螺纹有无损坏。检查叶轮上的叶片有无破碎、轴孔磨损是否严重。检查水封和胶木垫圈的磨损程度，如超过使用限度应更换新件。检查轴承的磨损情况，可用百分表测量轴承的间隙，如超过 0.10 mm，则应更换新的轴承。

2. 水泵取出后，可按顺序进行分解。分解后应将零件进行清洗，再逐一检查，看其是否有裂纹、损坏及磨损等缺陷，如有严重缺陷应予更换。

3. 水封及水封座的修理。水封如磨损起槽，可用砂布磨平，如磨损过甚应予更换；水封座如有毛糙刮痕，可用平面铰刀或在车床上修理。在大修时应更换新的水封组件。

4. 在泵体上具有下列损伤时允许焊修：长度在 30 mm 以内，不伸展到轴承座孔的裂纹；与气缸盖接合的突缘有破缺部分；油封座孔有损伤。水泵轴的弯曲不得超过 0.05 mm，否则应更换。叶轮叶片破损应予更换。水泵轴孔径磨损严重应更换或镶套修复。

5. 检查水泵轴承是否转动灵活或有异常响声，如有说明轴承有问题，应予更换。

6. 水泵装配好后，用手转动一下，泵轴应无卡滞，叶轮与泵壳应无碰擦。然后检查水泵排水量，如有问题，应查明原因并排除。如果水泵出现故障，冷却液将无法到达相应的地方，其性能就得不到有效的发挥，最终影响发动机的运行情况。因此，必须加强对水泵的检查。

模块六 起动系统的拆装与检修

发动机本身没有自行从停车状态开始转动的能力，必须靠外力转动曲轴，带动活塞不断往复运动，直到气缸内形成可燃混合气并着火燃烧后，发动机便自动进行工作循环而正常运转，所以发动机必须要有起动系统。

课题 1　起动系统的认知

学习目标

1. 了解起动系统的作用。
2. 掌握起动系统的结构组成。

一、起动系统概述

1. 功用

发动机起动系统如图 6—1—1 所示。

使发动机从静止状态过渡到工作状态的全过程，称为发动机的起动。完成起动所需要的装置叫作起动系统。

发动机起动时，必须要有足够的起动力矩去克服起动时的阻力矩，使曲轴能以一定的转速转动起来。起动时的阻力矩包括：各运动件运动时的摩擦阻力矩以及使运动件由静止状态加速到某一转速时的惯性力矩等，克服这些阻力所需要的转矩称为起动转矩。

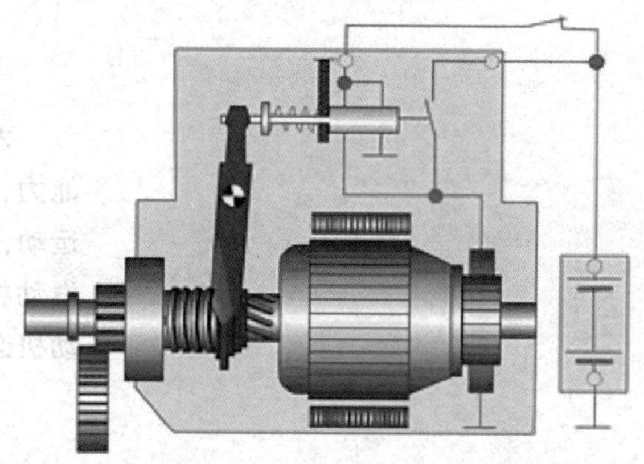

图 6—1—1　发动机起动系统

能使发动机起动的曲轴最低转速称为起动转速。在 0 ~ 20℃时，汽油机的起动转速为 30 ~ 40 r/min；柴油机要求的起动转速较高，不同类型的柴油机起动转速有所不同，一般为 150 ~ 300 r/min。

2. 起动方式

发动机常用的起动方式有人力起动、电力起动和辅助起动。

（1）人力起动

人力起动即手摇起动或绳拉起动，其结构简单。起动时，只需将起动手柄端头的横销嵌入发动机曲轴前端的起动爪内，摇动手柄即可转动曲轴，使发动机起动。这种方法起动可靠，不需要专用设备，但加重了驾驶人员的劳动强度，故手摇式起动只用于小型发动机。

（2）电力起动

以蓄电池为电源，供应电能给起动电动机，以电动机为动力源，当电动机轴上的驱动齿轮与发动机飞轮周缘上的齿啮合时，电动机旋转产生的动力通过飞轮传递给发动机曲轴，使曲轴旋转，发动机转动。这种起动装置结构紧凑、操作方便，是发动机最常用的起动方式。

（3）辅助起动

有些功率较大的工程机械柴油机上还专门安装一个小型汽油机用于起动，即先将易于起动的小汽油机起动后，通过动力传动装置带动柴油机起动。这种起动方式的优点是起动次数不受限制，起动拖动时间长，并具有足够的起动功率。同时，还可以利用起动机的冷却水和废气对柴油机进行预热，在温度较低时也能起动柴油机。这种起动方式的缺点是结构复杂，操作不便，起动时间长，机动性差。

3. 起动预热

预热装置的功用是加热进气管或燃烧室中的空气，以改善可燃混合气形成和燃烧的条件，从而使发动机易于起动。预热的方法和类型很多，常用的有电热塞和电火焰预热器两种。

（1）电热塞

采用涡流室式或预热室式燃烧室的柴油机，由于燃烧室表面积大，在压缩过程中的热量损失较燃料直接喷射式大，起动更为困难。因此，一般在采用涡流室式或预燃室式燃烧室的发动机中装有电热塞，以便在起动时对燃烧室内的空气进行预热。

电热塞分为电热丝包在发热体钢套内的闭式电热塞和电热丝裸露在外的开式电热塞两种。闭式电热塞如图6—1—2所示。在发动机起动以前，先用专用的开关接通电热塞电路，很快红热的发热体钢套使气缸内空气温度升高，从而提高了压缩终了时的空气温度，使喷入气缸的柴油加速蒸发且易于着火。电热塞通电时间一般不超过1 min。发动机起动后应立即将电热塞断电。

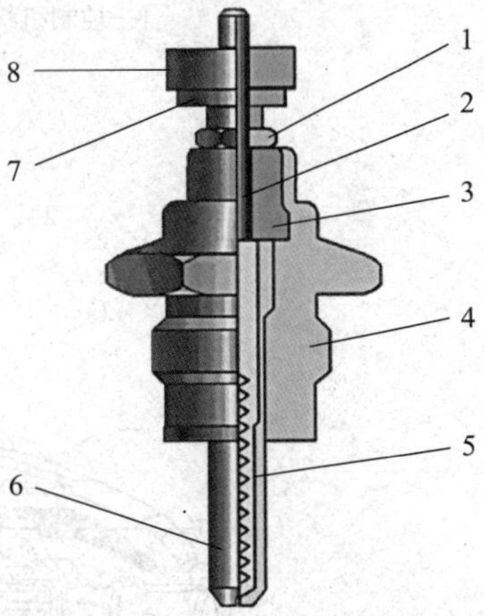

图6—1—2　闭式电热塞

1—固定螺母　2—中心螺杆　3—绝缘体　4—外壳　5—电阻丝　6—发热体缸套　7—压紧垫圈　8—压紧螺母

（2）电火焰预热器

在中、小功率柴油机上常采用进气预热器作为冷起动的辅助装置。柴油机起动时，接通预热器电路后，电热丝发热，同时加热阀体，阀管受热伸长从而带动球阀杆下移，使球阀打开。燃油流入阀体内腔受热汽化，并在膨胀压力作用下从扁截面螺栓头两侧的通道喷出，并被炽热的电热丝点燃生成火焰喷入进气管，使进气得以预热。当关闭预热开关时，电路切断，电热丝变冷，阀管冷却收缩，使球阀重新落座，堵住进油孔而截止燃油流入，预热停止。

二、起动机

如图 6—1—3 所示，起动机由直流电动机、传动机构和控制机构三大部分组成。图 6—1—4 所示为常用的直流串励式起动机的内部结构。

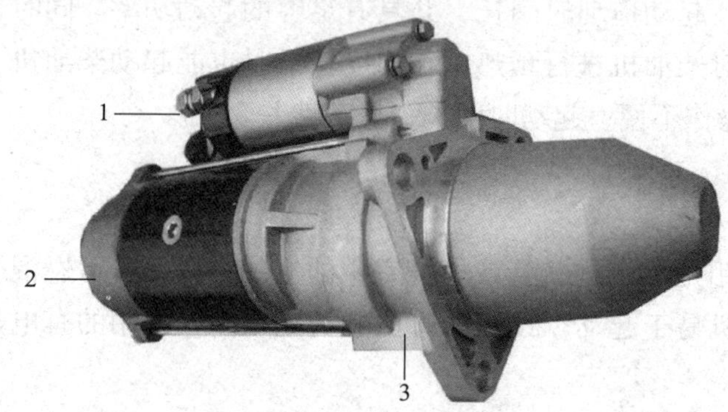

图 6—1—3　起动机

1—控制机构（电磁开关）2—直流电动机　3—传动机构

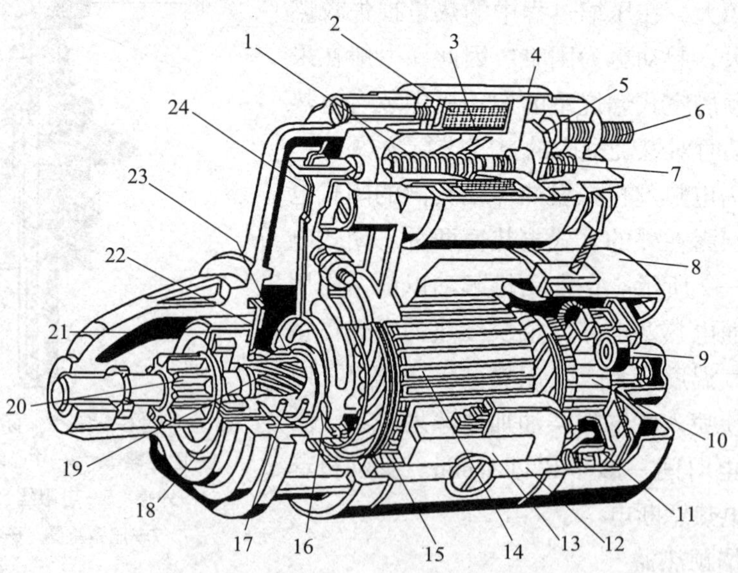

图 6—1—4　典型起动机的结构

1—回位弹簧　2—保持线圈　3—吸拉线圈　4—电磁开关壳体　5—触点　6—接线柱　7—接触盘　8—后端盖　9—电刷弹簧　10—换向器　11—电刷　12—磁极　13—磁极铁芯　14—电枢　15—励磁绕组　16—移动衬套　17—缓冲弹簧　18—单向离合器　19—电枢轴花键　20—驱动齿轮　21—罩盖　22—制动盘　23—传动套筒　24—拨叉

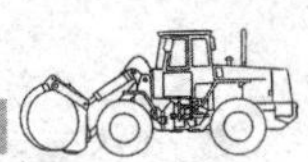

1. 直流电动机

直流电动机主要由壳体、磁极、电枢、换向器和电刷组件等部分组成。

（1）壳体

壳体由钢管制成，其功用是安装磁极和固定机件。磁极固定在壳体内壁上。壳体上有一个接线端子或一根电缆引线，对于电磁式电动机，该端子或引线与磁场线圈的一端连接。

（2）磁极

磁极的功用是产生磁场，电磁式电动机的磁极由铁芯和磁场线圈组成，铁芯用低碳钢制成马蹄形，并用螺钉固定在电动机壳体的内壁上，磁场线圈套装在铁芯上。为了增大起动机的电磁转矩，一般采用四个磁极，功率超过 7.5 kW 的起动机有的采用六个磁极。磁场线圈用矩形裸体铜线绕制，并与电枢绕组串联，如图 6—1—5 所示。四个磁场线圈的连接方式有两种：一种是四个绕组串联后再与电枢绕组串联，如图 6—1—5a 所示；另一种是两个绕组先串联后并联，然后再与电枢绕组串联，如图 6—1—5b 所示。目前，普遍采用后一种连接方式。无论采用哪一种连接方式，其磁场线圈通电产生的磁极必须 N、S 极相间排列。

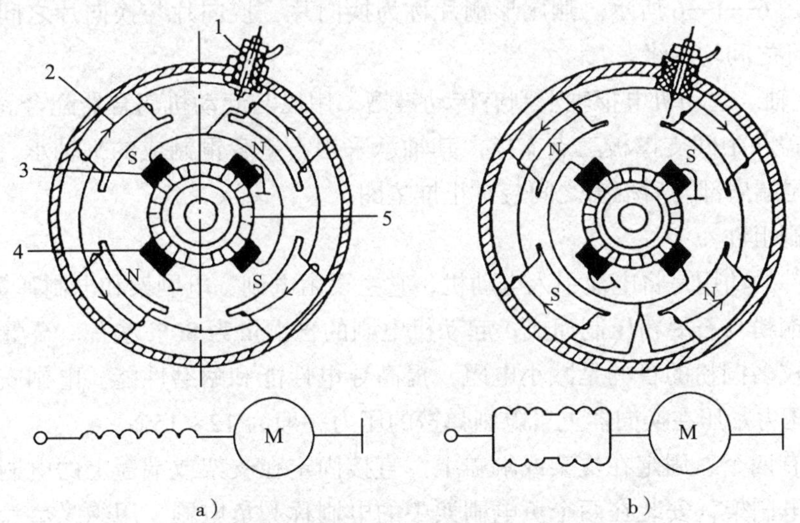

图 6—1—5　磁场线圈连接方式

a）四个绕组相互串联　b）两个绕组先串联后并联

1—“C”端子　2—磁场线圈　3—正电刷　4—负电刷　5—换向器

（3）电枢

如图 6—1—6 所示，电枢主要由电枢绕组、铁芯、换向器和电枢轴组成，其功用是产生电磁转矩。

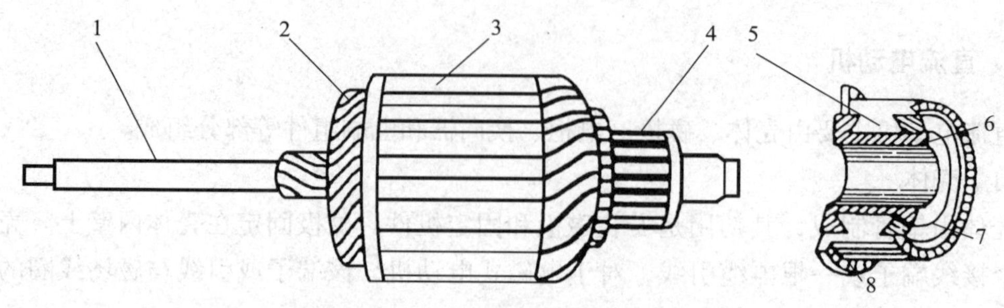

图 6—1—6　起动机电枢的结构

1—电枢轴　2—电枢绕组　3—铁芯　4—换向器　5—换向片
6—轴套　7—压环　8—焊线突缘

1）电枢绕组。为了通过较大的电流以获得大的功率和转矩，电枢绕组也采用扁而粗的铜质导线绕成。由于电枢导线采用裸体铜线，为防止短路，导线与铁芯之间、导线与导线之间均用绝缘性能较好的绝缘纸隔开。

2）铁芯。铁芯由相互绝缘的硅钢片叠装而成，其圆周上制有安放电枢绕组的槽，内以花键固装在电枢轴上。

3）换向器。换向器的功用是将通入电刷的直流电流转换为电枢绕组中导体所需的交变电流，以使不同磁极下导体中电流的方向保持不变。换向器由截面呈燕尾形的铜片围合而成，如图 6—1—6 所示。燕尾形铜片称为换向片，换向片与换向片之间以及换向片与轴套、压环之间均绝缘。

4）电枢轴。起动机电枢轴上制有传动键槽，用以与起动机离合器配合。电枢轴一般采用前后端盖和中间支撑板三点支撑，其轴承采用石墨青铜制成的平轴承。为防止轴向窜动，轴的尾端肩部与后端盖之间装有止推垫圈。

（4）电刷组件

电刷组件的功用是将电流引入电动机，它主要由电刷、电刷架和电刷弹簧组成。

电刷用铜粉与石墨粉压制而成，起动机电刷的含铜量为 80%左右，石墨含量为 20%左右。加入较多铜粉的目的是减小电阻，提高导电性能和耐磨性能。电刷安装在电刷架内，借弹簧压力紧压在换向器上，电刷弹簧的压力一般为 12 ~ 15 N。

电刷架有四个，固定在支架或端盖上。直接固定在支架或端盖上的电刷架称为搭铁电刷架或负电刷架，安装在两个负电刷架中的电刷称为负电刷。用绝缘垫片将电刷架绝缘固定在电刷支架或端盖上的电刷架称为正电刷架，安装在两个正电刷架内的电刷称为正电刷。

（5）直流电动机的工作原理

直流电动机是将电能转换为机械能的装置，并根据载流导体在磁场中将受到电磁力的作用而发生运动的原理进行工作，工作原理如图 6—1—7 所示。

如图 6—1—7a 所示，当电枢绕组在所示的垂直位置时，电刷 5、6 不与换向片 3、4

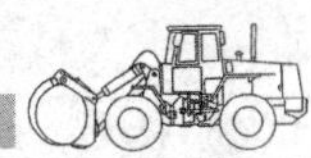

接触，线圈中没有电流流过，线圈不受力的作用，因此线圈不会转动。

如将线圈稍微向顺时针方向转动，电刷5、6便分别与换向片3、4接触，如图6—1—7b所示，电枢绕组中便有电流流过，电流路径由蓄电池正极，经电刷5、换向片3、电枢绕组、换向片4、电刷6回到蓄电池负极。根据左手定则可以判定，线圈Ⅰ边将向下运动、线圈Ⅱ边将向上运动，整个线圈将沿顺时针方向转动。

当线圈旋转到图6—1—7c所示垂直位置时，电刷5、6又不与换向片3、4接触，线圈中又无电流流过，但是，此时线圈将以其转动惯性转过此位置。

当线圈转过垂直位置时，电刷5、6便分别与换向片4、3接触，如图6—1—7d所示，线圈中又有电流流过，电流路径由蓄电池正极，经电刷5、换向片4、线圈、换向片3、电刷6回到蓄电池负极。由左手定则可知，此时线圈Ⅰ边向上运动、线圈Ⅱ边向下运动，整个线圈仍沿顺时针方向转动。

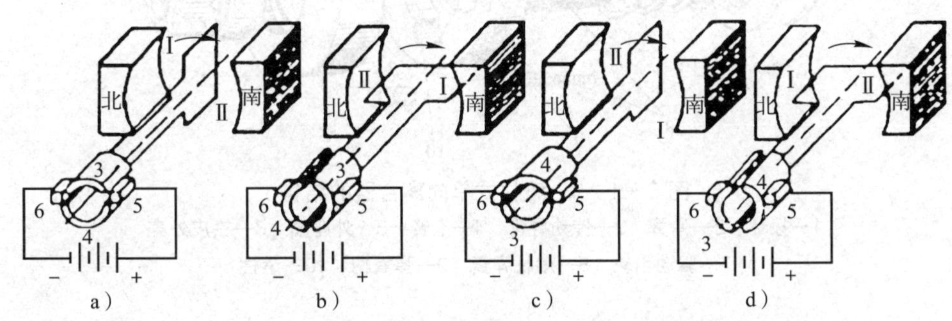

图6—1—7　直流电动机工作原理

a）静止状态　b）顺时转动　c）惯性转过　d）顺时转动

由此可见，由于换向片的作用，便使线圈处在磁场南极或北极下的导线中的电流方向保持不变，即南极下面导线中的电流始终由电池经电刷流入，北极下面导线中的电流始终由导线经电刷流回电池。由于磁场方向和每个磁极下线圈导线中的电流方向保持不变，因此，由左手定则可知，线圈导线受力而形成的力矩方向不变。如果电流不断通入线圈，电枢就会不停地旋转。当电动机有负载时，就可将电源的电能转换为机械能。

图6—1—7所示的电枢绕组虽然能按一定的方向转动，但是每当转到垂直位置时，都是依靠惯性转过，转动很不平稳，电磁力产生的电磁转矩也很小。为了增大电磁转矩和提高电动机的平顺性能，实际使用的电动机采用了多组电枢绕组和多对磁极。

2. 起动机传动机构

传动机构的作用是：起动时使驱动齿轮与飞轮齿环啮合，将起动机转矩传给发动机曲轴；起动后，使电动机和飞轮齿环自动脱开，防止电动机因超速旋转而损坏。

普通起动机的传动装置主要由单向离合器和拨叉组成。单向离合器有滚柱式离合器、弹簧式离合器和摩擦片式离合器三种。摩擦片式离合器可以传递较大转矩，主要用于柴油发动机汽车；滚柱式和弹簧式离合器主要用于汽油发动机汽车。

（1）滚柱式单向离合器

1）结构。滚柱式单向离合器的结构如图 6—1—8 所示。传动导管 3 与外座圈 5 制成一体，外座圈内圆制成“+”字形空腔。驱动齿轮 7 另一端的内座圈伸入外座圈的空腔内，将“+”字形空腔分割成楔形腔室，如图 6—1—9 所示。

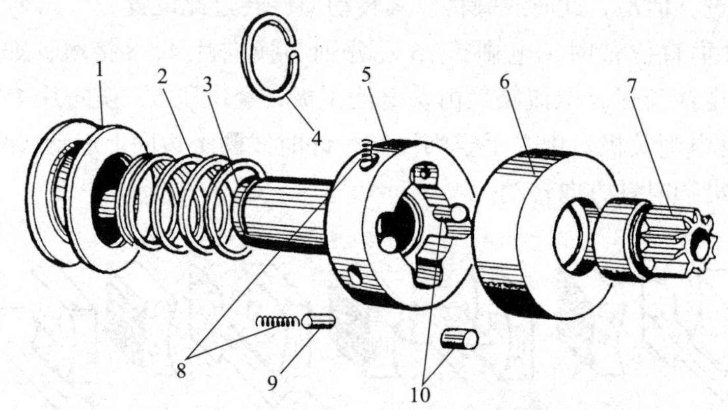

图 6—1—8 滚柱式单向离合器的结构

1—拨环 2—弹簧 3—传动导管 4—卡簧 5—外座圈 6—铁皮外壳
7—驱动齿轮 8—滚柱弹簧 9—弹簧帽 10—滚柱

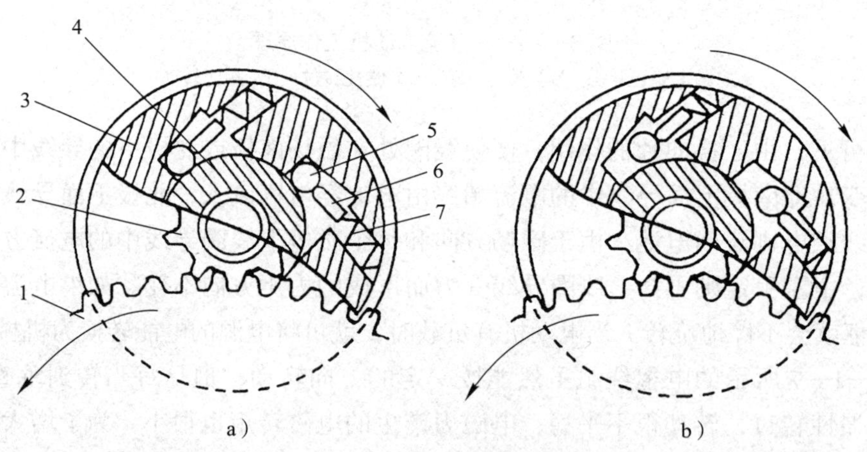

图 6—1—9 单向离合器工作原理

a）传递动力 b）切断动力

1—发动机飞轮 2—驱动齿轮 3—外座圈 4—内座圈 5—滚柱 6—弹簧帽 7—弹簧

滚柱有 4 ~ 6 只，安放在楔形腔室内。弹簧一端套上弹簧帽，并安放在外座圈的径向小孔中，弹簧帽压在滚柱上，弹簧另一端压在铁皮外壳上，铁皮外壳将内外座圈包装在一起。当起动机未工作时，弹簧张力将滚柱压向楔形室较窄一端。

传动导管套装在电枢轴上，导管内圆制有内螺旋键槽，与电枢轴上的外螺旋键槽配合而传递动力。制成一体的驱动齿轮和内座圈套装在电枢轴的光轴部分，既可轴向移动，也可绕光轴转动。

2）工作过程。

①起动发动机时，传递动力。起动发动机时，驾驶员操纵点火起动开关，在控制装置（电磁开关）的作用下，拨叉下端便拨动离合器向后移动，驱动齿轮2与发动机飞轮1齿圈进入啮合。当电动机驱动转矩小于发动机阻力转矩时，电枢轴仅带动传动导管与外座圈3转动，此时驱动齿轮2、内座圈4和飞轮1并不转动，在内座圈与滚柱之间的摩擦力矩和弹簧力矩作用下，滚柱滚向楔形室较窄一侧并将外座圈3与内座圈4卡成一体，如图6—1—9a所示，动力便经电枢轴、传动导管和外座圈、滚柱、内座圈和驱动齿轮传到发动机飞轮齿圈。当电动机驱动力矩达到或超过发动机阻力转矩时，驱动齿轮便带动飞轮旋转，直到发动机被起动为止。在起动发动机时，单向离合器的驱动齿轮为主动部件，发动机的飞轮为被动部件。

②起动发动机后，切断动力。发动机起动后，曲轴在活塞的作用下高速旋转，发动机的飞轮转为主动部件，离合器的驱动齿轮转为被动部件。由于飞轮齿圈与驱动齿轮之间的传动比较大，因此，发动机一旦被起动，其飞轮便带动驱动齿轮高速旋转。由于驱动齿轮的转速远远高于电枢轴的转速，因此，内座圈与滚柱之间的摩擦力矩便使滚柱克服弹簧力矩滚向楔形室较宽一侧，如图6—1—9b所示，滚柱将在内、外座圈之间跳跃滚动，发动机的动力不会传递给电枢轴，即动力联系切断，此时电枢轴仅由电枢绕组产生的电磁力矩驱动而空转，从而避免电枢超速旋转。

（2）摩擦片式单向离合器

摩擦片式单向离合器如图6—1—10所示，它主要由主动鼓、驱动齿轮导向轴、碟形垫片、主动摩擦片、被动摩擦片、调整垫片和被动鼓等组成。其主动鼓与电枢制成一体，被动鼓通过螺旋键槽与驱动齿轮导向轴配合，导向轴与驱动齿轮用长方形键配合。离合器带有碟形垫片，用以限制最大扭矩，防止起动机负荷过大而损坏。

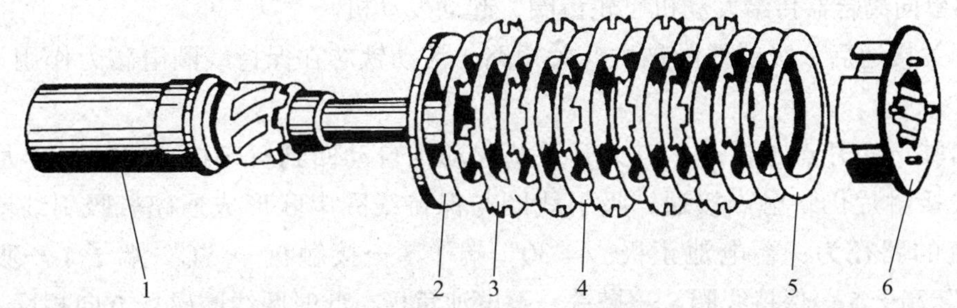

图6—1—10　摩擦片式单向离合器

1—驱动齿轮导向轴　2—碟形垫片　3—主动摩擦片　4—被动摩擦片　5—调整垫片　6—被动鼓

3. 起动机控制机构

起动机的控制机构是电磁开关，其作用是操纵单向离合器和飞轮齿环的啮合与分离，控制起动机电路的接通与切断。

（1）电磁开关的结构

电磁开关主要由电磁铁机构和电动机开关两部分组成。电磁铁机构主要由固定铁芯、活动铁芯、吸引线圈和保持线圈等组成。固定铁芯与活动铁芯安装在一个铜套内，固定铁芯固定不动，活动铁芯可在铜套内做轴向移动。活动铁芯前端固定有推杆，推杆前端安装有开关触盘，活动铁芯后端用调节螺钉与耳环连接，耳环与拨叉连接。铜套外面安装有一个复位弹簧，其作用是使活动铁芯等可移动部件复位。

电动机开关由开关触盘和触点组成。触盘固定在活动铁芯推杆的前端，两个触点分别与起动机两端子制成一体。汽油车起动机，在两触点的旁边，还有一块与附加电阻短路接线柱相连的小铜片，称为附加电阻短路开关。

（2）电磁开关的工作原理

电磁开关工作过程如图 6—1—11 所示。

当点火开关接通起动挡（ST）时，其电路为：蓄电池正极→“30”端子 3→点火开关 4→“50”端子 5→吸引线圈和保持线圈线路。

吸引线圈电路：蓄电池正极→“30”端子 3→点火开关 4→“50”端子 5→吸引线圈 7→“C”端子 1→电动机磁场绕组→电枢绕组→搭铁→蓄电池负极。

保持线圈电路：蓄电池正极→“30”端子 3→点火开关 4→“50”端子 5→保持线圈 8→搭铁→蓄电池负极。

此时，吸引线圈和保持线圈磁场方向相同，活动铁芯在电磁力作用下克服复位弹簧的作用向前移动，压动推杆使起动机开关接触片与触点靠近，与此同时带动拨叉将驱动小齿轮一边缓慢旋转，一边推向飞轮齿圈啮合。当驱动小齿轮与飞轮齿圈接近完全啮合时，开关接触盘已将触点接通，起动机主电路接通，直流电动机产生强大转矩，通过接合状态的单向离合器传给发动机飞轮齿圈，起动发动机。

主开关接通后，吸引线圈被主开关短路，活动铁芯在保持线圈电磁力作用下保持在吸合位置。

当驾驶员松开点火钥匙，点火开关从起动挡自动回到行车挡（ON），起动挡断开。此时开关接触片仍将触点接通，吸引线圈与保持线圈串联形成通路。吸引线圈和保持线圈电流的路径为：蓄电池正极→“30”端子 3→接触盘→“C”端子 1→吸引线圈 7→“50”端子 5→保持线圈 8→搭铁→蓄电池负极。此时两线圈磁场方向相反，产生的电磁力相互削弱，故在回位弹簧的作用下，活动铁芯等可移动部件自动回位，开关接触片与触点断开，电动机主电路即被切断，起动机停止工作。驱动齿轮未退出前，单向离合器保护起动机不被发动机反拖。

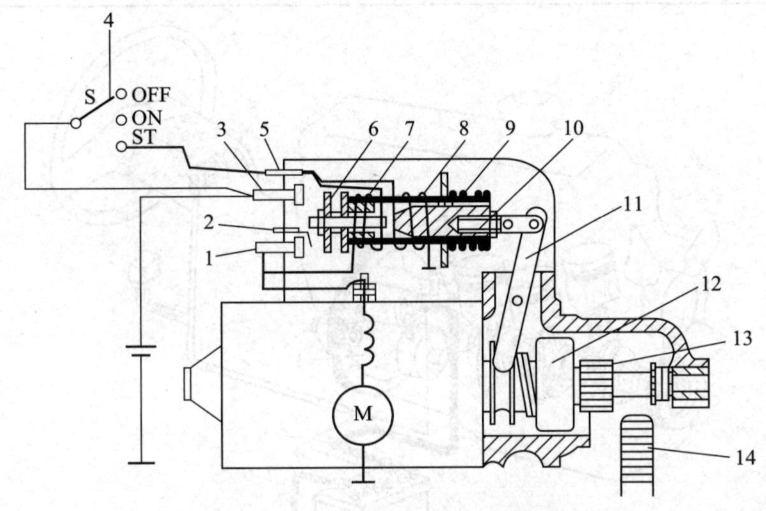

图 6—1—11　电磁开关工作过程

1—"C"端子　2—点火线圈附加电阻短路接线柱（柴油机没有）　3—"30"端子　4—点火开关　5—"50"端子　6—接触片　7—吸引线圈　8—保持线圈　9—活动铁芯　10—调节螺钉　11—拨叉　12—单向离合器　13—驱动齿轮　14—发动机飞轮

课题 2　起动系统的拆装

学习目标

1. 掌握起动系统主要零部件名称。
2. 能识别起动系统各主要零部件。
3. 能编制起动系统的拆解工艺卡片。
4. 能编制起动系统的装配工艺卡片。

一、起动系统的零部件明细（表 6—2—1）

表 6—2—1　　　　起动系统零部件明细

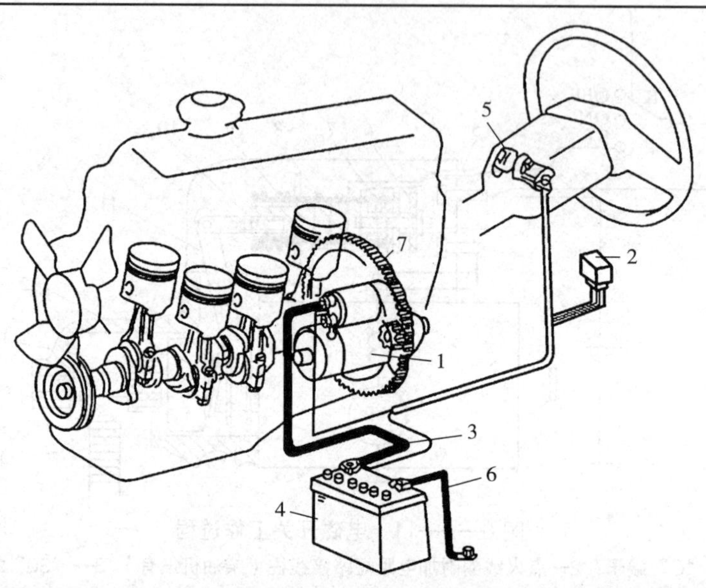

序号	名称	单位	备注
1	起动机总成	件	
2	起动继电器	件	
3	起动电缆	根	
4	蓄电池	件	
5	点火开关	件	
6	搭铁电缆	件	
7	飞轮	件	

二、起动系统的拆解

拆解前需要熟悉所拆解部件的结构，掌握拆解工艺流程，知道关键部位的拆解技巧及电器元件的连接，做好充分的准备，并穿戴好相应的劳保用品。起动系统的拆解步骤见表 6—2—2。

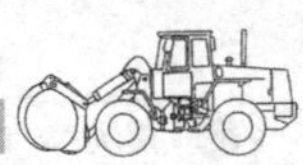

表 6—2—2　　　　　　　　　　起动系统的拆解

序号	拆解内容	注意事项
1	切断点火开关、拆下蓄电池搭铁电缆	必须先拆搭铁线，以防操作时产生电火花，损坏电子元件
2	旋下电磁开关接线柱“30”及“50”的螺母，取下导线	将取下的导线放置在指定地点，不得损坏导线及接线柱
3	从飞轮壳上旋下螺母，取下螺栓，取下起动机	将起动机取下后，检查驱动齿轮的外观，放置在指定地点

三、起动系统的装配

起动电路图如图 6—2—1 所示。装配前需要读懂电路图，掌握电器元件装配工艺流程，知道关键部位的装配技巧，做好充分的准备，并穿戴好相应的劳保用品。起动系统的装配步骤见表 6—2—3。

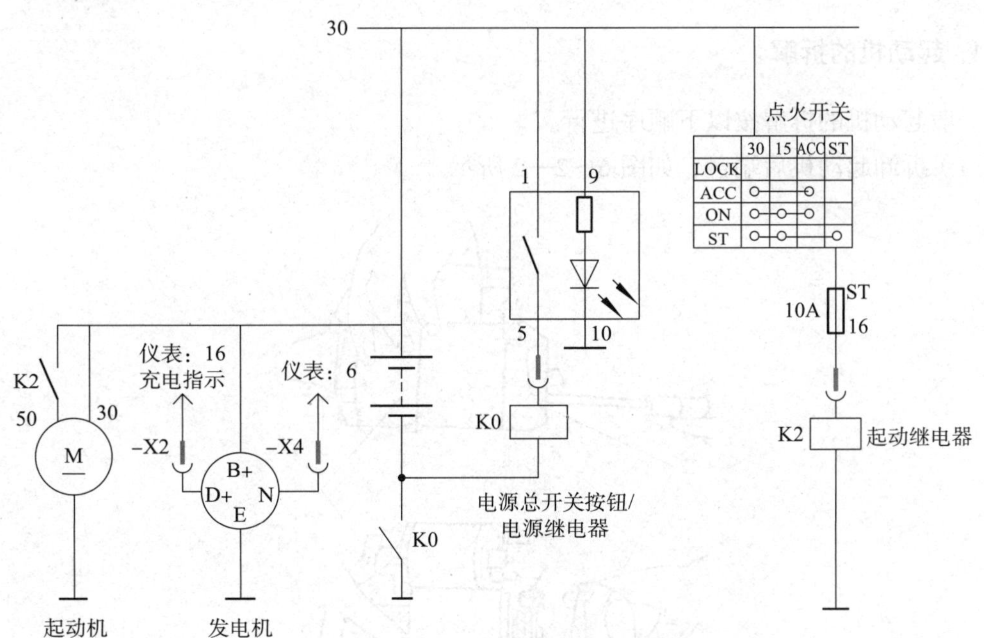

图 6—2—1　电源与起动系统电路图

表 6—2—3　　　　起动系统的装配

序号	装配内容	控制要点
1	将起动机用螺栓紧固到飞轮壳上	起动机与飞轮壳接触面必须清除油漆，保证导电良好
2	用起动电缆连接“30”端子与蓄电池正极	盖好绝缘帽
3	将起动继电器用螺栓紧固在车架上	保证起动继电器外壳和车架导电良好
4	连接起动继电器电源线	按电路图连接
5	将起动继电器触点连接在“30”端子与“50”端子之间	按电路图连接

四、起动机的拆解与装配

不同型号的起动机解体与组装顺序有所不同，应按厂家规定的操作顺序进行。部分组合件无故障时不必彻底解体，如电磁开关、定子铁芯及绕组等。若电磁开关经检测后，需要分解修理时，要用 50 W/220 V 的电烙铁先将开关端盖上的线圈引线焊开后才能进行分解。

1. 起动机的拆解

一般起动机的拆解按以下顺序进行。

（1）拆卸起动机后端盖，如图 6—2—2 所示。

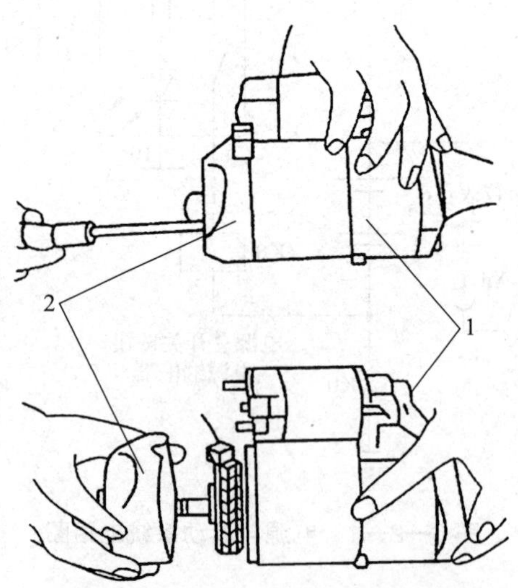

图 6—2—2　拆卸起动机后端盖

1—起动机　2—后端盖

（2）拆卸起动机电刷，如图 6—2—3 所示。

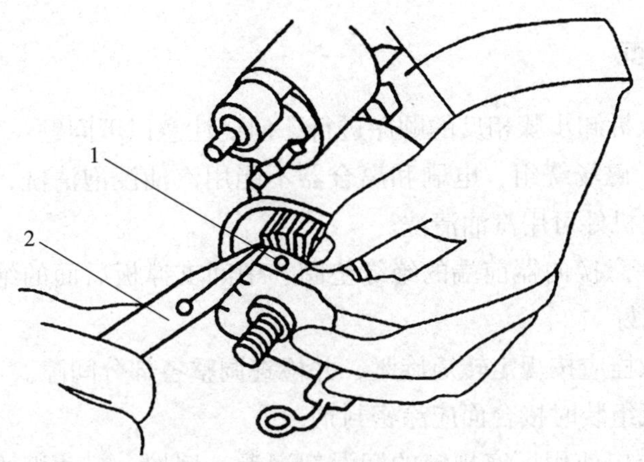

图 6—2—3　拆卸起动机电刷
1—电刷弹簧　2—尖嘴钳

（3）拆卸起动机电磁开关，如图 6—2—4 所示。

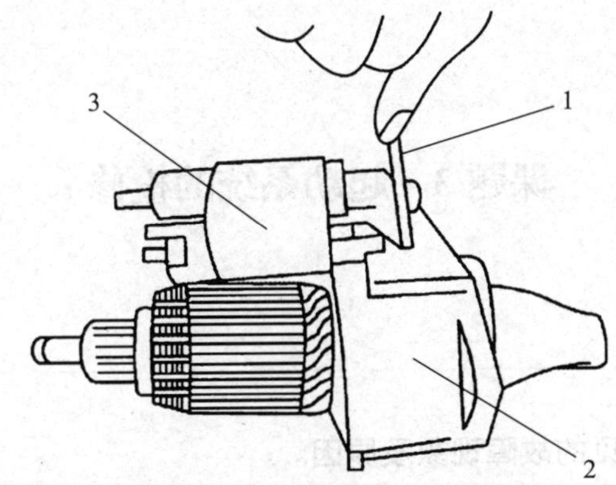

图 6—2—4　拆卸起动机电磁开关
1—旋具　2—前端盖　3—电磁开关

（4）拆卸起动机传动叉（拨叉），如图 6—2—5 所示。

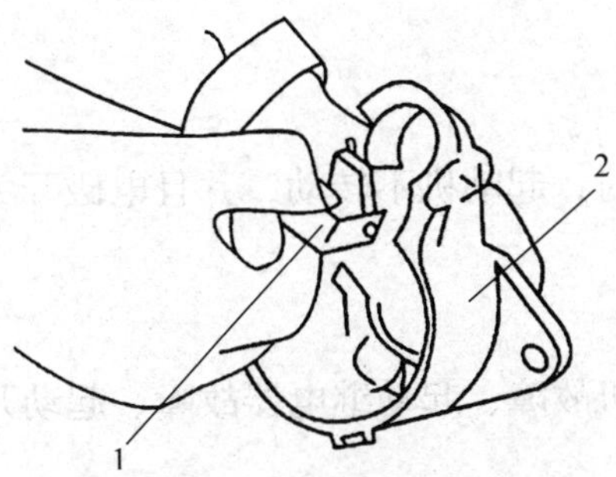

图 6—2—5　拆卸起动机传动叉
1—传动叉　2—端盖

2. 起动机的装配

起动机的安装以拆卸步骤相反的顺序进行，但要注意以下问题：

（1）电枢绕组、磁场绕组、电刷和离合器不能用汽油浸泡清洗，只能用棉纱蘸少量汽油擦拭清洗，其他机件可用汽油清洗。

（2）分解时，注意换向器前端的绝缘垫圈、中间支撑板后面的绝缘垫圈或金属垫圈以及止推垫圈是否完好。

（3）组装时各螺栓应按规定转矩旋紧，并检查调整各部分间隙。

（4）部分起动机组装时接合面应涂密封剂。

（5）各润滑部位应使用厂家规定的润滑剂润滑。例如，起动机的减速器与单向离合器均用润滑脂润滑，挡圈与锁环应使用润滑脂轻微润滑。更换新衬套时，应在压入之前将衬套在热润滑油中浸泡 5 min。

（6）若起动机与发动机之间装有薄金属垫片，在装配时应按原样装回。

课题 3　起动系统的检修

学习目标

1. 了解起动机常见的故障现象及原因。
2. 掌握正确操作工具对起动机进行检修的方法。

一、起动机不转

1. 故障现象

当点火开关打到起动挡时，起动机不转动，并且电磁开关没有动作。

2. 故障原因

蓄电池电压过低、起动机故障、起动继电器故障、起动开关故障、起动电路断路。

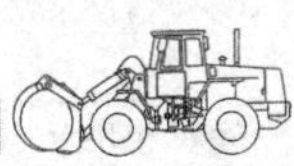

3. 故障检修

（1）检查蓄电池。应先检查蓄电池的极柱是否松脱、氧化、腐蚀，检查电缆线及搭铁端是否正常。然后检查蓄电池是否亏电。按喇叭，根据喇叭声音的大小可判断蓄电池是否亏电；也可以开大灯，根据灯光亮度的变化来判断蓄电池是否亏电。如果喇叭声音变小或大灯灯光变暗，说明蓄电池亏电。如果以上都正常，进行下一步检查。

（2）检查起动机。将起动机上“30”接线柱与“50”接线柱短接，若起动机不能工作，说明起动机的电磁开关等有故障，需拆下起动机进行检修。如果起动机能正常工作，进行下一步检查。

（3）检查起动继电器是否正常。

（4）检查点火开关是否正常。

二、起动机运转无力

1. 故障现象

起动机起动无力指的是起动机的驱动齿轮已经与飞轮齿圈啮合，但由于起动机的转速太慢而不能使发动机起动。

2. 故障原因

起动无力一般是由电路中潜在的故障引起的，这些潜在故障引起额外的电压降低，使起动电流减小。常见的故障原因有：蓄电池故障，包括蓄电池亏电、蓄电池极柱松动、氧化或腐蚀；起动机故障，包括电刷与换向器接触不良、电磁开关中的接触盘烧蚀、直流串励式电动机的励磁绕组或电枢绕组有局部短路。

3. 故障检修

（1）检查蓄电池

先检查蓄电池的极柱是否有松动、氧化或腐蚀等现象，然后通过按喇叭、开大灯等检查蓄电池是否亏电，如果以上情况都正常，可初步判断故障在起动机。

（2）检查起动机

起动时起动无力，如果不是蓄电池和起动电缆线的故障，一般可将起动机从车上拆下，将起动机解体后，进行检查维修。

【知识拓展】

起动机使用注意事项如下：

（1）起动机每次起动时间不得超过 5 s，再次起动应间隔至少 15 s，使蓄电池得以恢复。如果第二次起动仍不成功，应在检查与排除故障的基础上间歇 2 min 以后再进行第三次起动。

（2）冬季或低温情况下起动时，应对蓄电池采取保温措施。

（3）发动机起动后，应立即切断起动控制电路，使起动机停止工作。

燃油供给系统的拆装与检修

燃油供给系统用于完成燃油的储存、滤清和输送工作，按照柴油机各种工况要求，定时、定量并以一定质量喷入燃烧室，使其与空气迅速混合和燃烧，最后将废气排入大气。

课题 1　燃油供给系统的认知

学习目标

1. 了解燃油供给系统的作用。
2. 掌握燃油供给系统的结构组成。

一、燃油供给系统概述

1. 燃油供给系统功用及组成

（1）燃油供给系统功用

燃油供给系统的功用是完成燃油的储存、滤清和输送工作，按照柴油机各种工况要求，定时、定量并以一定喷油质量喷入燃烧室，使其与空气迅速混合和燃烧，最后将废气排入大气。

柴油机供给系统与汽油机供给系统一样要完成燃油供给、空气供给以及可燃混合气的形成、燃烧和废气的排出任务。但是，柴油机与汽油机不同，它烧的是柴油，柴油黏度大，不易挥发，一般不能通过化油器在气缸外部形成均匀的混合气，故采用高压喷射的方法，在接近压缩行程上止点时，柴油以高压喷入气缸，直接在气缸内部形成混合气，发火燃烧，对外做功。

（2）燃油供给系统的组成

柴油机供给系统由以下部分组成：柴油箱、输油泵、柴油滤清器、喷油泵、喷油器、调速器、高压管路、低压管路、回油管路等，如图 7—1—1 所示。

2. 柴油的牌号及使用性能

（1）柴油的牌号

柴油是应用于压燃式发动机（即柴油发动机）的专用燃料。在石油蒸馏过程中，温度在 200 ~ 350℃的馏分即为柴油，柴油含碳 87%、氢 12.6% 和氧 0.4%。柴油是外观为水白色、浅黄色或棕褐色的液体。

柴油又分为轻柴油与重柴油两种。轻柴油是用于 1 000 r/min 以上的高速柴油机中的燃料，重柴油是用于 1 000 r/min 以下的中低速柴油机中的燃料。一般加油站所销售的柴油均为轻柴油。轻柴油产品目前执行的标准为《普通柴油》（GB 252—2015），该标准中柴油的牌号分为 10 号、5 号、0 号、−10 号、−20 号、−35 号、−50 号，柴油的牌号划分

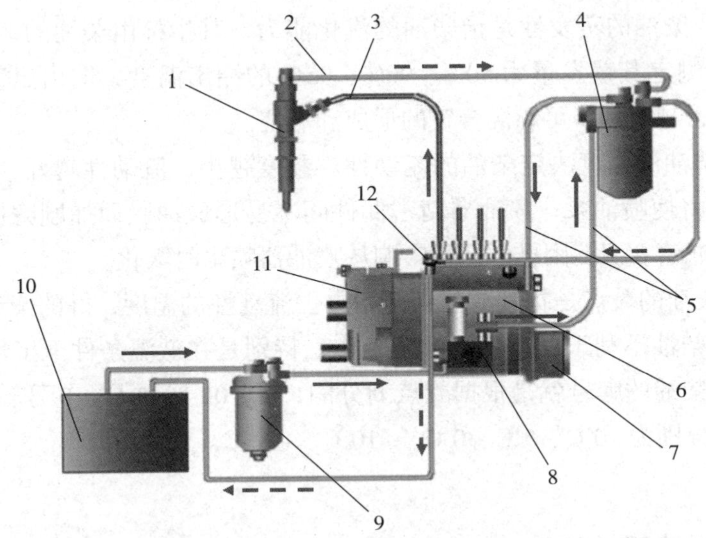

图 7—1—1　燃油供给系统的组成

1—喷油器　2—回油管　3—高压油管　4—燃油滤清器　5—低压油管　6—喷油泵　7—喷油提前器　8—输油泵　9—油水分离器　10—燃油箱　11—调速器　12—限压阀

依据是柴油的凝点。

冷滤点是衡量轻柴油低温性能的重要指标，能够反映柴油低温实际使用性能，最接近柴油的实际最低使用温度。用户在选用柴油牌号时，应同时兼顾当地气温和柴油牌号对应的冷滤点。5 号轻柴油的冷滤点为 8℃，0 号轻柴油的冷滤点为 4℃，–10 号轻柴油的冷滤点为 –5℃，–20 号轻柴油的冷滤点为 –14℃。

根据国家标准《普通柴油》(GB 252—2015) 的要求，选用轻柴油牌号应遵照以下原则：

1) 5 号普通柴油适于风险率为 10% 的最低气温在 8℃以上的地区使用。

2) 0 号普通柴油适于风险率为 10% 的最低气温在 4℃以上的地区使用。

3) –10 号普通柴油适于风险率为 10% 的最低气温在 –5℃以上的地区使用。

4) –20 号普通柴油适于风险率为 10% 的最低气温在 –14℃以上的地区使用。

5) –35 号普通柴油适于风险率为 10% 的最低气温在 –29℃以上的地区使用。

6) –50 号普通柴油适于风险率为 10% 的最低气温在 –44℃以上的地区使用。

(2) 柴油的使用性能

柴油的性能指标主要是着火性、蒸发性、黏度和凝点。

1) 着火性。柴油的着火性是指其自燃能力，柴油比汽油着火性好，自燃温度较低，在通常大气压下，柴油的自燃温度为 330 ~ 350℃。随着空气压力提高，柴油的自燃温度相应降低。柴油着火性好坏通常用十六烷值表示，十六烷值高的柴油，因燃烧需要准备时间短，故着火性好，柴油机工作柔和。反之，柴油十六烷值越低，柴油机工作越粗暴。

2）蒸发性。柴油的蒸发性是指柴油的汽化能力，其指标由柴油的蒸馏实验来确定。柴油加热，分别测定其蒸发量为 50%、90%、95% 的馏出温度，馏出温度越低，表明柴油的蒸发性越好，越有利于可燃混合气的形成和燃烧。

3）黏度。柴油的黏度决定柴油的流动性。黏度越小，流动性越好，越有利于雾化。但是，黏度过小将使喷油泵、喷油器精密偶件间不易形成油膜而加剧磨损。黏度大的柴油流动阻力大，滤清和沉淀困难，严重影响从喷油器喷出时雾化。

4）凝点。柴油的凝点是指其冷却到开始失去流动性的温度，好的柴油应具有较低的凝点，凝点高的柴油不利于燃料供给系统工作，特别是在低温条件下工作可能造成供给系统堵塞。国产柴油的牌号就是根据凝点划分的，如 10 号、5 号、0 号、−10 号、−20 号等，它们的凝点分别为 10℃、5℃、0℃、−10℃、−20℃。

二、典型燃油供给系统认知

1. 柱塞式燃油供给系统

如图 7—1—1 所示，柱塞式燃油供给系统主要由燃油箱、输油泵、喷油泵、柴油滤清器、喷油器、高压油管、低压油管以及回油管等组成。

燃油供给系统分为低压与高压两个油路。所谓低压是指从燃油箱到喷油泵入口的这段油路中的油压，它是由输油泵建立的，输油泵的压力一般为 0.15～0.3 MPa，故这段油路称为低压油路。高压油路是指从喷油泵到喷油器的这段油路，该油路中的油压是由喷油泵建立的，一般在 10 MPa 以上。

在低压油路中，输油泵从燃油箱中将柴油吸出，经油水分离器滤去水蒸气和较大颗粒的杂质，再经燃油滤清器滤去细微杂质后进入喷油泵，喷油泵将低压柴油增压后，经高压油管、喷油器以一定的压力和一定的雾化质量喷入燃烧室，形成可燃混合气。输油泵输送给喷油泵的多余柴油和喷油器泄漏的柴油经回油管流回燃油箱。

（1）喷油泵

1）喷油泵的功能。喷油泵又称高压油泵，它可以根据柴油机的运行工况和气缸工作顺序，以一定的规律，定压、定时、定量地向喷油器输送高压燃油。为保障柴油机的正常工作，多缸柴油机喷油泵要满足以下要求：

①按发动机工作顺序逐缸供油，各缸的供油提前角相同，误差小于 0.5°～1° 曲轴转角。

②各缸的供油量均匀，不均匀度在额定工况下不大于 3%～5%。

③向喷油器供给的柴油应具有一定的压力，以获得良好的喷雾质量。

④供油开始和结束要求迅速干脆，避免喷油器产生滴油现象或不正常喷射现象。

2）喷油泵的分类。喷油泵按作用原理可分为柱塞式喷油泵、分配式喷油泵和单体式

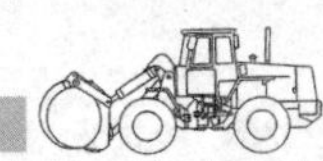

喷油泵三大类，如图 7—1—2 所示，其中柱塞式喷油泵的应用最为广泛。

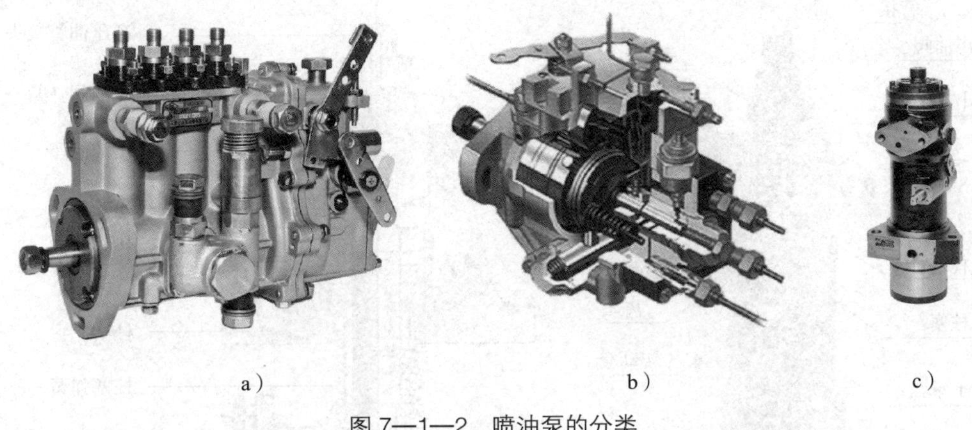

图 7—1—2 喷油泵的分类
a）柱塞式喷油泵 b）分配式喷油泵 c）单体式喷油泵

3）柱塞式喷油泵。柱塞式喷油泵由泵体、分泵、供油量调节机构和驱动机构等部分组成，如图 7—1—3 所示。

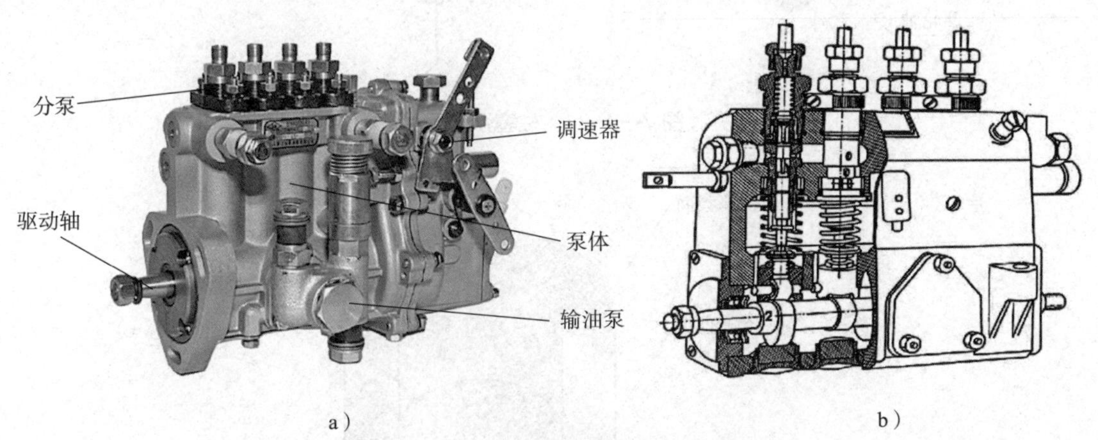

图 7—1—3 柱塞式喷油泵总体构造
a）柱塞式喷油泵外形 b）A 型喷油泵内部结构

柱塞泵分泵的结构如图 7—1—4 所示，它主要由柱塞偶件、出油阀偶件、柱塞弹簧、出油阀弹簧等组成。柱塞下端固定有调节臂，用以调节柱塞与柱塞泵的相对角位置。

①柱塞偶件。柱塞偶件主要由柱塞和柱塞套组成，柱塞套筒安装在配油泵体内，并用定位螺钉固定，以防止转动。套筒上加工有两个油孔，均与喷油泵体上的低压油腔相通。柱塞与柱塞套筒精密配合，柱塞表面加工有斜槽，斜槽内腔与柱塞上面的泵油孔连通，其结构如图 7—1—5 所示。发动机工作时，发动机曲轴通过传动机构驱动喷油泵凸轮轴转动，在凸轮轴上的凸轮和柱塞弹簧的共同作用下，柱塞在柱塞套筒内做往复运动。

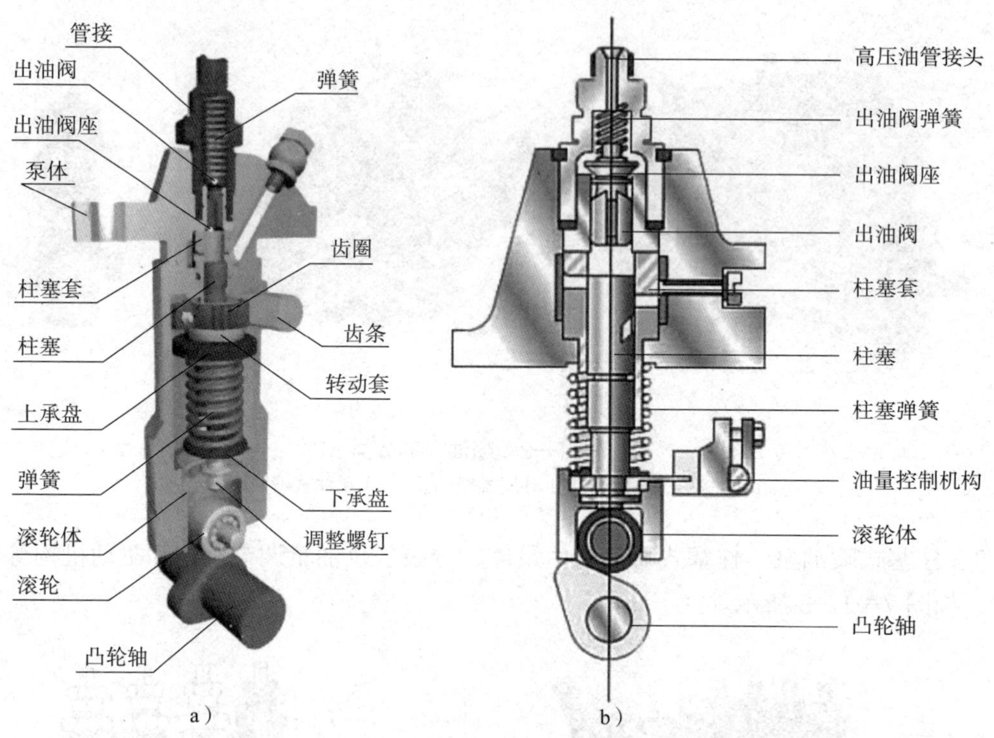

图 7—1—4 柱塞泵分泵

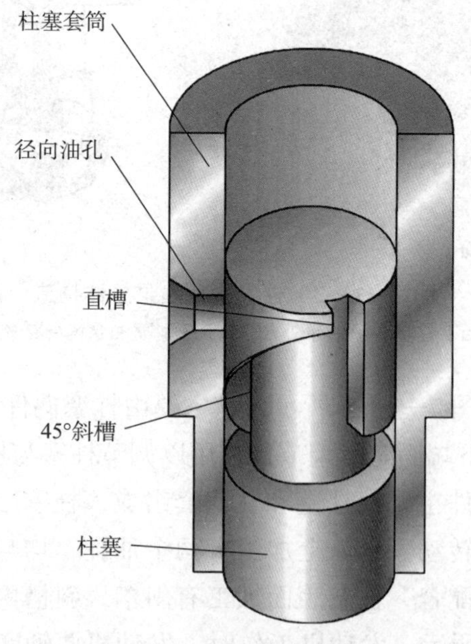

图 7—1—5 柱塞偶件

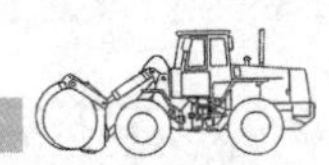

柱塞泵的泵油过程如图 7—1—6 所示。

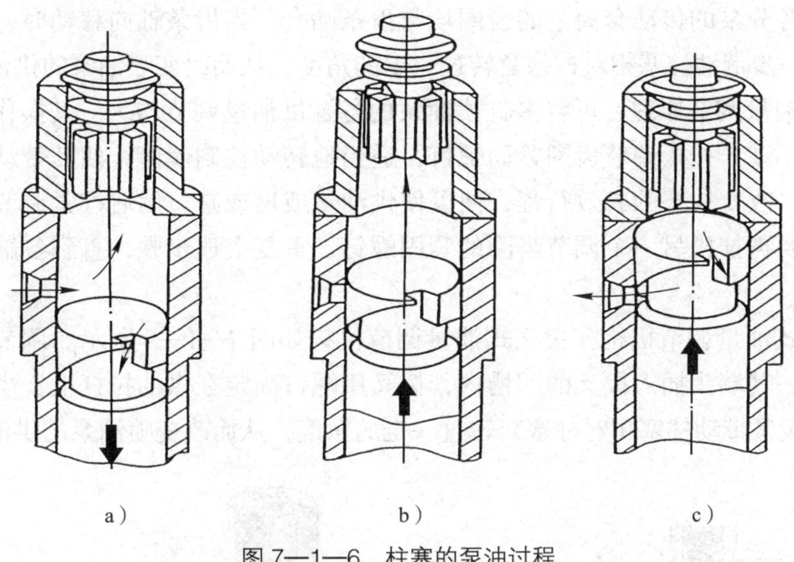

图 7—1—6　柱塞的泵油过程

a）吸油过程　b）压油过程　c）回油过程

吸油过程：柱塞从下止点至进油孔以下时，燃油在真空吸力及输油泵的压力下充满泵油室。

压油过程：凸轮轴在喷油正时齿轮的带动下转动，凸轮轴上的凸轮驱动滚轮体上移，滚轮体带动柱塞上移，当柱塞从下止点向上移动到将进油孔关闭时，泵油室内的燃油压力将骤然升高，推开出油阀，将高压油压入高压油管。

回油过程：当柱塞上移到螺旋槽线或斜槽上线高出进油孔的下沿时，高压油通过柱塞上的直槽或中心孔高速流回低压油室。由于泵油室内的油压急剧下降，出油阀在弹簧和残余压力的作用下迅速回位，油泵停止供油。柱塞继续上升，直到上止点为止，都是回油过程。

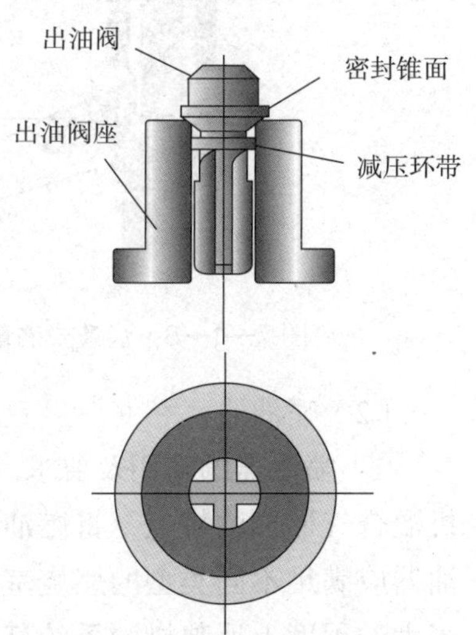

图 7—1—7　出油阀偶件的结构

②出油阀偶件。出油阀偶件的结构如图 7—1—7 所示。出油阀偶件装在柱塞套的上端面，用从泵体顶部拧入的出油阀压紧座将出油阀弹簧压紧。出油阀的圆锥面是阀的密封面；阀的尾部同阀座内孔为精密的滑动配合，起运动导向作用；尾部圆柱面开有十字形切槽作为油道。出油阀中部的圆柱面称为减压环带，它的作用是当喷油泵停止供油后，高压油管内的油压能迅速降低，使喷油器能及时停止供油。

③齿条式油量调节机构。齿条式油量调节机构如图 7—1—8 所示。传动套筒松套在

柱塞套筒外面，传动套筒下端的切槽卡住柱塞下端的凸块，齿圈套装在传动套筒上并用螺钉紧固，各分泵的传动套筒上的齿圈均与齿条啮合。当齿条轴向移动时，齿圈带动传动套筒并进一步带动柱塞相对柱塞套转过一定的角度，从而改变喷油泵的供油量。

利用供油量调节原理，可将多缸喷油泵的各缸供油量调节均匀，其操作步骤为：保持调节齿杆不动，拧松调节齿圈紧固螺钉，适当地转动控制套筒，使其带动柱塞在柱塞套筒内转动，改变柱塞的有效行程，便可使供油量或增或减，然后拧紧调节齿圈紧固螺钉。根据需要再拧松另一个调节齿圈的紧固螺钉，重复上述步骤，直到各缸供油量均匀一致为止。

④拨叉式油量调节机构。拨叉式油量调节机构如图 7—1—9 所示。调节臂压装在分泵柱塞下端，其端头插入拨叉的凹槽内，拨叉用螺钉固定在供油拉杆上，当供油拉杆轴向移动时，拨叉带动柱塞相对柱塞套转过一定的角度，从而改变喷油泵的供油量。

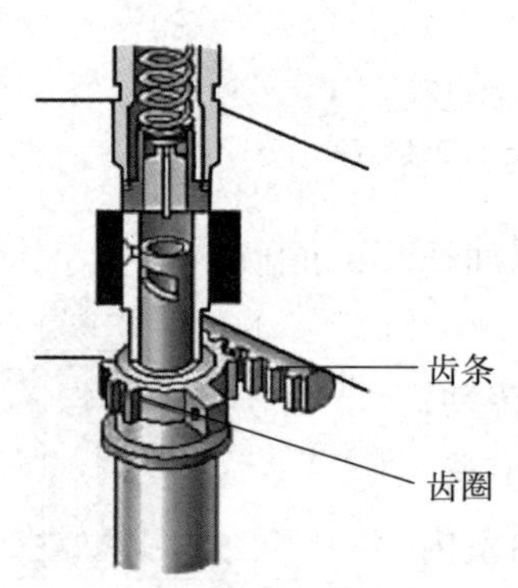

图 7—1—8　齿条式油量调节机构

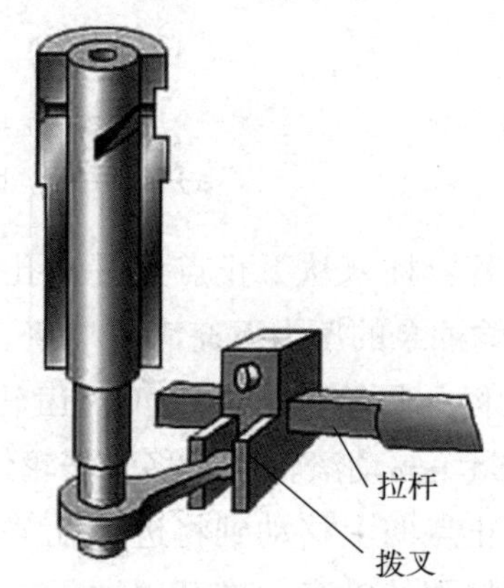

图 7—1—9　拨叉式油量调节机构

（2）喷油器

1）喷油器的功用及要求。柴油机燃油系的末端是喷油器，喷油器的功用是根据柴油机混合气形成的特点，将燃油雾化成细微的油滴，并将其喷射到燃烧室特定的部位。喷油器应满足不同类型的燃烧室对喷雾特性的要求。喷油器的品质和技术状况的好坏在相当大的程度上反映燃油系的其他重要参数，决定混合气形成的质量，最终关系到柴油机的功率指标、经济性指标和环保指标。

2）喷油器的类型及构造。喷油器分为开式和闭式两种，开式喷油器的高压油腔通过喷孔直接与燃烧室相通，而闭式喷油器则在高压油腔和燃烧室之间加装针阀隔断。现在，绝大多数柴油发动机采用闭式喷油器，常见的闭式喷油器有孔式和轴针式。

①孔式喷油器。孔式喷油器主要用于直接喷射燃烧室，喷油孔的数目一般为 1 ~ 8 个，喷油孔直径为 0.2 ~ 0.8 mm，喷孔数与喷孔角度的选择视燃烧室的形状、大小及空气涡流情况而定。孔式喷油器的喷油压力高、雾化好，但易被积炭堵塞。

孔式喷油器的外形如图 7—1—10 所示。

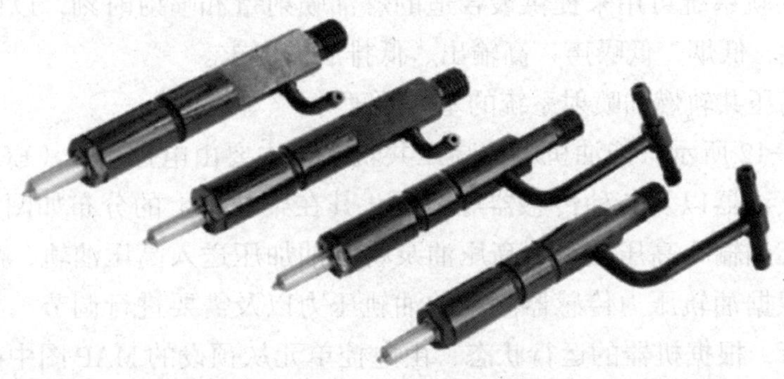

图 7—1—10　孔式喷油器外形

②轴针式喷油器。轴针式喷油器与孔式喷油器相比主要是喷油结构不同，如图 7—1—11 所示，其喷孔是单孔式，孔径为 1 ~ 3 mm，轴针插入喷孔中并伸出外面，与喷孔有 0.02 ~ 0.06 mm 的间隙。

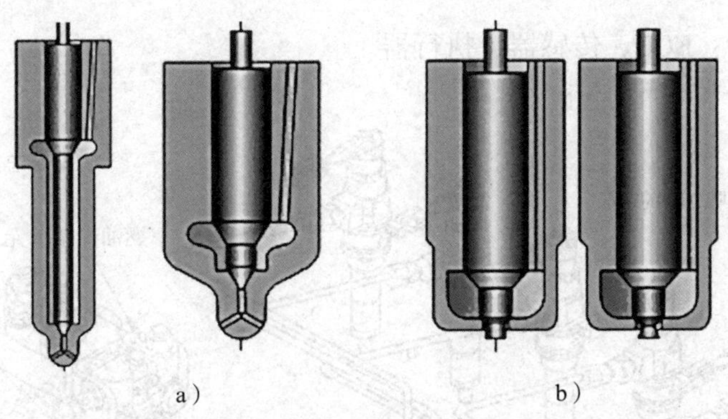

图 7—1—11　孔式喷油器和轴针式喷油器的区别
a）孔式　b）轴针式

轴针有制成圆柱形和圆锥形两种。当轴针受柴油压力刚刚升起时，由于轴针仍在喷孔中，喷出油量较少呈环状。当轴针完全离开喷孔时，喷油量达到最大。当喷油结束时，喷油量又减少。圆锥形轴针式在开始的喷油量要比圆柱形轴针式明显减少。

由于轴针在喷油孔中运动，喷孔不易堵塞。由于喷孔直径大，喷油压力低，因此，适用于分开式燃烧室和 U 形燃烧室。

2. 共轨式燃油供给系统

柴油机喷油技术经历了传统的纯机械操纵式喷油和现代的电控操纵式喷油这两个发展阶段。现代电控喷油技术的崛起，应归功于计算机技术和传感检测技术的迅猛发展。目前电控喷油技术已从初期的位置控制型发展到时间控制型。现代电控喷油技术实现的手段主要有电控泵喷嘴、电控单体泵以及电控共轨系统。

电控高压共轨系统可用来提供最合适的燃油喷射量和喷射时刻，以此来满足发动机可靠性、动力性、低烟、低噪声、高输出、低排放的要求。

（1）电控高压共轨燃油喷射系统的基本原理

如图 7—1—12 所示，柴油机电控高压共轨系统主要由电控单元（ECU）、高压油泵、共轨管、电控喷油器以及各种传感器等组成，其在柴油机上的分布如图 7—1—13 所示。低压输油泵将燃油输入高压油泵，高压油泵将燃油加压送入高压油轨，高压油轨中的压力由电控单元根据油轨压力传感器测量的油轨压力以及需要进行调节，高压油轨内的燃油经过高压油管，根据机器的运行状态，由电控单元从预设的 MAP 图中确定合适的喷油正时、喷油持续期，由电液控制的电子喷油器将燃油喷入气缸。

（2）电控高压共轨系统各部件分布与联系

电控高压共轨系统可以分成燃油系统与电控系统两部分，如图 7—1—14 所示。

燃油系统包括：油箱、管路、过滤器、齿轮泵、燃油计量单元、柱塞泵、共轨管、喷油器。

电控系统包括：ECU、传感器、执行器。

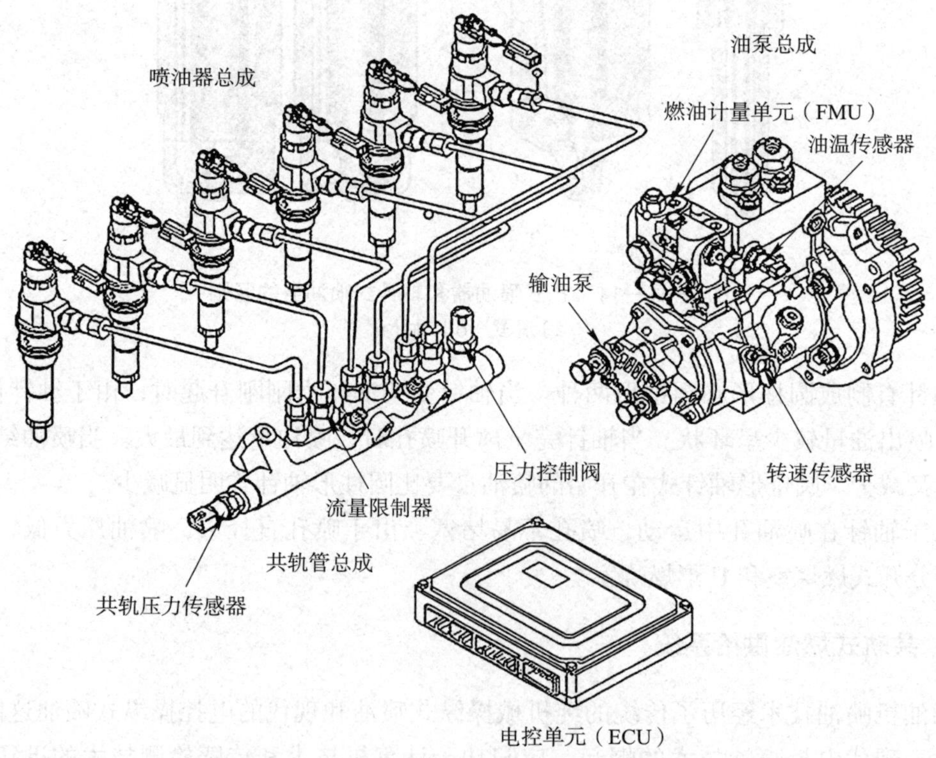

图 7—1—12　电控高压共轨系统主要部件

图 7—1—13　潍柴电控高压共轨柴油发动机

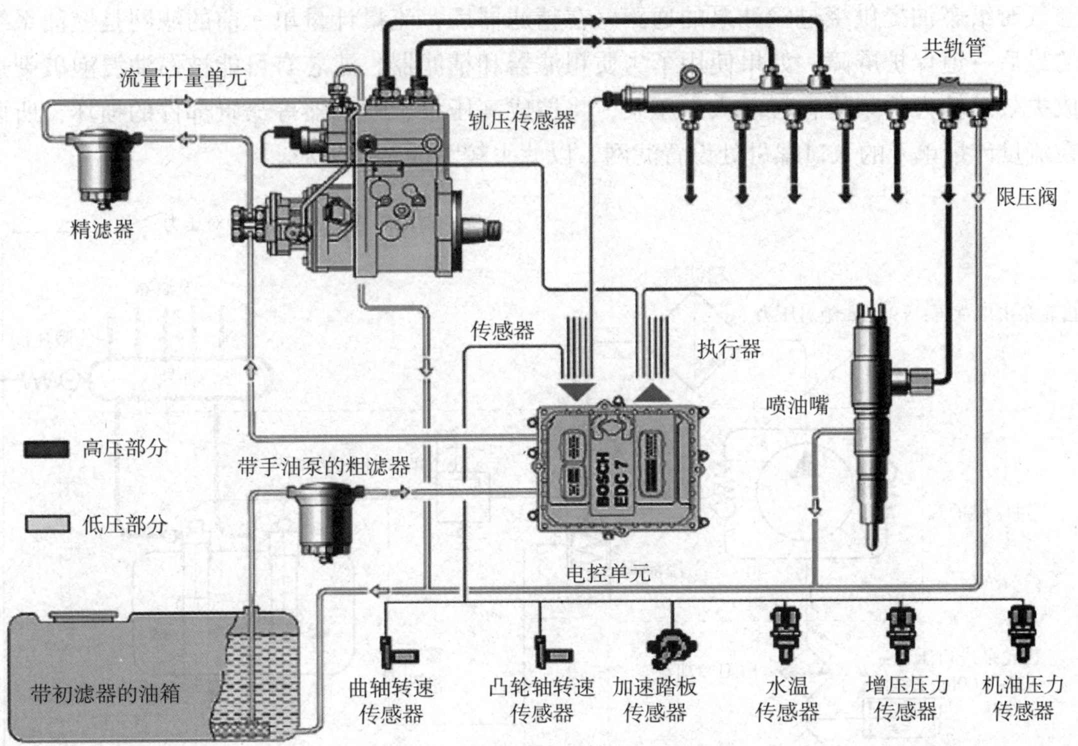

图 7—1—14　电控高压共轨系统示意图

（3）共轨系统的油路

如图 7—1—14 所示，燃油从燃油箱经滤网流入带手油泵和油水分离功能的粗滤器

（或燃油水寒宝），在此粗滤器中滤去水分和较大的杂质。粗滤后的燃油流入 ECU 背部的 ECU 散热器，在给 ECU 散热的同时使燃油温度升高，有利于发动机的冷起动和燃油的充分燃烧。从 ECU 散热器流出的燃油被抽入齿轮式输油泵，经输油泵加压后流过精滤器，滤去细小的杂质。精滤后的燃油进入高压泵上的流量计量单元，流量计量单元根据 ECU 发来的控制信号控制进入高压泵的油量，多余的燃油顶开溢流阀经回油管流回燃油箱。进入柱塞式高压泵的燃油经加压后输入到共轨管中，由共轨管经高压油管流至各喷油器进油口。与机械式喷油器不同的是，电控喷油器在接收到高压燃油后并不会立即喷射出去，而是在 ECU 对该喷油器发出喷油信号时才会将燃油喷入对应气缸。如果因为故障导致共轨管内轨压过高，燃油就会顶开共轨管末端的限压阀流回油箱，以避免因为压力过高造成其他部件损伤。

如图 7—1—15 所示为电控高压共轨系统油路液压图，图中指出了各管路中的压力，其中从高压泵出口到喷油器之间的粗线代表高压管路。虚线框内是油泵总成，包括输油泵和高压泵两部分。输油泵左侧的过压保护阀当齿轮泵出口背压过高时将会打开泄压，以保护输油泵不被损坏。输油泵右侧的旁通阀用于在手动按压手油泵排除燃油管路内的空气时给燃油提供绕过输油泵的通路。在精滤器后，流量计量单元前的滤网是燃油系统的最后一道保护屏障，如果使用了劣质粗滤器和精滤器，滤芯有可能被燃油浸泡破裂造成失效。较大的杂质颗粒浸入高压泵，将造成高压泵、喷油器等昂贵部件的损坏，所以在流量计量单元的入口螺母处设置滤网，以滤去较大的杂质颗粒。

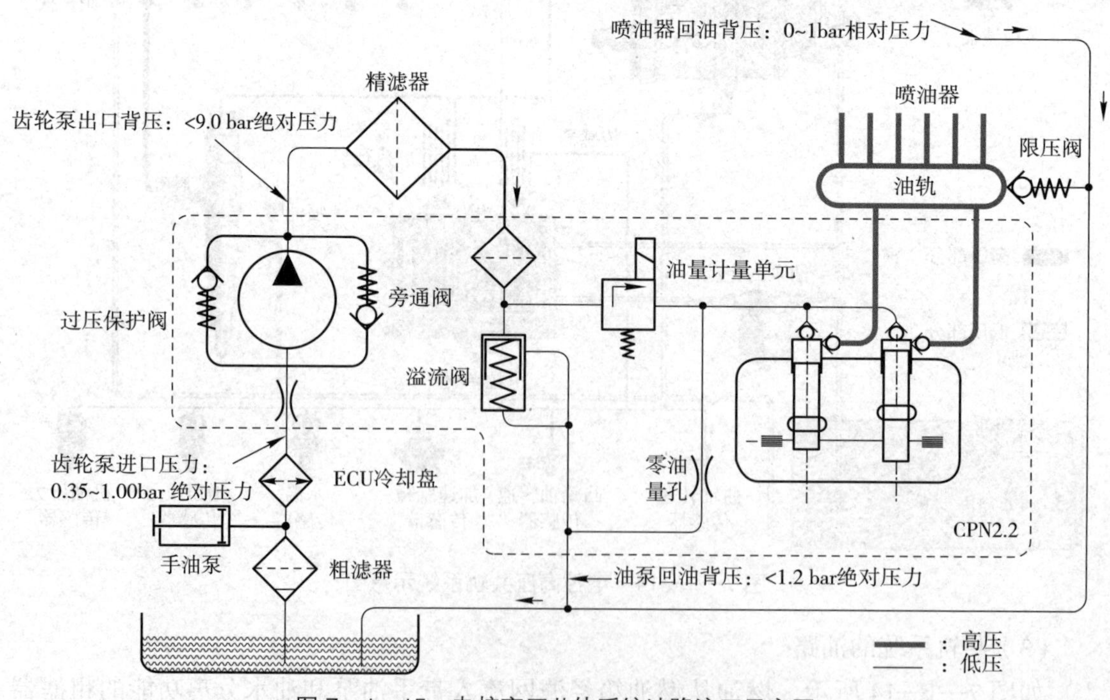

图 7—1—15 电控高压共轨系统油路液压示意图

课题 2　燃油供给系统的拆装

学习目标

1. 掌握燃油供给系统主要零部件名称。
2. 能识别燃油供给系统各主要零部件。
3. 能编制燃油供给系统的拆解工艺卡片和装配工艺卡片。

一、柱塞式燃油供给系统的拆装

1. 柱塞式燃油供给系统的零部件明细（表 7—2—1）

表 7—2—1　　　　柱塞式燃油供给系统相关零部件明细

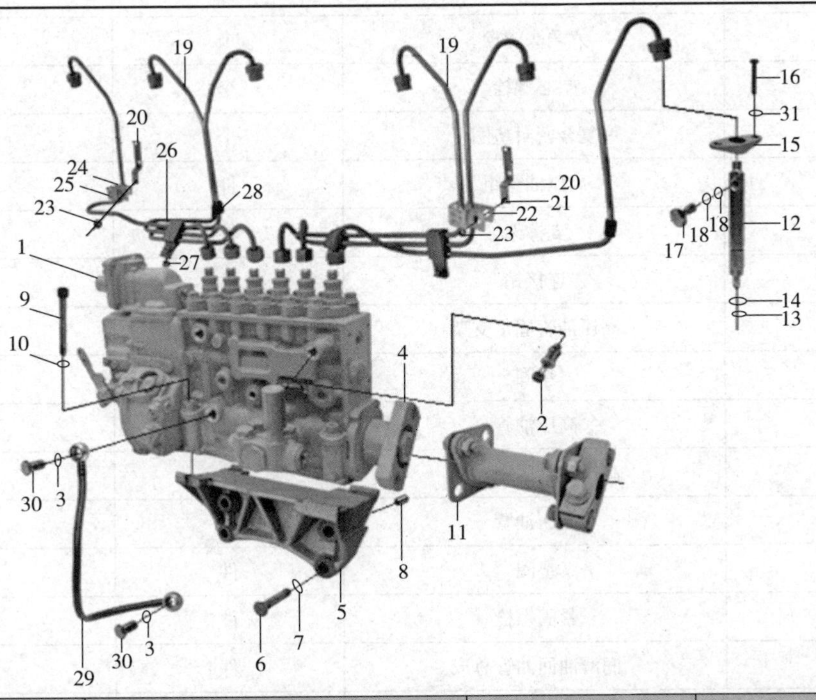

序号	名称	单位	备注
1	柱塞式喷油泵	件	
2	单向阀	件	
3	密封垫圈	个	

续表

序号	名称	单位	备注
4	法兰组件	件	
5	喷油泵托架	件	
6	六角头螺栓	个	
7	弹簧垫圈	个	
8	圆柱销	个	
9	内六角圆柱头螺钉	个	
10	平垫圈	个	
11	联轴器总成	件	
12	喷油器总成	件	
13	垫圈	个	
14	密封垫圈	个	
15	紧固压板	件	
16	六角头螺栓	个	
17	空心螺栓	个	
18	复合密封垫圈	个	
19	高压油管组	件	
20	支撑架	件	
21	连接销	件	
22	高压油管固定支架	件	
23	垫圈	件	
24	高压油管	件	
25	高压油管固定支架	件	
26	高压油管	件	
27	垫圈	件	
28	紧固螺栓	件	
29	润滑油回油管总成	件	
30	空心螺栓	个	

2. 燃油供给系统的拆解

拆解前需要熟悉所拆部件的结构，掌握拆解工艺流程，知道关键部位的拆解技巧，

做好充分的准备，并穿戴好相应的劳保用品。燃油供给系统的拆解步骤见表 7—2—2。

表 7—2—2　　燃油供给系统的拆解

序号	拆解内容	注意事项
1	准备工作	检修燃油供给系统前，先关闭点火开关，断开蓄电池地线，短时打开燃油箱盖然后再拧紧
2	拆下高压油管	打开系统前，应用抹布包住接头，然后小心打开以卸压
3	拆下喷油器总成	注意清洁
4	拆下滤清器总成	注意清洁
5	拆下其他油管	注意包扎、清洁
6	拆下喷油泵总成	

3. 燃油供给系统的装配（表 7—2—3）

表 7—2—3　　燃油供给系统的装配

序号	装配内容	控制要点
1	安装喷油泵托架（拧紧力矩为 80 N · m）	
2	安装高压油泵	确定第一缸做功，盘动齿轮调整到 11° 刻线处（斯太尔欧 2 发动机初始供油提前角均为 9° ~ 11°）
3	装上联轴器	装上联轴器，将其角度调节板锁紧螺栓涂上 242 螺纹胶锁紧，锁紧力矩为 210 N · m
4	安装各类油管	
5	安装喷油器	把喷油器紫铜垫片放进喷油器铜套孔内放平，喷油器总成套上喷油器密封圈装入喷油器铜套内，装上喷油器压板，用 12 颗六角螺栓拧紧，力矩为 20 ~ 25 N · m，安装高压油管和回油管

二、共轨式燃油供给系统的拆装

1. 共轨式燃油供给系统的拆解

在发动机运转时共轨系统内有非常高的压力，高压泵、高压油管、高压油轨、喷油器都处于高压状态，在发动机关闭 30 s 手动泄压后方能进行拆卸。共轨式燃油供给系统的拆解步骤见表 7—2—4。

表 7—2—4　　共轨式燃油供给系统的拆解

序号	拆解内容	注意事项
1	准备工作	准备型号适合的油管接头保护帽和电线束插头保护帽
2	拆下全部电线束	所有插接件都有锁止装置，拆卸时应先解除锁止再拔下插接件，禁止拉扯电线。及时套上保护帽
3	拆下高压油管	拆高压油管时必须用双扳手 SW20，保证油泵高压接头不跟转。油管拆下后及时在高压泵、喷油器相应连接口和油管接头套上保护帽，保证连接口和管内清洁
4	拆下低压油管	拆卸高压泵进油油管和回油油管，在相应接头处安装保护帽
5	拆下高压泵总成	拆卸轴上传动齿轮紧固螺栓及高压泵法兰端紧固螺钉，松开联轴器，将高压泵谨慎卸下
6	拆下喷油器总成	拆下喷油器回油接头并套上保护帽，松开喷油器压板螺栓，将喷油器谨慎拉出
7	拆下高压油轨总成	拆卸轨上的安装螺栓
8	拆下 ECU	拆卸 ECU 安装支架螺栓，取下 ECU

2. 共轨式燃油供给系统的装配

在共轨式燃油供给系统安装时，高压管的安装要穿插在喷油泵、喷油器和高压油轨的安装过程中进行，所有螺栓和螺母都要先用手旋到底再按顺序紧固。共轨式燃油供给系统的装配步骤见表 7—2—5。

表 7—2—5　　共轨式燃油供给系统的装配

序号	装配内容	控制要点
1	安装喷油泵	安装前需用汽油、酒精、乙二醇或者丙烷等清洗轴表面的防锈油渍，进行去油脂处理。手持喷油泵正确位置，避免碰触易损部位。在需要安装相应连接之前不允许取下相应的保护帽。用联轴器把泵轴和发动机连接，拧紧泵紧固螺栓，拧紧力矩为 22 ~ 25 N · m
2	连接低压油管	取下高压泵进油和回油接头的保护帽，把进、回油油管与相应接头连接，必须确保进、回油连接不混淆以及连接处的密封性
3	安装喷油器总成	安装喷油器之前，必须将气缸盖孔和密封面清理干净，移除喷油嘴保护帽，安装正确厚度的密封铜垫，装入压紧部件，将喷油器插入缸盖安装孔并完全入座，用手旋入紧固螺栓。检查高压油管上的两个连接螺母是否灵活及圆锥接头是否有压痕，用手将轨和喷油器端螺母完全拧入，拧紧紧固螺栓，拧紧力矩为（25 ± 5）N · m。将轨和喷油器上的高压油管螺母拧紧，喷油器端拧紧力矩为（27 ± 2）N · m，轨端拧紧力矩为（25 ± 2）N · m（推荐先拧紧喷油器端） 安装回油管，可以听见接头卡入的声音，完成后用手提拉回油管来检查是否安装到位。注意：O 形密封圈和密封铜垫只能使用一次

续表

序号	装配内容	控制要点
4	安装高压油轨总成	手动拧入油轨固定螺栓，拧紧力矩为（3±1）N·m。手动旋上油轨到喷油器间的高压油管。在喷油器安装固定，并拧紧高压油管的喷油器端后，紧固油轨端固定螺栓，拧紧高压油管连接螺母到规定力矩，轨端拧紧力矩为（25±2）N·m。手动旋入泵和高压油轨间的高压管螺母，最终旋紧螺母，拧紧力矩为泵端（30±5）N·m，油轨端（25~29）N·m（先拧紧泵端）
5	安装 ECU	安装 ECU 支架螺栓，插上 ECU 插头，对线束进行固定。线束第一固定点和 ECU 接头的距离应在 10~15 cm 之间，并防止线束张紧。系统安装完毕后，连接诊断仪，检查 ECU 数据，刷入喷油器 IQA 码，读错清错，并起动发动机测试
6	安装电线束	完成所有的机械连接后进行电气连接，并保证插口处清洁、干燥、密封
7	油泵充油排气	油泵不允许干运转，运转之前轴腔内必须充满机油，充油最大压力不大于 4 bar

课题 3　燃油供给系统的检修

学习目标

1. 了解燃油供给系统常见的故障现象及原因。
2. 掌握正确操作工具对燃油供给系统进行检修的方法。

一、柱塞式燃油供给系统的检修

1. 发动机不能起动

（1）故障现象

起动时起动机正常运转但发动机无法起动。

（2）故障原因

1）停油拉杆卡滞导致喷油泵不喷油。

2）喷油泵个别分泵供油不良。

3）喷油器堵塞。

4）燃油用完或燃油管断裂。

5）油路中有空气。

（3）故障检修

故障检修应按照从易到难的顺序进行：

1）检查停油拉杆是否卡滞，如果卡滞，找出卡滞原因并排除故障。

2）检查燃油箱油量，如果不足，则补充足够的燃油再起动。

3）检查油管是否有破损，如果有则更换新油管。

4）每次燃油完全用完发动机自动熄火或者油路重新拆装之后都要排除油路中的空气才能起动。拆下喷油泵回油口油管，按压手油泵，如果溢出的柴油内有气泡说明需要排空气，继续按压手油泵直至无气泡为止，装复油管再起动。

5）如果上述方法均无法排除故障，则拆下喷油泵与高压油管间的连接螺母，起动起动机，观察各出油口喷油量，如果发现个别缸不喷油则为喷油泵故障，需拆卸喷油泵进行维修。

6）如果喷油泵出油口出油正常，则可能是喷油器故障，拆下喷油器在喷油器试验台上测试喷油器喷油性能，如雾化不良则进行清洗或更换针阀偶件。

2. 发动机“飞车”

（1）故障现象

柴油机转速失控，突然升高，超过最高额定转速，并有巨大响声，俗称为“飞车”。

（2）故障原因

柴油机“飞车”的主要原因包括燃油超供和窜烧机油两种，两种“飞车”虽然都表现为柴油机超速运转，但具体表现有差别。引起柴油机“飞车”的具体原因如下：

1）喷油泵齿条卡在最大供油位置。

2）调速器失去调速作用。

3）调速器内油的黏度过大或油面过高。

4）柱塞调节臂脱落。

（3）故障检修

柴油超供引起“飞车”时，排气管冒黑烟，一般可用切断供油的方法制止。机油引起柴油机“飞车”时，排气管冒蓝烟，这时只切断供油不能有效地制止，必须同时断绝空气供给和急速减压来制止。

平时对柴油机，特别是油泵调速器一定要按照技术要求进行安装、保养、调试，所加柴油应清洁且牌号正确。一旦发生“飞车”故障，操作者要头脑清醒，迅速关闭油门，若拉杆或调节齿杆露在外面，可用手直接拉回。对于带减压阀的柴油机，可扳动阀门手柄，使其迅速减压。也可用高速挡制动，使柴油机熄火。或者拆下空气滤清器，堵住进气道（切勿用手堵，以防烧伤）。

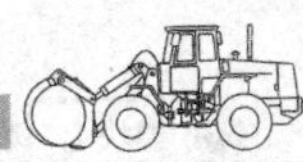

待采取措施将柴油机熄灭后，应详细检查故障原因并予以排除。

关闭油门后如转速立即随着降低或熄火，则为调速器失去调节作用，待柴油机熄火后，应拆下调速器详细检查。首先检查机油是否过多，其次检查高低速弹簧是否折断、飞锤销是否脱出、压力轴承是否损坏。必要时可将调速器卸下送修检查。

二、共轨式燃油供给系统的检修

1. 发动机不能起动

（1）故障现象

共轨发动机起动机不工作，或起动机正常工作但仍无法起动。

（2）故障原因

1）起动机不工作。对于起动机受 ECU 控制的整车，在起动时 ECU 先检查空挡信号，然后输出一个电流驱动起动继电器，继电器接通后电瓶带动起动机起动。如果没有空挡信号起动机就不会工作。

2）轨压无法建立。

（3）故障检修

如果起动机不工作则检查电气系统，此不详述，此处只介绍由油路问题造成的轨压无法建立（起动机正常，但无法起动）造成的无法起动故障的检修方法。

共轨系统对燃油油路要求较高，低压油路（油箱→粗滤→输油泵→精滤，回油）、高压油路（油泵→共轨管→喷油器）都要保证密闭，任何一个环节出了问题，轨压都不能正常建立。

注意：车辆的第一次起动必须进行低压油路和高压油路的排气和充油。

具体检修方法如下：

1）燃油量检查。检查油箱油位是否过低。

2）输油泵检查。检查手压泵及低压输油泵是否工作正常。

3）油路中有空气的故障检修。检查低压油路是否有气，若有应排出空气（有时低压油路泄漏不明显，需要仔细检查）。

低压油路排气方法：主要排粗滤和精滤里面的空气。松开粗滤上的放气螺栓，用手压动粗滤器上的手压泵，直至放气螺栓处持续出油为止。然后再松开油泵上的回油空心螺栓，再次用手压动粗滤器上的手压泵，直至油泵回油螺栓处持续出油为止。

低压油路空气排净后再排出高压油路中的空气。

高压油路排气方法：松开某缸高压油管，用起动机带动柴油机运转直至高压油管持续出油为止，然后锁紧。

4）轨压无法建立的故障检修。油路的空气已经排尽后，理论上是可以着车了，但是有以下情况会影响正常着车。

起动时轨压不能达到 350 ~ 500 bar，此时应检测以下项目：

①检查高压油路有无泄漏（例如，喷油嘴损坏造成的回油泄压、共轨管上的限压阀损坏造成的泄漏、油泵内部损坏以及高压油管接口处是否发生泄漏）

②检查油路是否通畅，检查柴油滤清器是否堵塞，建议及时更换柴油滤芯。

检查方法：松开精滤出口螺栓，用起动机带动柴油机运转，看是否有柴油喷出或流出，若只有少量柴油流出，则可以判定滤芯堵塞。

2. 发动机动力不足

（1）故障现象

发动机无故障码，但动力不足。

（2）故障原因

造成无故障码情况下动力不足的原因可以分为电气故障和机械故障两种。

1）电气故障主要是各种传感器输出信号异常。

2）机械故障主要是喷油器失效和喷油器喷射角度不正确。

（3）故障检修

1）检查各传感器信号是否正常，若不正常，则更换传感器。

2）检查喷油器是否有积炭或卡死。若有积炭，则拆下喷油器进行清洗维修。

3）检查喷油器安装位置及垫片，如果不正确则重新装配。

【知识拓展】

活塞式输油泵的工作原理

活塞式输油泵的工作原理如图 7—3—1 所示。当滚轮架在喷油泵凸轮轴上的偏心轮推动下行时，通过推杆克服弹簧的张力推动活塞下行，使泵腔Ⅰ因容积减小而油压增高，便关闭了进油阀，压开出油阀，燃油便由泵腔Ⅰ通过出油阀流向泵腔Ⅱ。

当偏心轮凸起部位转离滚轮时，在弹簧作用下活塞上行，于是泵腔Ⅱ的油压增大，出油阀被关闭，燃油便经油道流向柴油滤清器。与此同时，由于泵腔Ⅰ容积变大，压力下降，进油阀被吸开，燃油便自进油口经进油阀进入泵腔Ⅰ。

输油量的多少取决于活塞的行程，当输油泵的供油量大于喷油泵的需要量时，泵腔Ⅱ的油压随之增高，活塞弹簧的作用力推活塞上行的速度减慢，不等活塞回到上止点，偏心轮又推动活塞下行，即活塞行程减小，从而减小了输油量。当耗油量增大时，活塞上行的位置增高，即行程增大。这样，便实现了输油量和输油压力的自动调节。

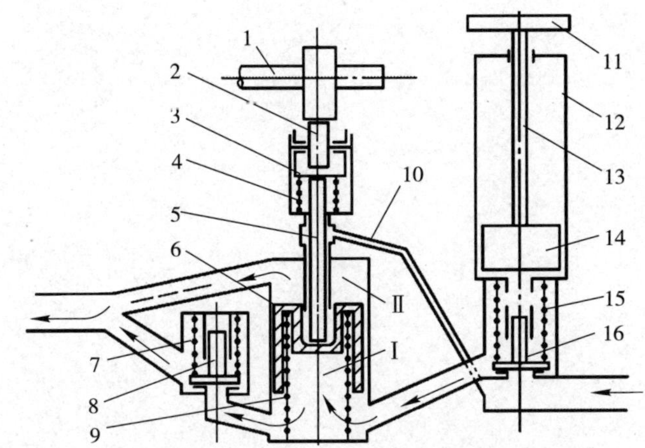

图 7—3—1 活塞式输油泵工作原理

1—喷油泵凸轮轴 2—滚轮 3—滚轮架 4—滚轮弹簧 5—推杆 6—活塞
7—出油阀弹簧 8—出油阀 9—活塞弹簧 10—回油道 11—手泵拉柄
12—手泵体 13—手泵杆 14—手泵活塞 15—进油阀弹簧 16—进油阀

输油泵上装有手油泵，当柴油机长时间停止工作或低压油路中有空气时，可利用手油泵输油或放气。

模块八

尾气处理系统的拆装与检修

课题 1　尾气处理系统的认知

学习目标

1. 了解尾气处理系统的作用。
2. 掌握尾气处理系统的结构组成。

一、尾气排放标准

我国于 2015 年 1 月 1 日起对柴油车实施国Ⅳ排放标准，国Ⅲ标准（发动机）的柴油车将禁止销售和登记注册。国Ⅳ柴油车排放标准是由国家环境保护部（以下简称环保部）颁布实施的，如图 8—1—1 所示。

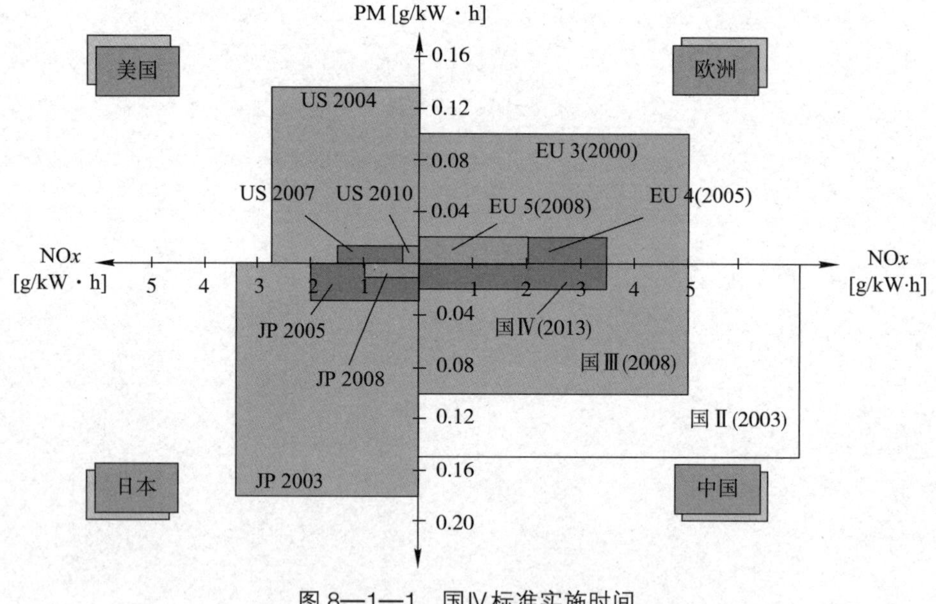

图 8—1—1　国Ⅳ标准实施时间

根据有关统计数据，2012 年我国重型货车保有量为 472.5 万辆，占机动车总保有量的 2.11%，但排放的氮氧化物和颗粒物占比却分别达到 49.3% 和 60.7%。也就是说，重型货车（柴油车）是机动车氮氧化物和颗粒物排放的“罪魁祸首”。而据统计，2013 年我国重型柴油车销售量为 77 万辆，数量依然在不断增加。

柴油机与同等功率的汽油机相比，微粒（PM）和氮氧化物（NO_x）是排放中两种最主要的污染物。从目前降低汽车尾气排放的技术途径来看，要达到欧Ⅳ排放标准，一般

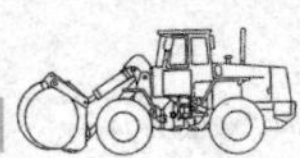

不再从发动机本身的结构方面采取措施，通常是采取排气后处理的方式来降低污染物的排放量，而尿素 -SCR 选择性催化还原法是最具现实意义的方法，它能把发动机尾气中的 NO_x 减少 50% 以上。

目前，大致有两条机外净化技术路线，如图 8—1—2 所示。其一是先通过超高压喷射并优化燃烧生成极少的 PM，再使用柴油氧化催化剂 DOC 来催化还原 SCR，来降低因燃烧优化而产生的 NO_x（被称为欧洲路线），目前常用水基性氨溶液作为催化还原剂，简称尿素 -SCR 系统。其二是采用 EGR（废气再循环）+DPF（颗粒捕集器）+POC（颗粒氧化器），即先通过 EGR 降低排放中的 NO_x，再用 DPF 捕集因使用 EGR 而略有增加的 PM，最后通过 POC 与废气中的 NO_x 和 PM 产生化学反应，从而达到同时降低 NO_x 和 PM 的效果（被称为美国路线）。

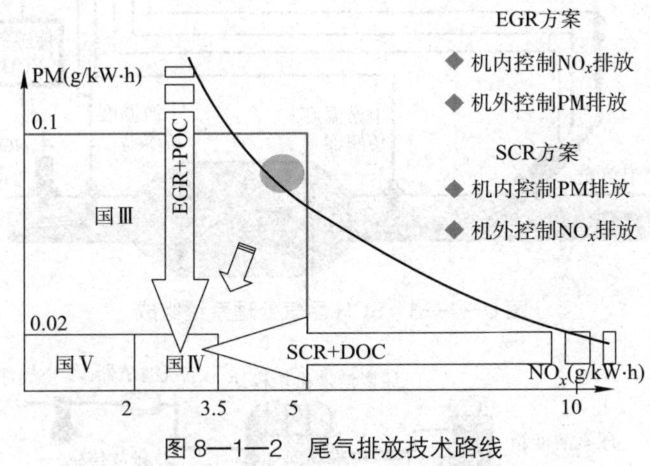

图 8—1—2　尾气排放技术路线

二、SCR 技术

1. 功用

SCR 系统的作用是去除柴油发动机排气中的 NO_x。系统采用尿素作还原剂（又名添蓝），在选择性催化剂的还原作用下，NO_x 被还原成氮气和水。

2. 组成

SCR 系统包括：尿素控制单元、尿素泵、尿素喷嘴、SCR 排气连接管、尿素箱、尿素管路、电器线路、催化转换器、温度传感器和 NO_x 传感器等，如图 8—1—3 所示。

3. 工作原理

在 SCR 系统中发生的复杂的物理和化学反应包括：尿素水溶液的喷射、雾化、蒸发，尿素的水解和热解气相化学反应，以及 NO_x 在催化剂表面与 NH_3 发生的催化表面化学反应，如图 8—1—4 所示。其主要化学方程式如下：

$$NO+NO_2+2NH_3 \rightarrow 2N_2+3H_2O$$

$$4NO+O_2+4NH_3 \rightarrow 4N_2+6H_2O$$

$$2NO_2+O_2+4NH_3 \rightarrow 3N_2+6H_2O$$

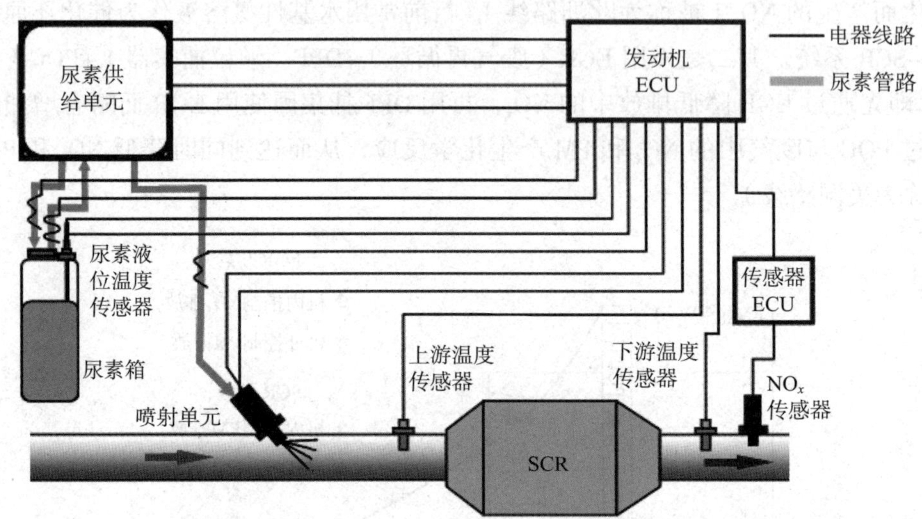

图 8—1—3 SCR 尾气处理系统组成

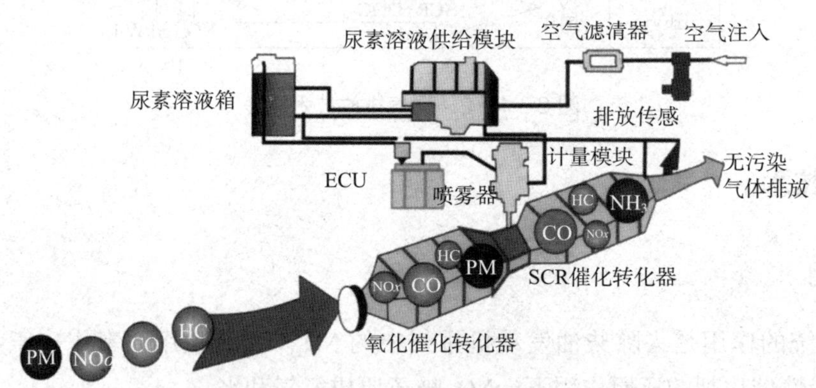

图 8—1—4 SCR 尾气处理系统工作原理

SCR 系统的工作过程是：当车辆的钥匙开关打到 ON 挡的时候，控制器（ECU）开始通电，与此同时尿素计量泵开始转动，从尿素储存罐中抽吸尿素溶液，前期计量泵以最大工作压力进行工作，目的是快速建立压力，当泵腔中的压力达到 5 bar 后，计量泵将由 ECU 进行闭环控制，保持泵腔的压力，用于尿素喷嘴的冷却和喷射。当转速和排气温度达到预先标定好的条件后，尿素喷嘴才会喷射尿素溶液。尿素溶液的喷射量由 ECU 根据柴油机的工况、催化器温度和环境状态来精确计量。尿素溶液被喷射到排气管中，与柴

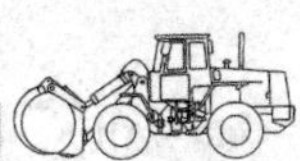

油机排气进行均匀混合并进行化学反应，净化排气。由于尿素溶液在气温低于 -11℃时会结冰，为了保证系统在低温时的正常使用，系统配置有化冰功能，化冰的热源来源于柴油机的冷却水。当电控单元通过尿素温度传感器感应到尿素溶液温度较低，可能会出现结冰的情况时，那么 ECU 将打开加热水电磁阀，热的柴油机冷却液就会顺着管道流向尿素储存罐和尿素计量泵内置的换热器，这些地方的冰就会迅速融化。由于冷却液管道和尿素胶管扎在一起，外套保温管，所以尿素管道内部的冰也会同时融化。SCR 尾气处理系统工作示意图如图 8—1—5 所示。

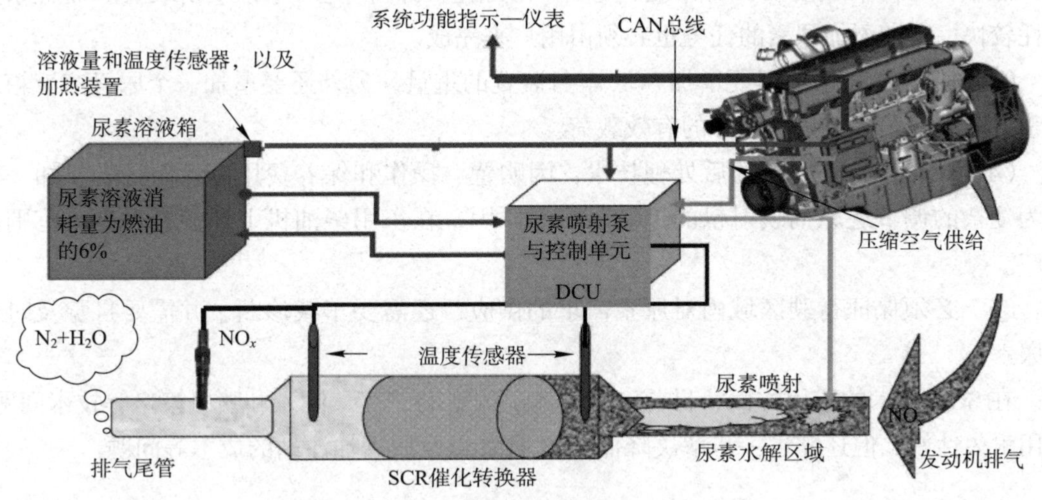

图 8—1—5　SCR 尾气处理系统工作示意图

4. 尿素喷射条件

（1）在排气进口和出口达到 230℃。

（2）没有 SCR 系统相关的故障代码 OBD。

（3）尿素罐液位高于 6%。

（4）空气压力高于 4 bar，而尿素压力为 3 bar。

（5）尿素温度超过 -7℃。

（6）按照东风氮氧化物算法进行喷射。

5. SCR 技术的优缺点

柴油发动机的排放控制主要是对排放中的 PM 和 NO_x 的处理。处理方案一是先在发动机内处理 NO_x，再处理 PM；或者两种都进行后处理。最后这种方法存在一个污染源回收的处理问题。没有 EGR 系统，在发动机内处理 NO_x 是非常困难的，并且燃油消耗更高。因此，一般多采用在发动机机内减少 PM 排放，在废气中处理 NO_x。

（1）目前在废气中处理 NO_x 采用的是 SCR 处理技术，即利用尿素溶液（水溶液浓度为 32.5% ± 0.5%），在排气中喷入尿素、氨水等还原性物质，将 NO_x（主要是 NO）还原为 N_2 和 H_2O。它无毒、洁净、无气味、不易着火、无爆炸危险，但有腐蚀性，必须使用特殊的容器储存。

（2）SCR 系统中的尿素剂量最终由发动机管理系统控制，尿素的喷入量必须要与 NO_x 的浓度相匹配，在保证降低 NO_x 的同时，不能超过分量。尿素的喷入量过少，则达不到应有的处理水平；尿素的喷入量过多，则会使多余的氨气排入大气，导致新的污染。所以，必须要有高灵敏度的 NO_x 浓度传感器以及相应的高精度的尿素喷射装置。而且尿素消耗较快，定期添加尿素的任务也必须由用户来完成。

（3）使用 SCR 后不但要增加 SCR 本身装置的重量，另外还要增加一个尿素溶液箱和尿素溶液，汽车会损失一部分的有效载荷。

（4）SCR 作为一个新的后处理技术，因购置、操作和保养费用高，而且需要加一套较为复杂的调节还原剂喷射量的控制系统等原因，在车用柴油机上还没有得到大范围的推广。

（5）必须保证行驶区域内对尿素需求的供应，还需要车载诊断，并需要自觉及时地加尿素。

在 SCR 技术的应用方面，目前已基本解决尿素的储存、注入和喷射策略等技术问题，使用耐久性好，但还需进一步解决降低 SCR 装置以及尿素加注站的成本等问题。

6. SCR 系统使用注意事项

（1）SCR 系统是一个自动控制的系统，当车辆的钥匙开关处于 ON 挡，车辆电压正常，相关管路连接正确，系统将在控制器的指挥下自动排空、自动化冰、自动喷射等，不需人为干预。SCR 系统基本免维护，只要加注符合标准要求的尿素，系统内部终身免维护。用户只要做的就是保持系统外表干净，电器接头干燥即可。

（2）避免尿素储存罐中尿素溶液液位低于最低液位的情况下工作，因为喷嘴需要使用尿素溶液来冷却，所以储存罐中的尿素溶液如果过少会使喷嘴冷却不足，从而导致喷嘴损坏。

（3）SCR 系统在发动机停机后，计量喷射系统要抽干管道中的残液，以防止结晶堵塞，所以点火开关关闭 1 min 后再断开蓄电池总开关。

（4）SCR 系统的故障暂时不影响发动机的正常工作，但故障持续时间不能过长。因为 SCR 系统不正常工作或停止运行时，车辆排放将不能达到标准而污染环境。如果故障持续时间过长，电控系统将降低发动机的功率。SCR 系统出现故障时，SCR 故障指示灯会点亮。SCR 系统的维护保养应严格按发动机厂家的规定执行。

（5）柴油发动机的排气后处理技术是柴油发动机技术发展的核心。SCR 处理系统是

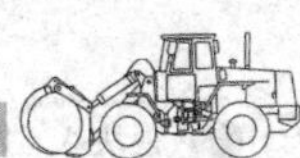

当前柴油机排气后处理技术之一，它能有效地去除柴油机排气中的 NO_x。通过将 SCR 处理系统与共轨柴油发动机结合并合理匹配，可满足更高排放标准的要求。

柴油发动机的排放控制主要是对排放中的 PM 和 NO_x 的处理。控制 PM 排放的措施有氧化催化器（可溶性颗粒物）、颗粒捕集器（固体颗粒物）。研究开发中的柴油机 NO_x 后处理方法有选择性非催化还原 SNCR、选择性催化还原 SCR、非选择性催化还原 NSCR 和吸附还原催化剂，以及最新提出的等离子体—催化转化技术——低温等离子体技术，具有同时去除 NO_x 和颗粒物 PM 的潜力。目前，国内的几家大型柴油机厂大都通过机内净化降低炭烟，然后利用 SCR 系统降低 NO_x 排放的方法来满足国Ⅳ排放法规对炭烟和 NO_x 的限制。

三、EGR 技术

1. 功用

EGR 即废气再循环，通过少部分废气进入气缸参与混合气的燃烧，一方面降低了燃烧时气缸中的温度，另一方面降低了氧气的含量。因 NO_x 是在高温富氧的条件下生成的，故抑制了 NO_x 的生成，从而降低了废气中 NO_x 的含量。

先通过 EGR 系统将 NO_x 排放减低到标准要求以下，之后利用 DOC（氧化催化转化器）或者 DOC+DPF（颗粒物过滤器）将 PM 颗粒物减低到排放标准以下，如图 8—1—6 所示。

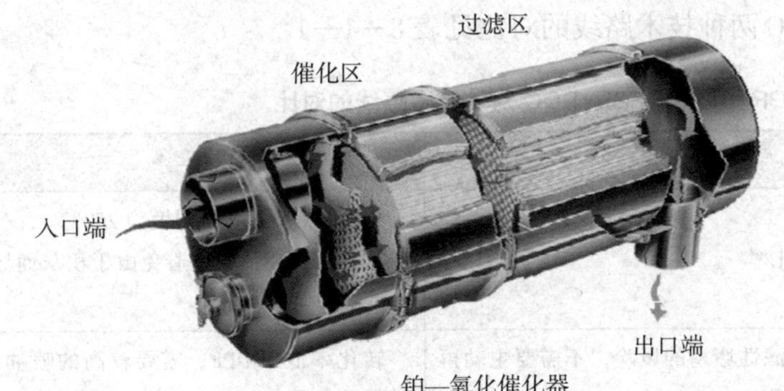

图 8—1—6　EGR+DPF 控制系统示意图

DPF 分为主动再生和被动再生两种形式，国Ⅳ阶段可以通过采用 EGR+DOC+POC（流通式颗粒捕集器）被动再生型技术达到排放标准，如图 8—1—7 所示。

机理和效用：

- 碳PM被在氧化催化器中形成的NO_2氧化
- HC、可溶PM和CO在氧化催化器中氧化
- 转化率(ESC&ETC)：

微粒：$\eta_{PM}\approx50\%$
目标：$\eta_{PM}\approx70\%$
(进一步开发)
碳氢：$\eta_{HC}\approx85\%$
一氧化碳：$\eta_{CO}\approx90\%$

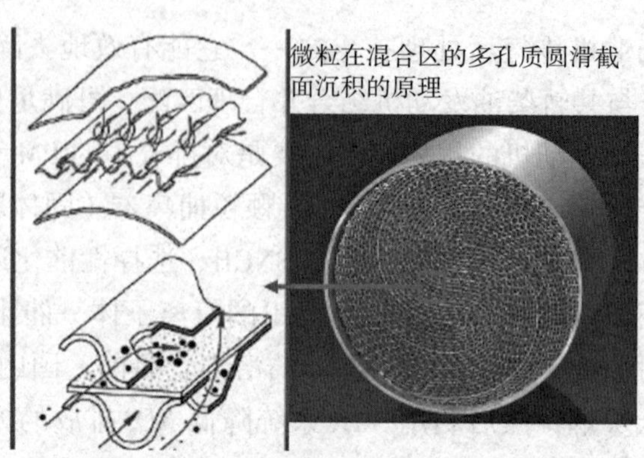

图 8—1—7　EGR+POC 及控制系统示意图

EGR 能够提高内燃机的燃油经济性及改善排放。当引擎在一次工作循环中吸入的氧气量降低时，会获得如同使用小排量引擎加速前进时一样的效果。EGR 的返流量（占进气的体积分数）依引擎的工况变化，最大为 15%，而在怠速与加速时则会停用。以车辆重量来看，引擎出力较小的大型柴油车，其引擎负载较高，为了能够达到排放标准也常会使用 EGR 技术。

2. 组成

EGR 由 EGR 阀、EGR 控制器、EGR 冷却器、控制气缸、EGR 混合器（国Ⅳ）、各种传感器（水温传感器、进气温度压力传感器、预行程传感器、油门位置传感器、曲轴转速传感器等）组成，如图 8—1—8 所示。

EGR+DPF 与 EGR+POC 两种技术路线的对比见表 8—1—1。

表 8—1—1　　EGR+DPF 与 EGR+POC 两种技术路线的对比

	优势	劣势
EGR+DPF	高 PM 转化率	再生时，最低排气温度为 250℃ 需要低硫燃油，以避免由于积灰而导致经常性维护
EGR+POC	不存在过滤性堵塞的风险，不需要主动再生，占用空间小	转化率低于 DPF，需要较高的喷油压力，需要低硫燃油

3. 工作原理

发动机控制 ECU 根据发动机的转速、负荷、进气温度压力、冷却水温度等信号，控制电磁阀适时地打开，通过气缸将 EGR 阀门打开，排气中的少部分废气经 EGR 阀进入进气系统，与混合气混合后进入气缸参与燃烧，如图 8—1—9 所示。

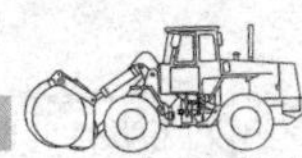

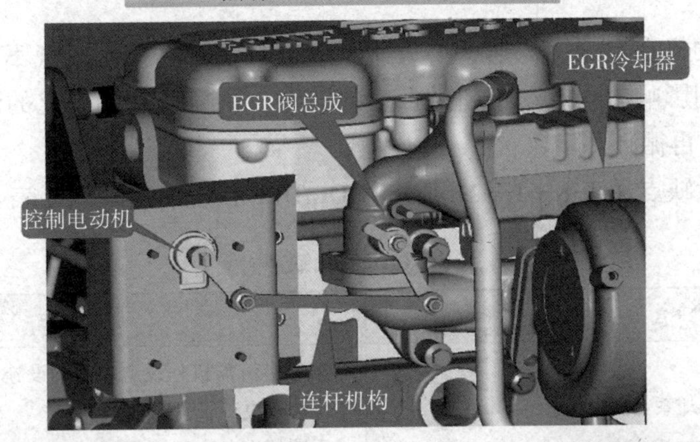

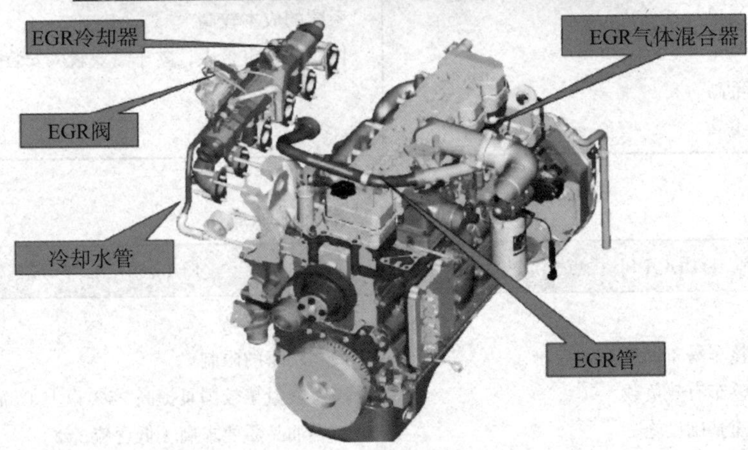

图 8—1—8 EGR 及控制系统示意图

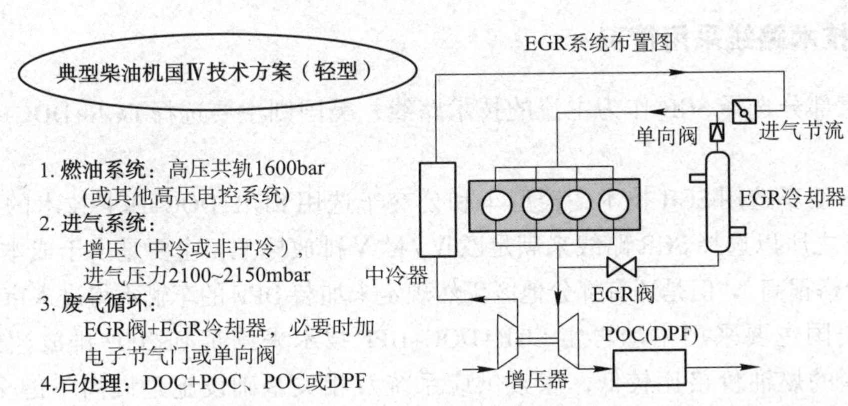

图 8—1—9 EGR 系统布置图

但是，过度的废气参与再循环，将会影响混合气的着火、性能，从而影响发动机的动力性，特别是在发动机怠速、低速、小负荷及冷机时，再循环的废气会明显地影响发动机性能。

所以，当发动机在怠速、低速、小负荷及冷机时，ECU 控制废气不参与再循环，避免发动机性能受到影响。当发动机超过一定的转速、负荷及达到一定的温度时，ECU 控制少部分废气参与再循环。

SCR 技术的优缺点见表 8—1—2，EGR+DOC/DPF 技术的优缺点见表 8—1—3。

表 8—1—2　　SCR 技术的优缺点

SCR 优点	SCR 缺点
可实现较高功率 低发热量，对整车冷却系无额外要求 发动机结构相对简单 改善燃油经济性 对燃油品质要求不高 对机油品质要求不高	尿素溶液需机外设施和基础设施（非必须），使用成本优势取决于尿素溶液价格 系统的成本较高 体积大、重量大，整车需要较大安装空间

表 8—1—3　　EGR+DOC/DPF 技术的优缺点

EGR+DOC/DPF 优点	EGR+DOC/DPF 缺点
系统购置成本低 催化器体积小，整车易布置 重量轻，可增加整车有效负载 排放控制无须新建基础设施 使用成本低（不需要添加尿素）	燃油消耗率高 最高功率的限制 高发热量（较国Ⅲ提高 25% 以上），需加大冷却系统 对燃油品质要求高（低含硫量）

四、国外技术路线采用情况

欧洲大部分选择 SCR 作为主流的技术路线，美国则主要选择 EGR+DOC+DPF 技术路线。

欧洲重型车选用 SCR 技术，轻型车和公交车选用 EGR+DOC+DPF 技术的趋势很明显。重型车之所以选择 SCR 路线来满足欧Ⅳ / 欧Ⅴ排放标准，主要是出于成本因素（欧洲的燃油价格很高）。但是还有部分地区仍然规定未加装 DPF 的车辆不得进入市区。

目前美国主要采用主动再生 EGR+DOC+DPF 技术来满足 US2007 排放法规。原因在于，美国的燃油价格比较低，尿素供应系统及相关基础设施建设尚不健全。同时，US2007HDD 标准提出了新车 240 000 km 无维修的要求，这也在一定程度上阻止了 SCR 技术在美国的应用，因为使用 SCR 技术约每 5 000 km 就要添加一次尿素。但最近美国

EPA 发布了认证 SCR 技术的轻型和重型柴油车申请排放证书程序，表明美国市场也开始使用 SCR 技术。

对于要求更高的欧Ⅵ以及美国 EPA2010 排放标准，单纯的靠 SCR 或者 EGR+DOC+DPF 技术都很难达到要求，必须把两者相结合才能满足要求。最近，戴姆勒宣布其 BlueTec 系统将采用 SCR 技术以满足美国 EPA2010 标准，而康明斯近日也宣布在其中型柴油机上使用 SCR 技术以满足 EPA2010。

五、国内技术路线采用情况

国内目前已经获得国Ⅳ环保公告的柴油机中，绝大多数采用 SCR 技术路线。主机厂家和用户选择 SCR 技术最主要的原因是：采用 SCR 技术的国Ⅳ、国Ⅴ柴油机燃油经济性好（未考虑尿素消耗），而且对燃油和机油的要求较低。

但是在市场上 SCR 国Ⅳ柴油机的实际使用中也暴露出一些问题：低温排放性能差；尿素在 -11℃会结晶，在长江以北区域必须加装解冻装置，进一步增加了成本；且在城市运行工况经常达不到尿素起喷温度，实际排放污染更严重；随整车携带的尿素溶液一般一次性可供行驶用 5 000 ~ 10 000 km，如果尿素的供应出现问题，会导致 OBD 报警限行。

而 EGR+DOC+POC 技术则没有上述使用问题，只要发动机厂家能够提升发动机本机的性能，通过更先进的机内净化技术得到更好的发动机原始排放，再通过 EGR+DOC+POC 技术降低颗粒排放，则无疑也能适应中国地域宽广、使用环境多样化的特点。

课题 2　尾气处理系统的拆装

学习目标

1. 掌握尾气处理系统主要零部件名称。
2. 能识别尾气处理系统各主要零部件。
3. 能编制尾气处理系统的拆解工艺卡片。
4. 能编制尾气处理系统的装配工艺卡片。

一、尾气处理系统的零部件明细

尾气处理系统零部件明细见表 8—2—1。

表 8—2—1 尾气处理系统零部件明细

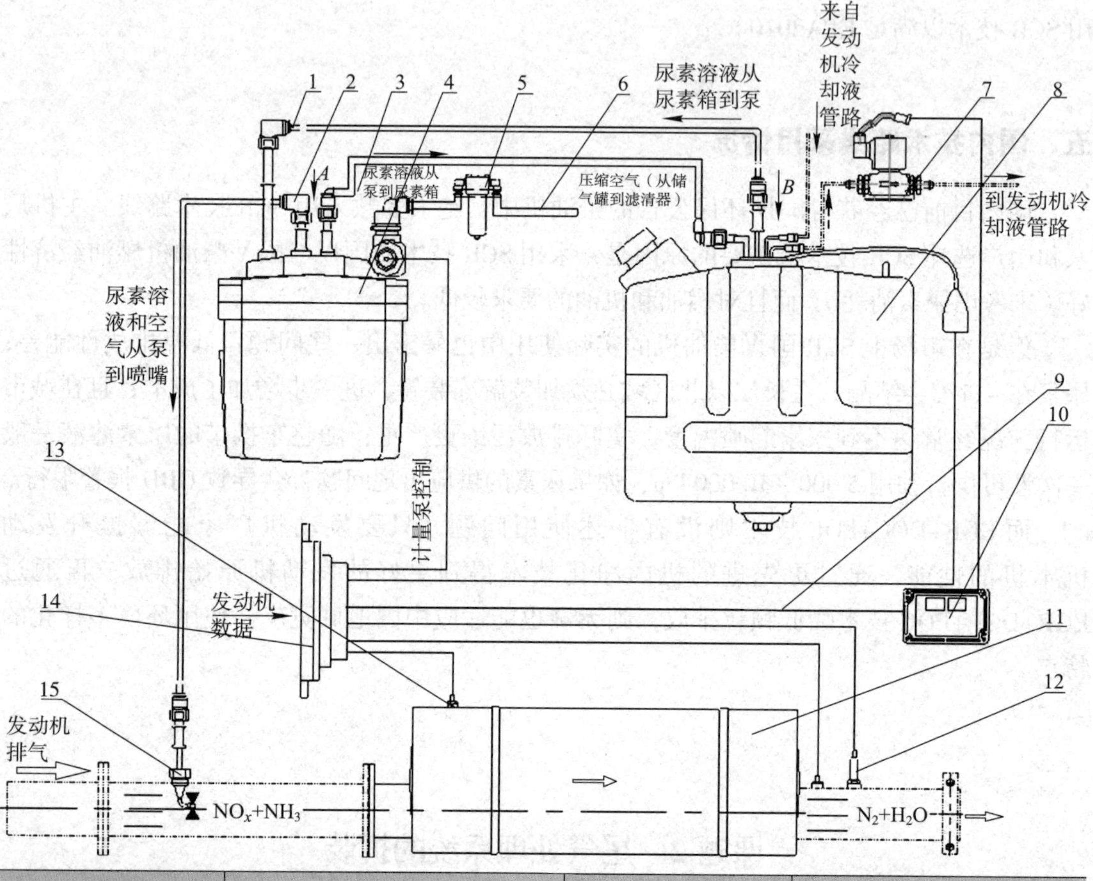

序号	名称	单位	备注
1	尿素吸液管	根	
2	尿素喷射管	根	
3	尿素回流管	根	
4	尿素泵	件	见图 8—2—2
5	压缩空气过滤器	件	
6	压缩空气管	根	
7	电磁阀	件	

续表

序号	名称	单位	备注
8	尿素箱	件	见图 8—2—1
9	后处理系统线束	套	
10	电源线束	套	
11	催化消声器	件	
12	氮氧化物传感器	件	见图 8—2—4
13	排气温度传感器	件	
14	后处理控制器（DCU）	件	
15	尿素喷嘴	件	见图 8—2—3

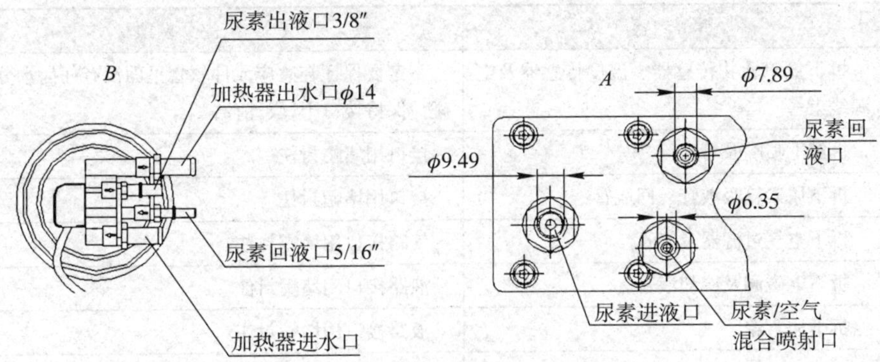

图 8—2—1　尿素箱及尿素泵管接口含义

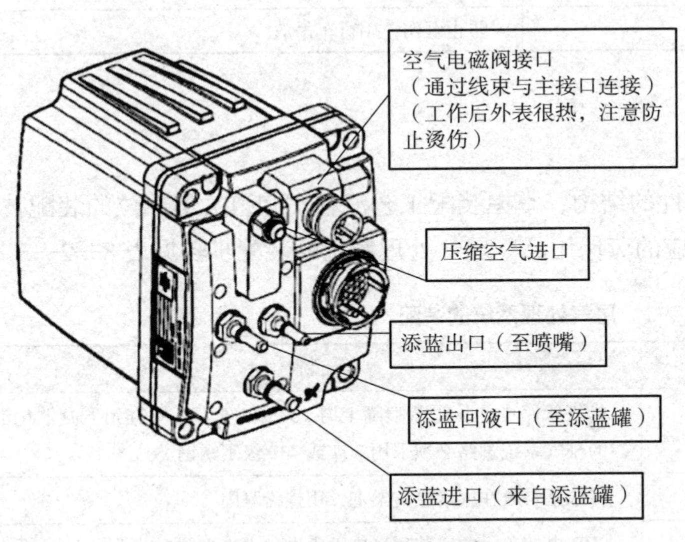

图 8—2—2　尿素泵管接口含义

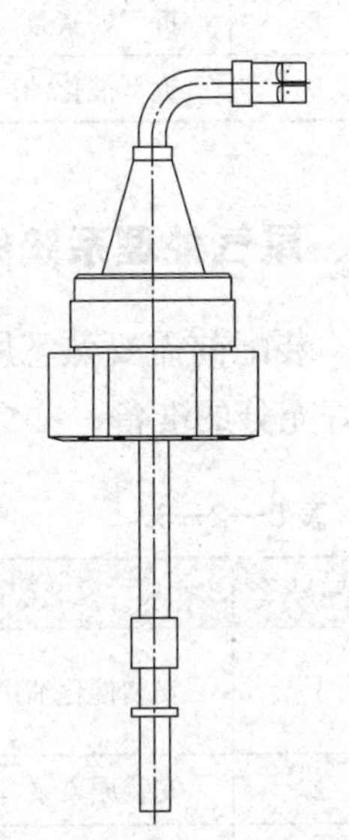

图 8—2—3　尿素喷嘴

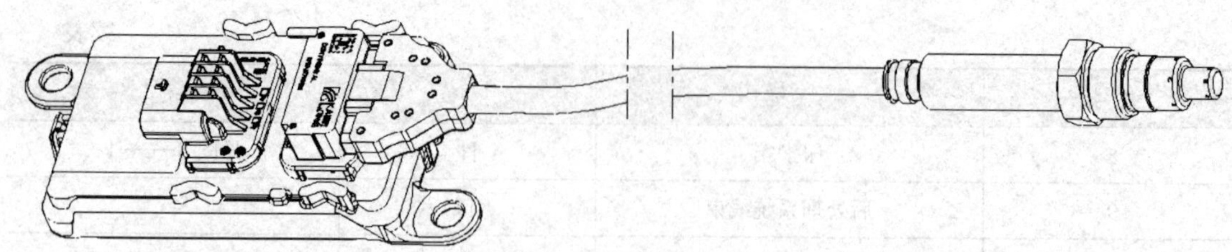

图 8—2—4　氮氧化物传感器

二、尾气处理系统的拆解

拆解前需要熟悉所拆部件的结构，掌握拆解工艺流程，知道关键部位的拆解技巧，做好充分的准备，并穿戴好相应的劳保用品。尾气处理系统的拆解步骤见表 8—2—2。

表 8—2—2　　尾气处理系统的拆解

序号	拆解内容	注意事项
1	拆下氮氧化物传感器、温度传感器及电源线束	一定要保证在感应元件软管里面没有任何水分，不准磕碰，保持接口干燥、清洁
2	拆解下喷嘴及管路	接口用堵帽封住
3	拆下尿素箱吸液管、回流管	接口用堵帽封住
4	拆下空气过滤器及气管	气路接口用堵帽封住
5	拆下电磁阀及冷却液管	液路接口用堵帽封住
6	拆下尿素箱	液路接口用堵帽封住
7	拆下 DCU 及继电器盒	不准磕碰，保持接口干燥、清洁
8	拆下尿素泵	液路、气路接口用堵帽封住
9	拆下催化消声器	防止砸伤，用行车吊放

三、尾气处理系统的装配

装配前需要熟悉所装配部件的结构，掌握装配工艺流程，知道关键部位的装配技巧，做好充分的准备，并穿戴好相应的劳保用品。尾气处理系统的装配步骤见表 8—2—3。

表 8—2—3　　尾气处理系统的装配

序号	装配内容	控制要点
1	安装催化消声器	排气管路中，从添蓝喷嘴上游 200 mm 处开始一直到下游催化消声器的排气系统管路必须采用 304 或 439 级不锈钢
2	安装尿素泵	将尿素泵放在尿素泵支架上，用螺栓紧固
3	安装 DCU 及继电器盒	SCR 电控单元的安装环境应无水淋，尘土少，振动小

续表

序号	装配内容	控制要点
4	安装尿素箱	箱体竖直安装，用箍带固定牢固，箍带需加防护衬垫，对罐体进行保护。布置及安装尿素溶液罐时，安装位置应远离排气管，保证周围环境温度不高于 70℃，尿素溶液罐放液螺栓应高于整车底盘最低点
5	安装尿素箱吸液管、回流管	为防止发动机停机后任何未清除的添蓝产生结晶，管路走向不应有倾斜，尽量避免 U 形管路，以免截留添蓝，长久放置后因水分蒸发形成结晶而堵塞
6	安装电磁阀及冷却液管	冷却液电磁阀安装位置没有特别讲究，阀体上标有流动方向，安装时要求电磁阀朝上
7	安装空气过滤器及气管	空气过滤器应垂直安装，放气口朝下。油气分离器上标有气体流动方向，安装时请注意。安装在易于接近的地方，利于定期维护
8	安装喷嘴及管路	喷嘴在管内必须居中且最好安装在直的排气管上，也可以安装在与排气管中心线垂直的任意径向角度，喷嘴尖端的朝向应与排气流动方向一致
9	安装氮氧化物传感器、温度传感器及电源线束	传感器导线弯曲不能超过 90°，连接传感器尾部的导线曲率半径不能小于 3.5 mm。工作温度在 −40 ~ 200℃ 安装传感器到排气管上需要用手将六角螺母拧入，最后固定时需要用力矩扳手，拧紧力矩为 50 N · m。传感器允许安装、拆卸次数为两次

课题 3　尾气处理系统的检修

学习目标

1. 了解尾气处理系统常见的故障现象及原因。
2. 掌握正确操作工具对尾气处理系统进行检修的方法。

一、添蓝溶液消耗量过大

1. 故障现象

将尿素箱加注添蓝至最大液位，行车两周后，提示添蓝溶液不足，需要加注。

2. 故障原因

导致添蓝溶液消耗量过大的原因有添蓝罐密封不严、管路泄漏、定量喷射单元损坏、SCR 控制器软件故障。

3. 故障检修

先停车检查添蓝罐（尿素箱），若发现添蓝罐密封不严或管路泄漏，应重新进行拧紧。若没有发现密封或泄漏问题，及时联系服务人员检查后排除。

二、尿素压力建立失败

1. 故障现象

添蓝压力无法建立，OBD 灯常亮，发动机运行无力。

2. 故障原因

导致添蓝压力无法建立的原因有添蓝进流管脱落、添蓝压力管堵塞、添蓝管路接错、添蓝压力管泄漏。

3. 故障检修

首先检查尿素箱内有无尿素，尿素箱上管路有无接反，再检查尿素箱与尿素泵连接管路有无堵塞、漏油情况，最后检查尿素泵管路有无接反，尿素喷头有无泄漏。

【知识拓展】

DOC：diesel oxidation catalyst 柴油氧化催化剂

DPF：diesel particular filter 柴油机微粒过滤器

POC：particulate oxidation catalyst 颗粒氧化器

模块九 气路系统的拆装与检修

课题 1　气路系统的认知

学习目标

1. 了解气路系统的作用。
2. 掌握气路系统的结构组成。

一、气路系统的功用

发动机气路系统的作用是将空气滤清器过滤后的干净空气通过自然吸气或涡轮增压的方式，经过中冷器或直接经进气歧管进入气缸内，做功后通过排气歧管至消声器，最后排到大气中。

二、气路系统的组成

1. 进气系统

（1）空气滤清器

空气滤清器能为发动机提供清洁的空气，以防发动机在工作中吸入带有杂质颗粒的空气而增加磨蚀和损坏的概率。空气滤清器的主要组成部分是滤芯和机壳，其中滤芯是主要的过滤部分，承担着气体的过滤工作，而机壳是为滤芯提供必要保护的外部结构。空气滤清器的工作要求是能承担高效率的空气滤清工作，不为空气流动增加过多阻力，并能长时间连续工作。

含有灰尘的空气通过进口被吸入切线方向，灰尘通过导向叶片的离心分离效应被分离出来。99.9% 以上的灰尘被主滤芯滤出，经过净化的空气流过安全滤芯及出口被吸入发动机。由导向叶片分离出的灰尘和水沿壳体内壁旋转，进入排泄阀，自动排放到大气中，如图 9—1—1 所示。

（2）进气歧管

进气歧管位于空气滤清器后进气管（或者带涡轮增压系统中冷器）与进气门之间，之所以称为歧管，是因为空气流道就在此分歧了，对应发动机气缸的数量，如四缸发动机就有四道，六缸发动机则有六道，将空气分别导入各气缸中。进气歧管必须将空气、燃油混合气或洁净空气尽可能均匀地分配到各个气缸，为此进气歧管内气体流道的长度应尽可能相等。为了减小气体流动阻力，提高进气能力，进气歧管的内壁应该光滑。

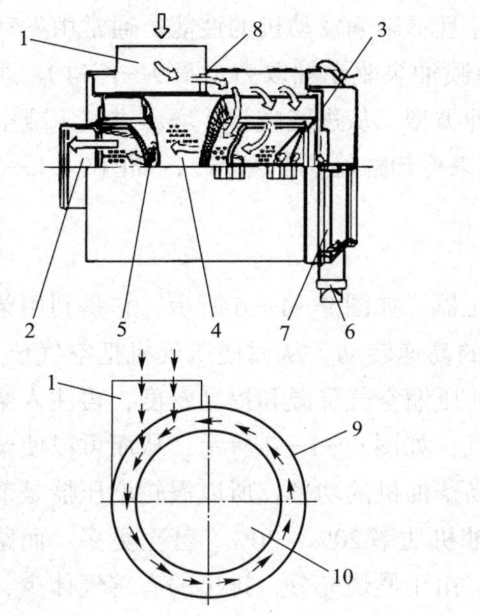

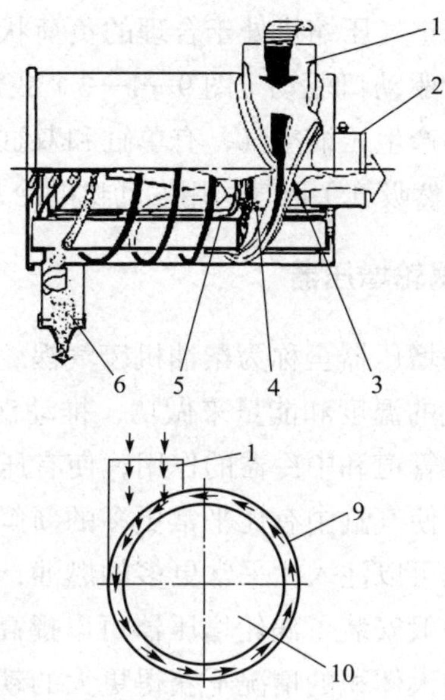

图 9—1—1 空气滤清器结构

1—进口 2—出口 3—导叶片 4—主滤芯 5—安全滤芯 6—排泄阀 7—集尘盘 8—导向叶片（套筒） 9—壳体 10—滤芯

2. 排气系统

（1）排气歧管

发动机做功产生高温、高压的气体推动活塞，当气体能量释放后，对发动机就不再有价值，这些气体就成为废气被排放出机体外。废气自气缸排出后，随即进入排气歧管，各缸的排气歧管汇集后，经过排气管将废气排出。就如进气歧管一样，气体在排气歧管内也是以脉冲的方式离开发动机，所以各缸的排气歧管长度及弯度的设计应尽量相同，使各缸的排气都能一样顺畅。

（2）消声器

消声器用来消除发动机排气的噪声，使车辆行驶起来更安静，如图 9—1—2 所示。一般消声器中会有数个膨胀室，发动机排放出来的废气经过数个膨胀程序后，会使得排气脉冲缓和而消除噪声。然而，由于气体在消声器中路径变复杂了，换言之也就是消声器降低了排气的顺畅性，所以多少也会影响发动机性能。有些人会自行改装直通式排气尾管，这样虽然稍微提升了发动机性能，却会大大提高排气噪声，所以这是不值得肯定也是违反交通规定的行为。

3. 空气压缩机

空气压缩机能够在合适的压力范围内向整车用气设备提供清洁、干燥和低温的空气，同时保证空气压缩机处于合理的负荷状态并且不影响发动机的性能。通常由发动机前齿轮室附件驱动口驱动（图 9—1—3）或通过喷油泵驱动轴取力（图 9—1—4）。通过活塞往复运动产生压缩空气，有单缸和双缸两种类型，从进气歧管（增压进气）或空气滤清器后（自然吸气）取气，用发动机的冷却液来冷却缸盖或自然风冷，如图 9—1—5 所示。

4. 涡轮增压器

涡轮增压器全称为柴油机废气涡轮增压器，如图 9—1—6 所示，它是利用柴油机排出的废气的温度和能量来做功，推动涡轮的高速转动，从而使压气机把空气压力提高。然后通过管道和中冷器的作用，使有压力的压缩空气降温和提高密度，再注入柴油机的气缸中，使气缸中有比平常更多的新鲜空气，如图 9—1—7 所示，从而可以使柴油充分燃烧，也可以注入比平常更多的燃油，提高柴油机的功率，所以涡轮增压器是节能环保产品。一般安装了涡轮增压器可以提高柴油机功率 20%～30%，甚至更多。而柴油机可以在不增大体积的情况下获得更大的动力。由于燃烧充分，排出的有害气体少，因而有环保作用。

图 9—1—2　箱式催化消声器

a）

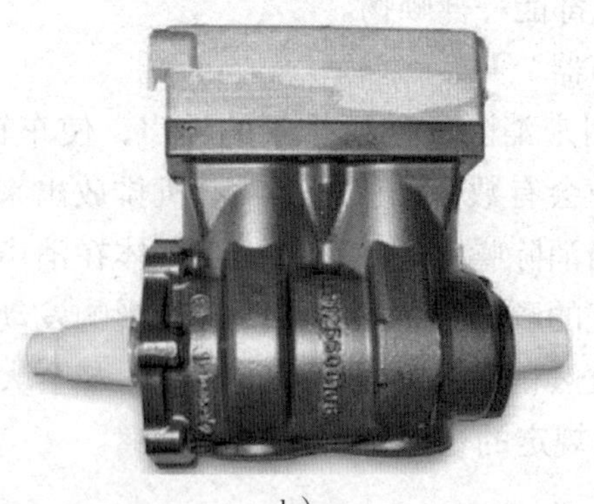

b）

图 9—1—3　空气压缩机

a）单缸　b）双缸

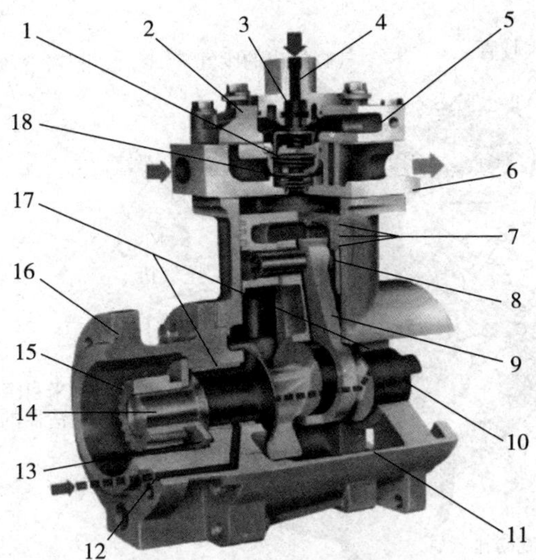

图 9—1—4　空气压缩机

1—进气阀　2—气缸盖　3—卸荷阀　4—空气调节器连接管　5—进气孔　6—气缸头部
7—活塞环　8—活塞　9—连杆　10—燃油泵驱动　11—曲轴箱　12—润滑油入口
13—止推垫片　14—曲轴　15—联轴器　16—连接端面　17—衬套　18—排气阀

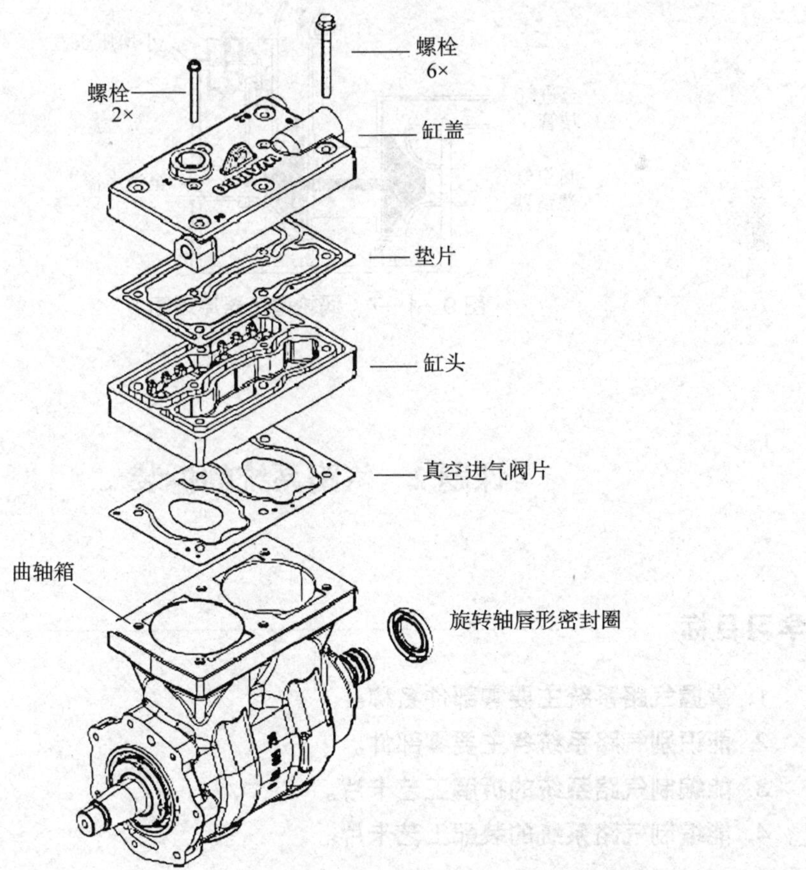

图 9—1—5　空气压缩机的结构

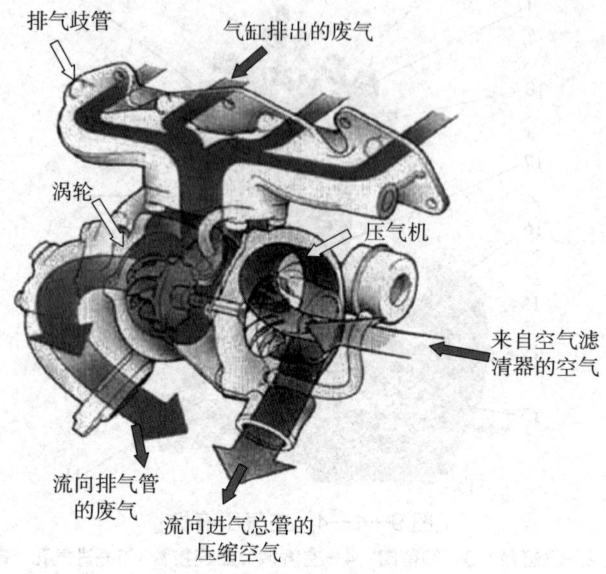

图 9—1—6　涡轮增压器

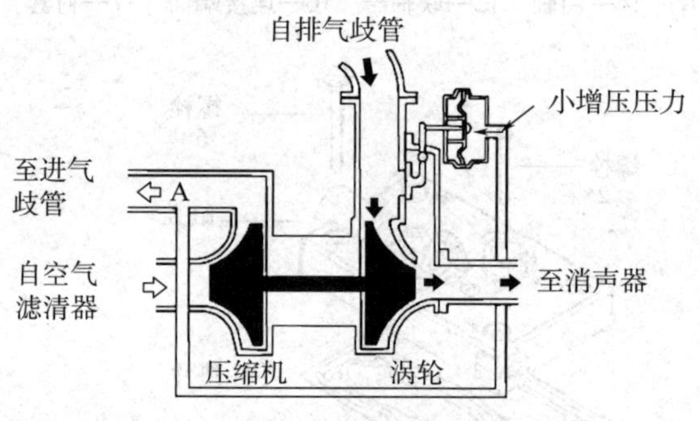

图 9—1—7　涡轮增压器原理图

课题 2　气路系统的拆装

学习目标

1. 掌握气路系统主要零部件名称。
2. 能识别气路系统各主要零部件。
3. 能编制气路系统的拆解工艺卡片。
4. 能编制气路系统的装配工艺卡片。

一、气路系统的零部件明细

气路系统零部件明细见表 9—2—1 ~ 表 9—2—3。

表 9—2—1　　气路系统零部件明细（一）

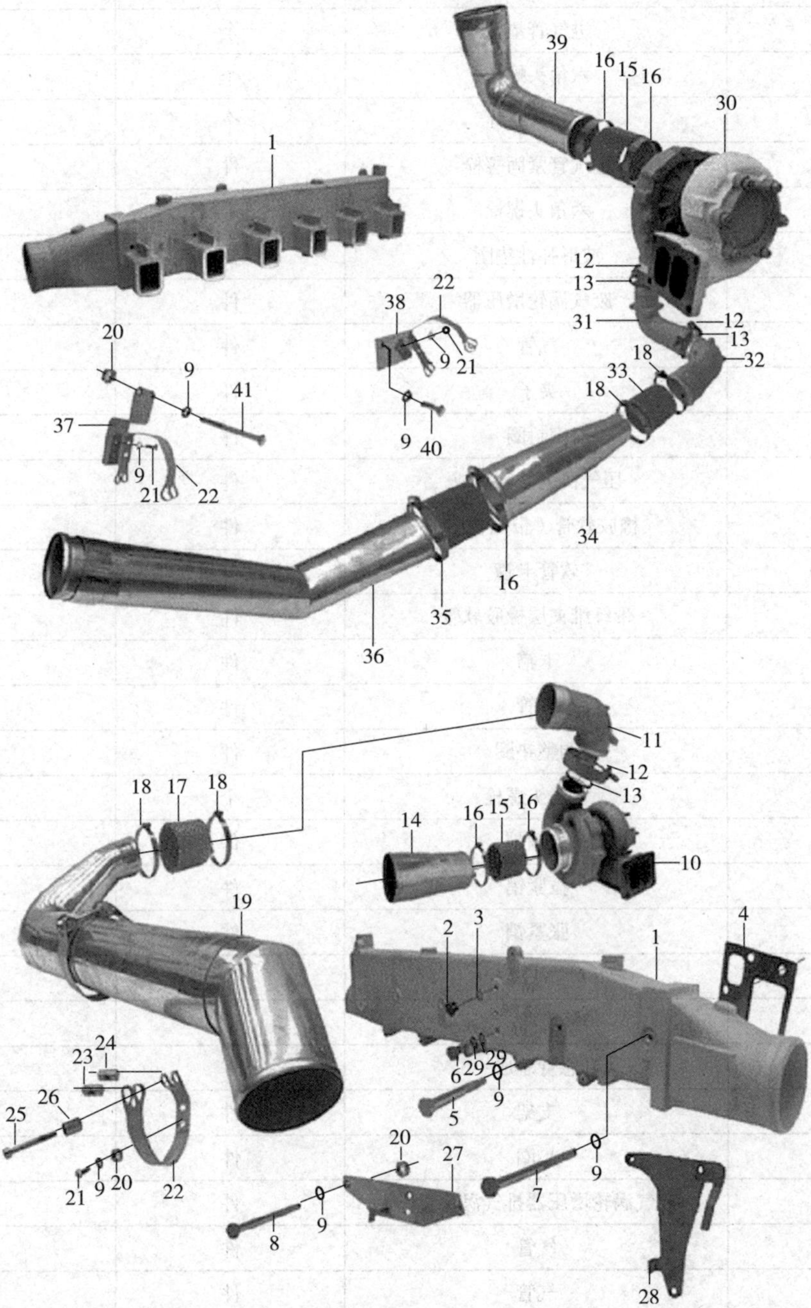

续表

序号	名称	单位	备注
1	进气管	根	
2	六角头螺栓	个	
3	复合密封垫圈	个	
4	进气管垫片	个	
5	六角头螺栓	个	
6	六角头螺栓	个	
7	进气管紧固螺栓	件	
8	六角头螺栓	个	
9	波形弹性垫圈	件	
10	废气涡轮增压器	件	
11	气管	件	
12	夹子	件	
13	密封圈	件	
14	压气机进气管总成	件	
15	橡胶软管（带织物层）	件	
16、35	软管卡箍	件	
17	带纤维夹层橡胶软管	件	
18	卡箍	件	
19	气管	件	
20	调整垫圈	件	
21	六角头螺栓	个	
22	卡箍带	件	
23	拉紧销	件	
24	张紧销	件	
25	六角头螺栓	个	
26	套管	件	
27	悬臂总成	件	
28	支架	件	
29	垫圈	件	
30	废气涡轮增压器排气涡轮壳体	件	
31	气管	件	
32	气管	件	

续表

序号	名称	单位	备注
33	橡胶软管（带织物层）	件	
34	中冷进气管	件	
36	气管	件	
37	支架	件	
38	支架	件	
39	气管	件	
40	六角头螺栓	个	
41	六角头螺栓	个	

表 9—2—2　　气路系统零部件明细（二）

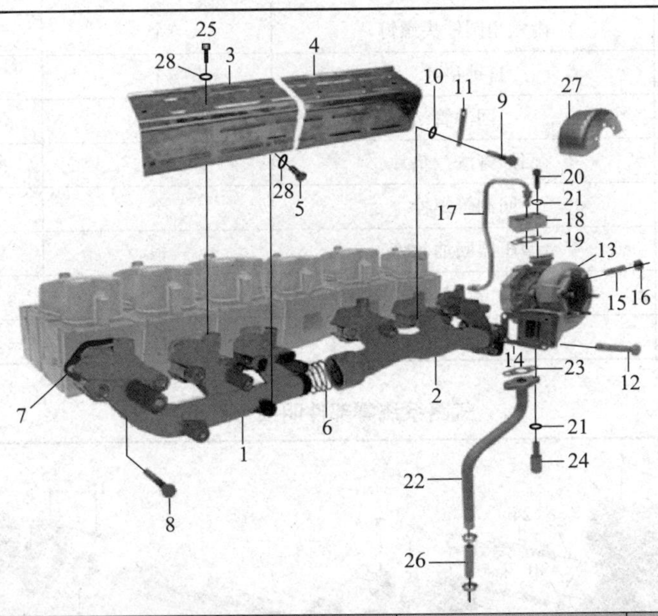

序号	名称	单位	数量
1	前排气歧管	根	
2	后排气歧管	根	
3	前隔热罩	件	
4	后隔热罩	件	
5、25	六角头螺栓	个	
6	排气管密封环	件	
7	排气管垫片	个	
8、9	排气管固定螺栓	个	

续表

序号	名称	单位	数量
10	垫圈	件	
11	支架	件	
12	六角头螺栓	个	
13	废气涡轮增压器	件	
14	增压器密封垫	个	
15	双头螺柱	个	
16	螺母	个	
17	进油管	根	
18	进油管法兰	个	
19	进油管垫片	个	
20	内六角圆柱头螺钉	个	
21	自锁垫片	个	
22	回油管	根	
23	回油管法兰垫片	个	
24	回油管螺栓	个	
26	增压器回油软管	根	
27	盖罩	件	
28	垫圈	件	

表 9—2—3　　气路系统零部件明细（三）

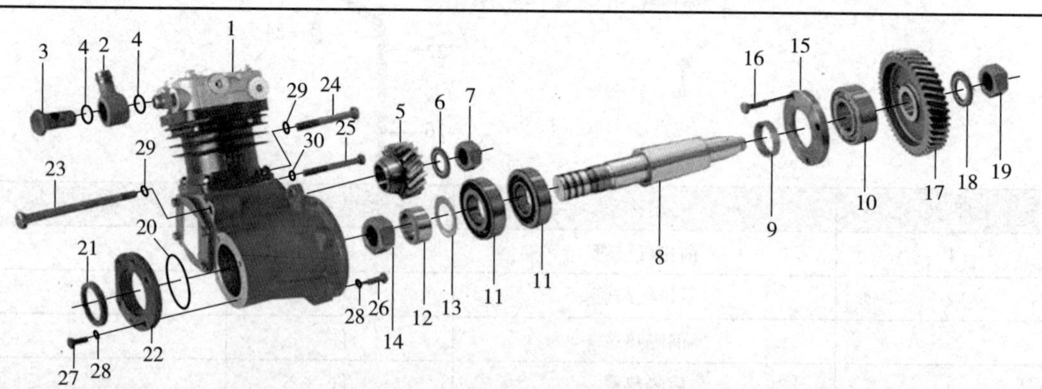

序号	名称	单位	数量
1	空气压缩机总成	件	
2	三通接头	件	
3	空心带孔螺栓	个	

续表

序号	名称	单位	数量
4	垫圈	件	
5	空压机齿轮	件	
6	支撑环	件	
7	六角螺母	个	
8	传动轴	根	
9	压紧块	个	
10	圆柱滚子轴承	件	
11	径向止推滚珠轴承	件	
12	衬套	件	
13	挡油盘	件	
14	夹紧螺母	个	
15	空气压缩机端盖	件	
16	六角头螺栓	个	
17	喷油泵齿轮	件	
18	垫片	个	
19	六角螺母	个	
20	密封圈	个	
21	油封	件	
22	油封座	件	
23 ~ 27	六角头螺栓	个	
28	波形弹性垫圈	个	
29	密封垫圈	个	
30	垫圈	件	

二、气路系统的拆解（表 9—2—4）

表 9—2—4　　　　气路系统的拆解

序号	拆解内容	注意事项
1	拆下空气压缩机	将发动机前端盖罩取下，轻轻取下空气压缩机驱动齿轮，用套筒扳手拆下空气压缩机 4 个螺栓，注意需要两人配合操作，拆下空气压缩机
2	拆下涡轮增压器	拆卸前先做好空压机壳与涡轮壳之间、涡轮壳与轴承体之间相互对应位置的记号，松开进、回油螺栓及 4 个固定螺栓
3	拆下进气歧管	拆卸进气歧管螺栓，取下进气歧管
4	拆下排气歧管	将机体旋转 45°，拆卸排气歧管螺栓，注意每个排气管口处均有垫片，不要丢失

三、气路系统的装配（表 9—2—5）

表 9—2—5　　气路系统的装配

序号	装配内容	控制要点
1	安装空气压缩机	擦干净空气压缩机与齿轮室的结合面，并涂上 510 平面密封胶，然后安装空气压缩机。在传动轴螺纹上涂上 242 螺纹胶后用螺母紧固，力矩为 350 N · m，齿轮侧隙为 0.05 ~ 0.20 mm
2	安装进气管	安装进气歧管，连接进气管
3	安装排气歧管	用排气管镀铜螺栓将增压器与排气管的组合件安装到缸盖上，排气管铜垫片凸面朝外，拧紧排气管镀铜螺栓，拧紧力矩为 50 ~ 70 N · m
4	安装涡轮增压器	将排气管总成与增压器组装在一起，中间有涡轮进气铜垫片，在增压器机油出口处装上回油管，往增压器进油口加入少量清洁机油，安装增压器机油进油管及法兰
5	安装增压器进、回油管	将增压器机油进油管连接螺套套上密封垫片，涂点螺纹胶，拧入机体后端面的主油道螺孔内。增压器机油回油管插入回油成形胶管内，用卡箍卡紧

【知识拓展】

中冷器

中冷器一般只有在安装了增压器的车上才能看到，如图 9—2—1 所示，其作用在于降低增压后高温空气的温度，以降低发动机的热负荷，提高发动机进气量，进而提高发动机的输出功率。对于增压发动机来说，中冷器是增压系统的重要组成部件。无论是机械增压发动机还是涡轮增压发动机，都需要在增压器与进气歧管之间安装中冷器。

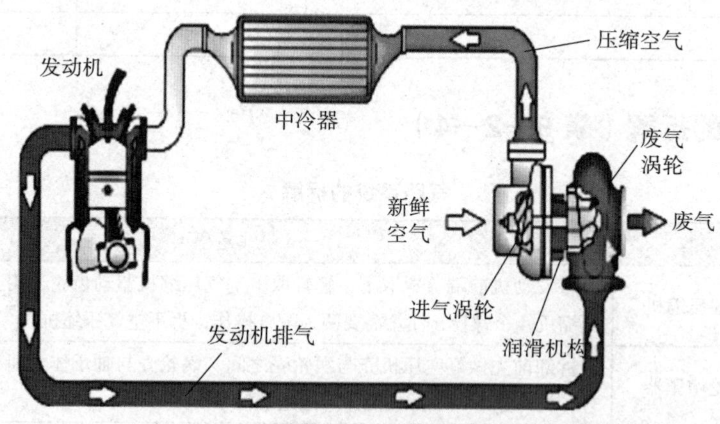

图 9—2—1　中冷器在废气涡轮增压系统中的布局

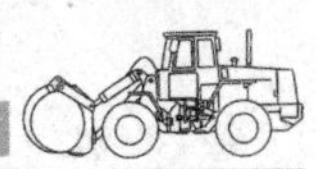

课题3 气路系统的检修

学习目标

1. 了解“下排气”的故障现象及原因。
2. 掌握烟色异常的故障现象及检修方法。

一、“下排气”现象

1. 故障现象

发动机工作时，气缸中的燃烧气体漏入曲轴箱，然后从其通风装置排出的现象俗称发动机“下排气”现象。

某工地一台挖掘机的发动机出现了“下排气”现象。当发动机轻负荷运转时，“下排气”现象较轻；当发动机高速重负荷运转时，“下排气”现象十分严重。

2. 故障原因

柴油发动机“下排气”主要是因为大量的压缩气体通过缸套与活塞环之间下窜到曲轴箱里，造成曲轴箱废气压力太大，从而通过下排气管排出到发动机外，严重的还会有机油通过下排气管排出发动机外。还有，如果活塞环安装不当则活塞环对口，从而造成压缩气体下窜至曲轴箱，造成曲轴箱废气压力大等。下面将把柴油机“下排气”的各种原因分析如下。

（1）发动机的活塞环、缸套严重磨损，活塞顶部烧蚀或者拉缸。如果活塞环、缸套严重磨损，活塞顶部烧蚀拉缸，就使活塞环与缸套之间的密封不严，柴油机压缩和膨胀过程中就会有大量的压缩气体通过活塞环与缸套之间的微小缝隙进入曲轴箱，从而导致曲轴箱废气压力增大。主要现象有呼吸器下排气严重，柴油机动力不足，也可能冒蓝烟。解决办法是发动机至少要维修了，具体情况要拆开发动机视情况而定。

（2）发动机活塞环安装错误，活塞环对口。如果活塞环安装错误全部开口对齐的话，活塞环虽然没有磨损，也会使压缩和膨胀过程中的大量高压气体进入曲轴箱，导致曲轴箱废气压力增大。或者活塞环粘连、断裂、失去弹性，这些都将导致气缸密封不严，燃烧气体下窜进入曲轴箱，使曲轴箱废气压力增大。解决办法是拆开并重新安装了。

（3）空气压缩机活塞环磨损严重，导致空气压缩机压缩气体窜气，压缩气体通过空气压缩机的曲轴连杆机构窜至发动机曲轴箱，从而导致曲轴箱废气压力增大。对于安装了空气压缩机的发动机，如果出现“下排气”时也要考虑是不是由于空气压缩机造成的，不过这种情况不会引起发动机功率下降，而是空压机压缩气体不足，并且如果拆开空气管路里面肯定会有机油，解决办法是修复或者更换空气压缩机。

3. 故障排除

根据经验，发动机出现“下排气”现象多为活塞黏缸或活塞环严重磨损所致。但拆检发动机后得知，活塞及活塞环都没有发生异常磨损。考虑到更换发动机 4 种配套件（缸套、活塞、活塞环和活塞销）的价格较高，所以只将原来的机件清洗后重新装复，但试机时故障依旧。经了解，该发动机出现“下排气”故障后，发动机在连续重负荷运转时还伴有高温现象。针对发动机的高温现象，先后检查了发动机的风扇胶带、水泵、节温器、散热器、供油正时等相关部位，都没有发现异常现象。查阅有关资料发现，柴油机的高温还与柴油的供油量有关，即如果供油量过多，发动机的后燃时间延长，就会使发动机产生高温。但是，随着发动机使用时间的延长，高压油泵不断磨损，各缸的供油量只会减少而不会增加，因此该发动机的高温并非由此而引起。后来，在检修过程中偶然发现涡轮增压器叶轮的径向间隙较大，已经超出了使用极限。于是，更换了涡轮增压器。更换后试机时，发动机“下排气”及高温现象已全部消失。

分析认为，当涡轮增压器的叶轮径向间隙较大但还未窜油时，涡轮增压器虽然还在继续使用，但叶轮的转速已达不到原设计要求，致使发动机的气缸进气量减少，高压油泵的供油量“相对”增加，发动机后燃时间延长，并且发动机处于连续重负荷运转状态，无法及时散热，致使发动机产生高温。当涡轮增压器磨损严重时，发动机燃烧后的废气经过涡轮增压器时，一部分废气会经涡轮增压器浮动轴承的密封环窜入机油道，并随涡轮增压器的回油管进入曲轴箱，从而产生“下排气”现象。

二、柴油机烟色异常

1. 故障现象

柴油机正常工作时，排出的废气呈淡灰色，只是在加速时会出现一股黑色排烟，所以当出现烟色异常时，有以下现象。

（1）冒黑烟

这是柴油机不完全燃烧的特征。此时排出的废气中有大量固体炭粒，有时甚至带火星，并伴随排气温度的升高。

（2）冒白烟

这是柴油机废气中水或燃油蒸气的特征。此时柴油机排出的废气呈白色雾状，并伴

随着柴油机功率下降和转速不稳。

（3）冒蓝烟

这是废气中含有大量机油蒸气的特征。此时柴油机排出的废气呈蓝色雾状。并伴有呛人的烟味和柴油机机油消耗增加。

2. 故障原因

由于黑烟、白烟、蓝烟是三种不同性质的异常烟色，所以其生成的原因也是不相同的，下面分别予以分析。

（1）冒黑烟

既然黑烟是燃油不完全燃烧的产物，因此冒黑烟主要是由燃油、燃烧系统的故障和进排气系统故障引起的。

柴油机之所以冒黑烟，是由于喷入柴油机气缸内的燃油在燃烧时，局部高温缺氧裂解，并脱氢而变成以碳为主要成分的固态微小颗粒。是一种不完全燃烧的产物。一般用烟度来表示。所以无论是燃油系统、燃烧系统还是进排气系统，凡是影响燃烧完全性的因素，均可引起冒黑烟。

（2）冒白烟

白烟是柴油机低温起动运转后，柴油未燃微粒或水汽所形成的液体雾粒，是低温产物。所以凡是在柴油机燃烧中能产生水蒸气的因素都是造成冒白烟的原因。柴油中含水、缸盖漏水、中冷器漏水，甚至机油内含水，在柴油机燃烧过程中，这些水成水蒸气形式从排气管排出，呈白烟状态。这种情况低速低负荷特别明显。而在高负荷时基本消失，除非含水特别多。不过此时柴油机会出现转速不稳和功率下降。

（3）冒蓝烟

蓝烟也是柴油机低速低负荷运转时，机油在几乎没有燃烧或只有部分燃烧或处于分解状态，液体微粒也是低温产物。所以形成蓝烟也是由于机油消耗高。机油消耗高主要由于机油进入燃烧室，被不完全燃烧排出气缸。而机油进入燃烧室主要途径之一是从缸盖活塞之间里飞溅、泵吸。所以影响缸套活塞间密封和飞溅过度的因素，均是造成机油窜入燃烧室的原因。

3. 故障排除

对烟色异常的诊断，先用眼睛来分辨出冒黑烟、冒蓝烟还是冒白烟。

（1）对于冒黑烟，可用烟度仪测量出烟度的大小。烟度仪分为滤低式烟度计和透光式烟度计两种。诊断原因和具体部位时，可用部分停止法或比较法，判断是否是由燃油系统故障引起的，并可用仪器法进一步确定是燃油系统的哪一部位。对于配气系统故障，可用析检法或仪器法，具体判断是哪一个部位。

（2）对于白烟，可用一张硬纸对准排气口，让白烟喷到白纸上，根据白纸上的液珠，判断是水汽引起还是燃油系统引起的。水汽液珠无味，燃油液粒有烟味。再用析检法查出漏水原因或燃油不雾化的原因。

（3）对于冒蓝烟，可用部分停止法和观察法先找出窜机油的原因。

模块十 发动机故障诊断与排除

课题 1　发动机故障诊断系统的认知

学习目标

1. 了解发动机故障诊断软件的基本操作流程。
2. 能对 ECU 进行系统测试和参数设置。

一、OBD 车载诊断软件介绍

OBD 是英文 on-board diagnostics 的缩写，中文翻译为“车载自动诊断系统”。车载自动诊断系统可以有效地改进车辆的排放水平，减少污染物的排放。同时，发动机管理系统部件的故障或损坏会导致污染物排放的急剧增加，而这些部件的效能在车辆使用过程中不断降低甚至损坏。及时监测这些部件的性能并提示驾驶员或维修人员相关故障信息，使车辆及时得到养护或维修，这些都是通过车载诊断设备实现的。

SaicOBD 系统可以及时地显示故障，其提供的故障相关信息便于故障的定位和相关修复。该监测系统由解码器、检测 PC、检测软件组成。检测系统主要检测发动机的相关故障信息、冻结帧信息以及发动机运行的实时数据，这些信息可以反映发动机的运行状态。

二、基本操作

双击桌面 SaicOBD 图标，显示如图 10—1—1 所示的登录系统界面，输入密码，单击“登录”按钮，显示参数设置界面，如图 10—1—2 所示。

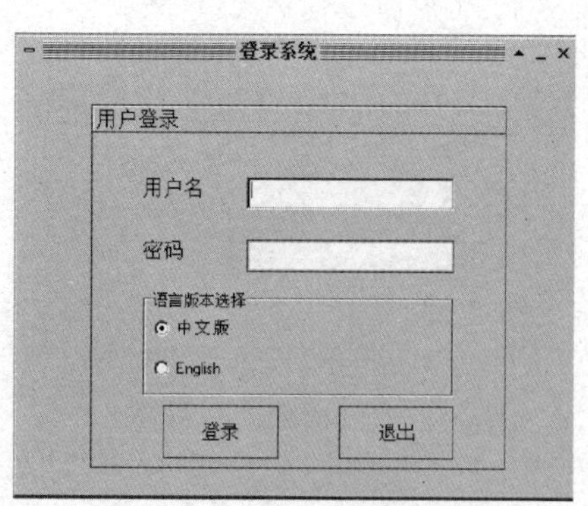

图 10—1—1　登录系统界面

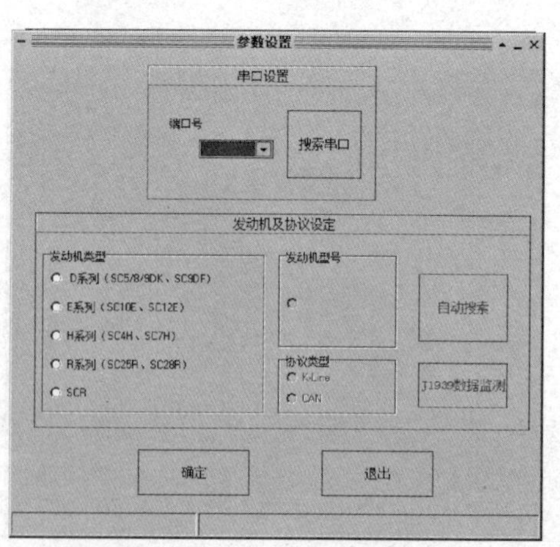

图 10—1—2　参数设置界面

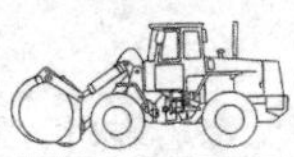

单击“搜索串口”按钮，确定端口号，如图 10—1—3 所示。单击“自动搜索”按钮，确定发动机的类型及协议，如图 10—1—4 所示。单击“确定”按钮，进入如图 10—1—5 所示的“SC9DF Euro4 选择试验”界面。

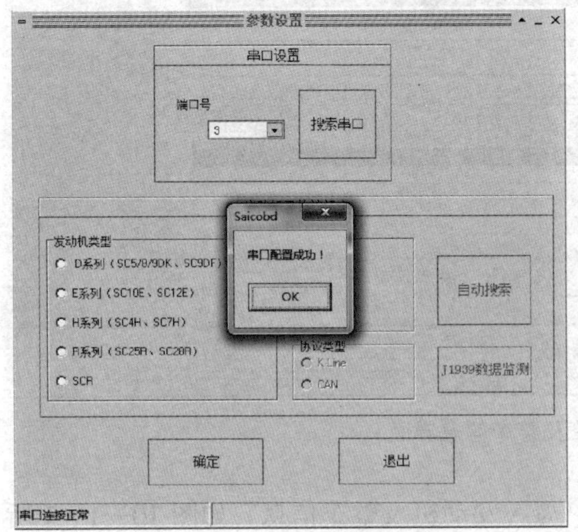

图 10—1—3　搜索串口界面

图 10—1—4　搜索协议界面

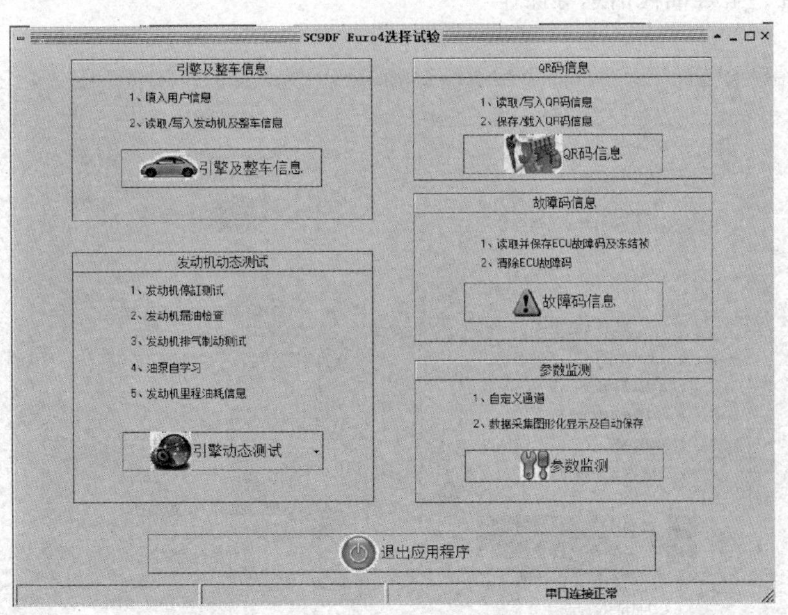

图 10—1—5　“SC9DF Euro4 选择试验”界面

单击“引擎及整车信息”按钮，可以读取、写入发动机及整车信息。如图 10—1—6 所示为引擎及整车信息界面。

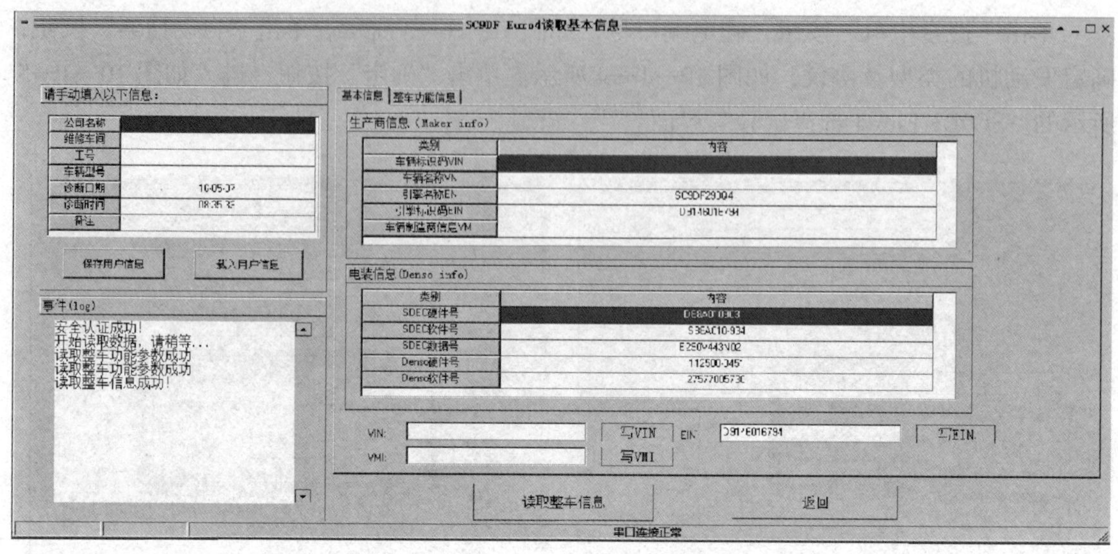

图 10—1—6　引擎及整车信息界面

单击“引擎动态测试”按钮，可以读取、写入发动机及整车信息。如图 10—1—7 所示为引擎及整车信息测试界面。可以对发动机进行停缸测试（图 10—1—8）、漏油检查、排气制动检查、里程油耗信息等操作。

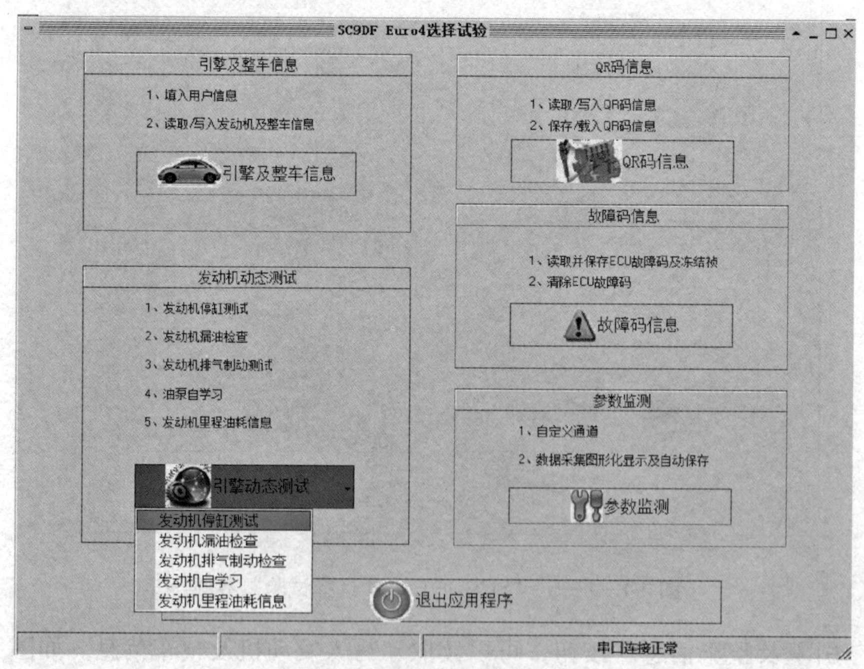

图 10—1—7　引擎及整车信息测试界面

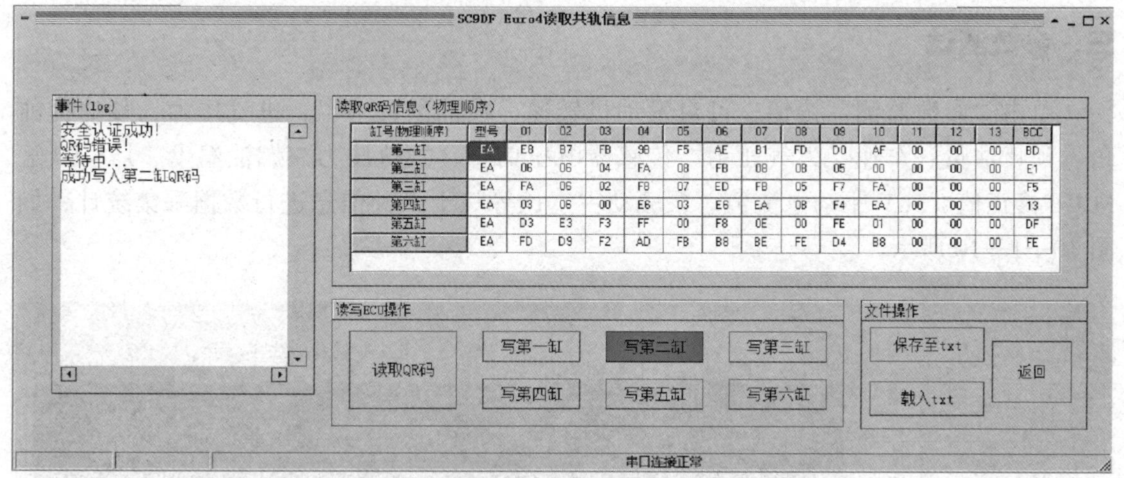

图 10—1—8　停缸测试界面

单击“QR 码信息”按钮，可以读取并保存 ECU 故障码、冻结帧和清除 ECU 故障码，还可以将故障码另存为电子表格形式。如图 10—1—9 所示为故障码信息界面。

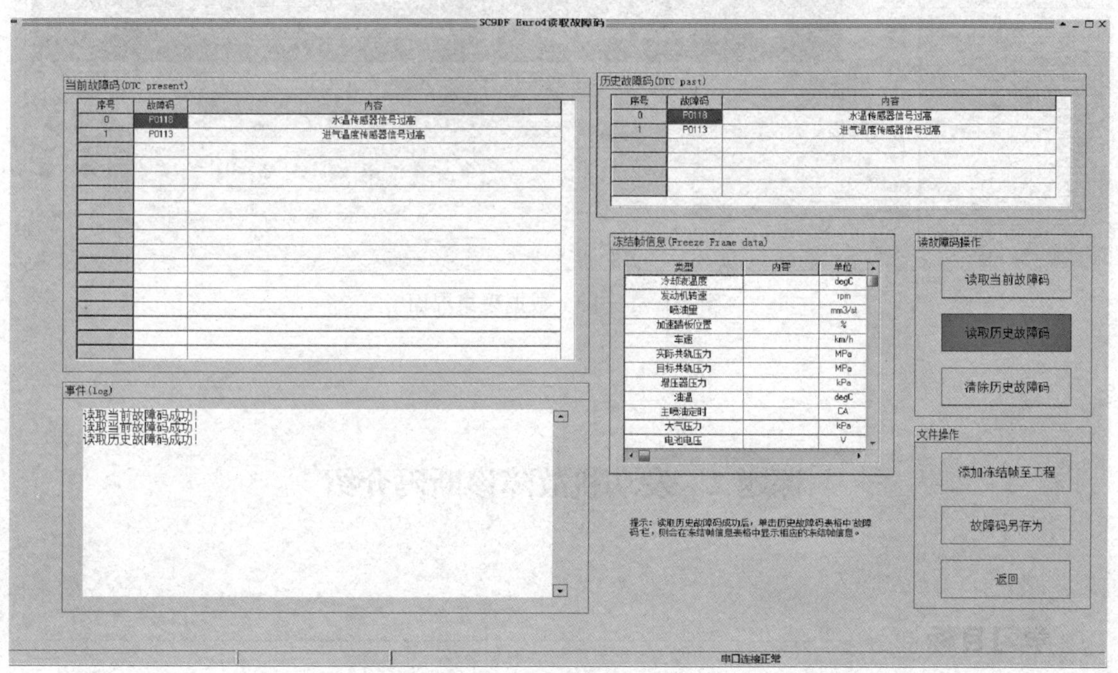

图 10—1—9　故障码信息界面

三、参数测试

单击“参数监测”按钮，可对发动机转速、喷油量、水温、进气压力、喷油提前角、预喷油量、车速、大气压力、传感器电压信息、共轨压力、燃油温度、1#～6# 缸 FCCB 修正值、SCV 驱动电流值、泵驱动占空比等三十余种信息进行数据采集统计，如图 10—1—10 所示。

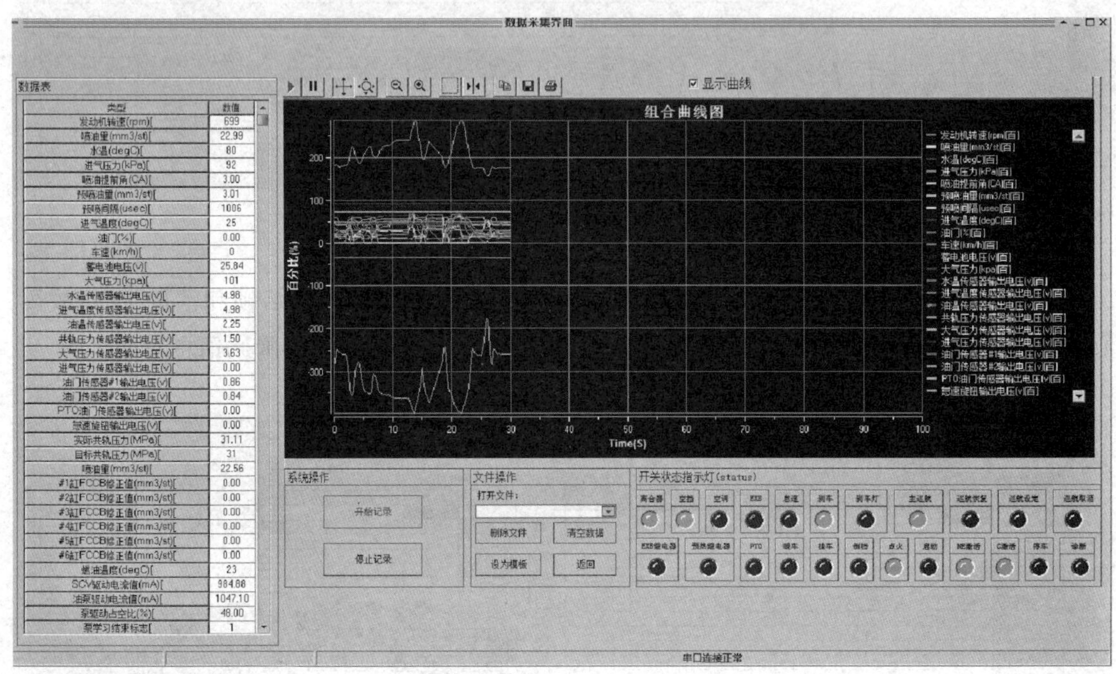

图 10—1—10　数据采集界面

课题 2　发动机故障诊断码介绍

学习目标

1. 了解常见发动机故障码代表的含义。
2. 掌握正确读取发动机故障码信息的方法。

一、概述

电控柴油机除了会出现与传统柴油机相同的机械故障外，还会出现因电路系统、控制系统因素导致的软性故障。因此，对于电控柴油机而言，除了机械故障（如拉缸、烧瓦、抱轴等）可以直接凭经验判断外，很多软性故障（如 ECU 故障、电路线束故障等）是不能凭经验解决问题的。这需要使用故障诊断仪检测故障，并根据故障码找出故障原因后加以排除。

因此，在诊断和排除电控柴油机故障时，诊断仪和故障码就显得非常重要。没有这两样东西，有时会寸步难行。但在某些情况下，柴油机出现故障后并无故障码显示，这就需要维修人员凭经验或采用其他方法诊断和排除故障。

对于电控柴油机的机械类故障，完全按照传统柴油机故障诊断方法进行诊断和排除。对电控燃油喷射系统的柴油机而言，下列故障诊断方法是必须掌握的。

1. 观察法

通过观察柴油机的排烟等故障特征，判断故障情况。

2. 听诊法

根据柴油机异常声音，凭听觉判断故障部位性质及严重程度。

3. 比较法

对某些总成或零部件，采用换件比较的办法确定是否存在故障。

4. 单缸断油法

停止给某个气缸供油，借以判断故障是否出现在该缸。断油法一般是向怀疑出现故障的气缸停止供油，比较断油前后柴油机的状态变化，为进一步查找故障部位或原因缩小范围。注意：与机械喷油系统不同，电控共轨柴油机不能用拧松高压油管的方法断油，而必须用拔掉喷油器线束的方法断油。

5. 闪码灯诊断法

当汽车出现故障时，可以通过整车仪表板上的闪码灯读出闪码，参照闪码表初步判断故障原因。

6. 专用故障诊断仪

用专用故障诊断仪可以进行更进一步的判断。

特别说明：诊断柴油机故障是一项仔细而认真的工作，在未弄清故障原因之前，不要乱拆乱卸；否则不仅不能消除故障，反而会因装配不当而造成更为严重的故障。

二、常见发动机故障码

以上海柴油机股份有限公司生产的 SC9DF 国Ⅳ系列柴油机故障码为例进行说明，具体见表 10—2—1。

表 10—2—1　　SC9DF 国Ⅳ系列柴油机故障码

序号	故障代码	故障解释	闪码
1	P0122	油门踏板传感器 #1 信号过低	22
5	P0121	油门踏板传感器 #1 常开	22
13	P0237	进气压力传感器信号过低	37
18	P0192	共轨压力传感器信号过低	67
21	P0562	蓄电池电压过低	26
23	P0117	水温传感器信号过低	11
24	P0183	燃油温度传感器信号过高	14
26	P0113	进气温度传感器信号过高	16
28	P2229	大气压力传感器信号过高	15
33	P0337	曲轴转角传感器无脉冲信号	13
34	P0342	凸轮转角传感器无脉冲信号	12
36	P0503	车速传感器信号频率过高	21
41	P2148	喷油器公共端 COM1 对电源短路	57
65	P0219	发动机转速超速	7
66	P0541	预热继电器对地短路	25
78	P0263	F/D#1 回路被激活	61
89	P1602	QR 码没有写入	2
90	P0602	QR 码错误	2
91	P1601	QR 码定义错误	0
92	P0607	CPU 出错	3
95	P0523	机油压力传感器信号过高	18

续表

序号	故障代码	故障解释	闪码
105	P2542	燃油滤清器压力传感器信号过高	95
110	P1D17	尾气中氮氧化物浓度超过第一等级限制	72
112	U1155	与 DCU 连接的 CAN 总线开路	9
114	P0072	环境温度传感器信号过低	17
115	P0116	水温传感器无效	11
116	P0643	传感器供电电路 1 电压过高	24
127	P0616	起动继电器对地短路	4
128	P0615	起动继电器输出开路或对电源短路	4

三、读取发动机故障码

读取故障码分为“读取当前故障码”“读取历史故障码”“清除历史故障码”三种，如图 10—2—1 所示。

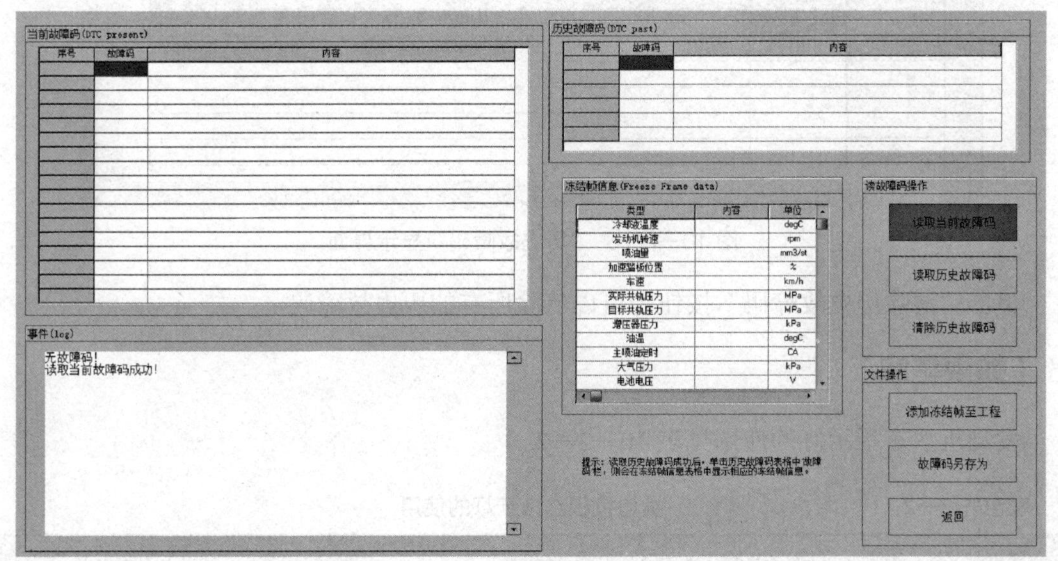

图 10—2—1 读取当前故障码界面

单击“读取当前故障码”按钮，可以读取当前 ECU 中故障码，默认显示的最大行数为 8 行。如果当前 ECU 中没有故障码则不显示。如图 10—2—2 所示，显示的是“水温传感器信号过高”“进气温度传感器信号过高”故障。

当前故障码(DTC present)

序号	故障码	内容
0	P0118	水温传感器信号过高
1	P0113	进气温度传感器信号过高

图 10—2—2 “当前故障码”显示界面

单击“读取历史故障码”按钮，可以读取 ECU 中存储的故障码，如图 10—2—3 所示。

历史故障码(DTC past)

序号	故障码	内容
0	P0118	水温传感器信号过高
1	P0113	进气温度传感器信号过高

图 10—2—3 “历史故障码”显示界面

单击“清除历史故障码”按钮，可以清除所有的历史故障码。

【知识拓展】

发动机状态指示灯的使用见表 10—2—2。

表 10—2—2　　发动机状态指示灯的使用

指示灯状态	发动机静止（无故障）	发动机静止（有故障）	发动机运行（无故障）	发动机运行（有故障）
诊断开关 ON	常亮	常亮	不亮	常亮
诊断开关 OFF	固定频率闪	闪码	固定频率闪	闪码

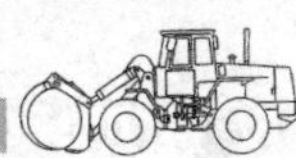

课题 3　发动机常见故障诊断

学习目标

1. 能够描述发动机不能起动的故障现象。
2. 能够分析发动机不能起动故障的原因。
3. 能够排除发动机不能起动的故障。

一、发动机起动困难或不能起动

1. 故障现象

一般情况下，柴油机起动是比较容易的。起动时间不会超过 10 s。当发生起动困难故障时，有以下几种情况：

（1）起动时，曲轴根本转不动或者转动很慢，即起动转速太低。

（2）起动时，起动转速正常，但柴油机不着火。

（3）起动时，柴油机虽然发生了着火，但柴油机运转不正常，转速不稳，甚至熄火。

2. 故障原因

（1）柴油机正常起动运转的四个基本条件

1）只有足够的转速，才够产生足够的转动惯性力，带动活塞连杆运动。

2）一定数量的雾化良好的燃油按一定的规律，在一定的时刻喷入气缸。

3）一定数量的新鲜空气按一定的规律在一定的时刻进入气缸，并将燃烧后的废气按一定的规律在一定的时刻排出气缸。

4）燃油和空气在缸内良好地混合、燃烧。气缸内的气体具有一定的压力和温度，使燃油能够自燃。

因此柴油机不能顺利起动，原因一般在起动系统、电控燃油系统、进排气系统或柴油机配合间隙上。而在分析原因时，也应当从柴油机起动的基本条件出发进行分析。对于不同的故障现象，其原因也有所侧重。

（2）起动系统故障

机械因素和外部条件均会导致柴油机曲轴根本不转动或者转动速度太慢，起动转速太低，从而满足不了柴油机起动的第一个基本条件，这是因为：

1）起动马达（电马达或气马达）损坏或者有故障，均造成马达不转，或者起动力矩太小，从而带不动曲轴旋转或者旋转很慢，达不到柴油机的最低起动转速要求。

2）电马达起动时，当蓄电池容量不够，将导致起动马达转动力矩太小。电源导线截面太小或导线过长、导线接头接触不良，都将导致电能损失过大，使电马达的转动力矩太小，从而使柴油机曲轴转动很慢，达不到柴油机最低起动转速。

3）电马达起动时，起动开关、继电器等零部件损坏，将使电马达根本不转动。

4）气马达起动时，当起动管路漏气，管路太细、太长时，将造成气马达气量不足，气压降低，从而使马达转速太慢，达不到最低起动转速。

5）气马达起动时，当储气罐容积太小导致到气马达去的气量不足，以及气源压力不足时，均使气马达转速太慢，达不到柴油机最低起动转速。

6）气马达起动时，气马达的油控阀、气控阀失灵或继气器打不开，都会造成气马达不转动。

7）气马达起动时，由于马达是和气动供油泵联动的，所以当供油压太低（低于98 kPa）时，无法推动柱塞下移，打不开通往气马达的气路，所以气马达不转动。

8）环境温度低、油温度低，将导致机油黏度大，摩擦功率大，柴油机曲轴转动慢。达不到最低起动转速。

9）水泵内冷却水结冰，将水泵叶轮卡住，使柴油机曲轴无法转动。

10）异物将使活塞在上止点时受很大反力而无法运动，或者活塞缸盖间结炭太厚，使活塞在上止点时无法运动，因而曲轴无法转动。

（3）燃油系统、燃烧系统及配气系统故障

以下这些因素将造成柴油机起动时，尽管起动转速正常，但柴油机不着火燃烧。

1）油箱（罐）无油，阀门未打开，柴油滤三通阀未打开，超速装置未复位，油箱（罐）位置太低，油压低，停车装置操纵杆未复位或柴油滤太脏，都将造成柴油供应不足，喷油泵无法向缸内喷入足够的雾化良好的燃油，满足不了柴油机起动的第二个基本条件。

2）燃油管系中有气，将造成因气阻使缸内供油不足或不稳，而满足不了着火起动的第二个条件。

3）喷油器不雾化，油头伸出缸盖平面太大、太小，喷油提前角太大或太小，喷油泵工作不正常，燃油牌号不对，燃油内有水分，均将造成燃油雾化不良及和空气混合不良，满足不了柴油机起动的第三个基本条件。

4）防爆装置阀门忘记打开将使空气无法进入气缸，空滤器脏污，配气正时不对，进气管脏污，排气管和排气消声器脏污，中冷器污堵等，都将造成柴油机进气量不足或排气不畅，满足不了柴油机起动的第三和第四个基本条件，所以造成起动困难。

5）柴油机活塞环、气门、缸套等漏气，则使气缸压缩压力不足，压缩温度降低。缸盖活塞余隙太大，则使柴油机压缩比降低，导致缸内压缩压力不足，压缩温度降低。以上两个因素满足不了柴油机起动的第五个基本条件，造成起动困难。

6）柴油机水温过低，柴油温度过低，进气温度过低，均造成缸内温度低，影响燃烧，柴油机不能起动。

3. 故障排除

根据起动困难所表现出的现象，分析原因和诊断部位，有针对性地进行排除。

（1）起动系统故障导致起动困难，电起动马达起动时，则应分别修复或更换起动马达、蓄电池、起动开关、继电器（电起动）；气起动马达起动时，则应分别修复气起动马达、气控阀、油控阀、继气器及管路等，保证给气充足。

（2）机械系统故障引起起动困难，则应排除影响柴油机曲轴转动的因素。如重新装配柴油机，保证各部间隙正确和运动件运动自如。

（3）外部因素引起起动困难，则应在起动前预热机油，加灌开水以及脱开和工作机械的连接。

（4）操作因素引起起动困难，则应严格按操作规程正确操作。如检查和打开有关阀门、拉杆，加足燃油，排净燃油系统中的空气等。

（5）燃油系统故障引起起动困难，则应检查和修复或更换有关零部件（如喷油泵、喷油器），清洗柴油滤清器，调整供油提前角等。

（6）进排气系统故障引起起动困难，则应检查和调整配气正时，洗清中冷器、空气滤清器、排气消声器等，以及更换活塞环、研磨气门等。

无法起动发动机诊断流程图如图10—3—1所示。

二、发动机机体过热

1. 故障现象

柴油机机体温度异常，是指柴油机冷却液温度超过正常值。也就是常说的柴油机过机体热。正常的出水温度在70～85℃，水温超过85℃或者进出水温差超过10℃，有时短时间成蒸气状态，超过100℃，此时伴随着从膨胀水箱加水口处向外冒蒸气，甚至会在冷却系统中产生局部气障。

2. 故障原因

柴油机正常技术状态时，燃烧所产生的热量，一部分变成有用功，一部分由废气带走，还有一大部分热量及摩擦生热由冷却水和机油带走。而温度升高的机油通过机油冷却器，将热量再传给冷却水，从而使温度始终保持在85℃以下。所以出现温度过高时，主要从生热和传热途径进行分析。

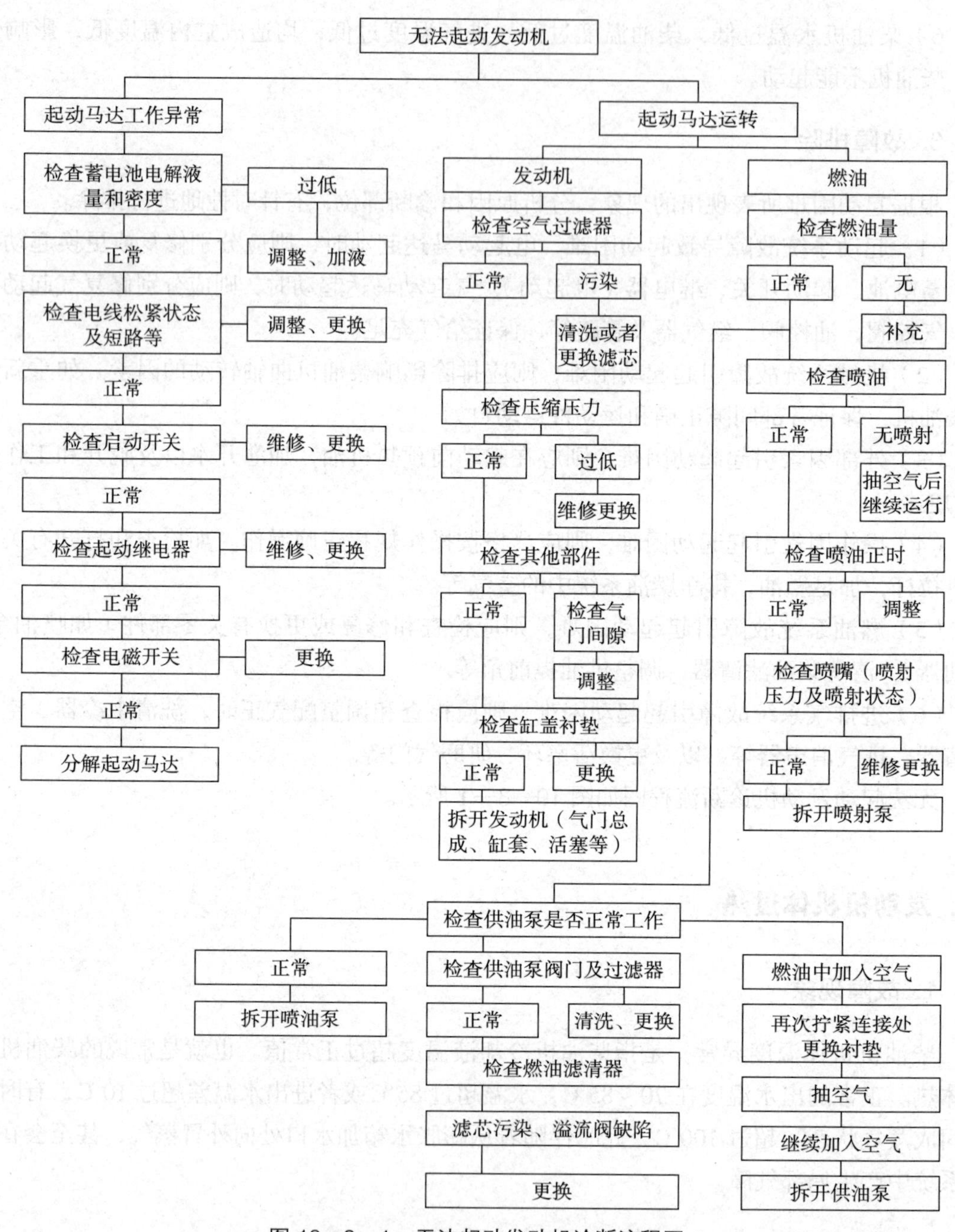

图 10—3—1　无法起动发动机诊断流程图

既然水温异常表现为出水温度过高或进出水温差过大，因此分析原因时，这两方面均应予以考虑。

3. 故障排除

如系冷却系统散热效果差引起，则应视情况进行以下处理：调整和修理硅油风扇离合器，调整风扇的松紧程度，使风扇转速达到要求；放掉水路中的空气，消除气障；修理或更换水泵，使泵量达到要求；清洗散热器，使其良好地散热；清理冷却系统和机体、缸盖水道的水垢。如系超负荷运行引起，则应降载运行。

发动机机体过热诊断流程图如图 10—3—2 所示。

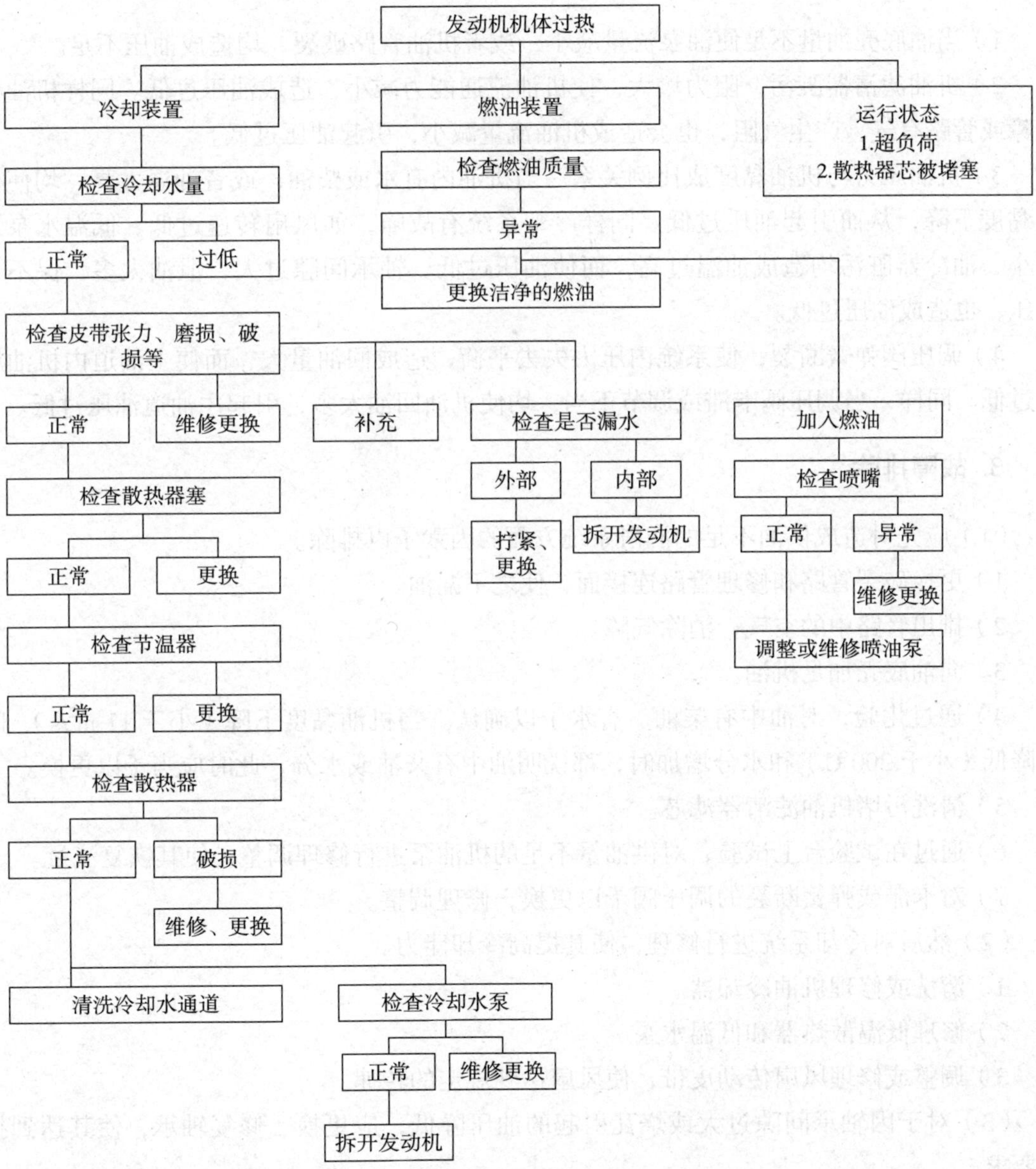

- 发动机机体过热
  - 冷却装置
    - 检查冷却水量
      - 正常
        - 检查皮带张力、磨损、破损等
          - 正常
            - 检查散热器塞
              - 正常
                - 检查节温器
                  - 正常
                    - 检查散热器
                      - 正常
                        - 清洗冷却水通道
                        - 检查冷却水泵
                          - 正常
                            - 拆开发动机
                          - 维修更换
                      - 破损
                        - 维修、更换
                  - 更换
              - 更换
          - 维修更换
      - 过低
        - 补充
        - 检查是否漏水
          - 外部
            - 拧紧、更换
          - 内部
            - 拆开发动机
  - 燃油装置
    - 检查燃油质量
      - 异常
        - 更换洁净的燃油
    - 加入燃油
      - 检查喷嘴
        - 正常
          - 调整或维修喷油泵
        - 异常
          - 维修更换
  - 运行状态
    - 1.超负荷
    - 2.散热器芯被堵塞

图 10—3—2　发动机机体过热诊断流程图

三、机油压力过低

1. 故障现象

当出现进排压力异常时，表现为机油压力表指示的数值远低于技术要求；或滤清器前后压力相差很大，超过 150 kPa。

2. 故障原因

1）当油底壳油量不足使油泵流量减小，或者机油管路破裂，均造成油压不足。

2）机油滤清器脏污，阻力增大，使机油流通能力减小，造成油压过低。同样机油泵故障或管路有气，产生气阻，也会造成机油流量减小，引起油压过低。

3）机油压力与机油黏度成比例关系。当机油内有水或柴油，或者油温太高，均使机油黏度下降，从而引起油压过低。同样冷却系统有故障，如风扇转速过低、低温水泵泵量小、油冷器脏污均造成油温过高，而使油压过低。轴承间隙过大，泄油太多，保不住油压，也造成油压过低。

4）调压阀弹簧断裂，使系统内压力失去平衡，造成回油量大，而使主油道内机油压力过低。同样，当调压阀卡滞或调节不当，均使机油回油太多，引起主油道油压过低。

3. 故障排除

（1）应先对造成供油不足的润滑系统方面的因素予以排除。

1）更换破裂管路和修理管路连接面，使之不漏油。

2）排出管路中的空气，消除气障。

3）向油底壳加足机油。

4）通过化验，对油中有柴油、有水予以确认。当机油黏度下降（小于 11 m^2/s）、闪点降低（小于 200℃）和水分增加时，都说明油中有柴油或水分，此时应当予以更换。

5）清洗污堵机油滤清器滤芯。

6）通过在试验台上试验，对供油量不足的机油泵进行修理调整，使其恢复流量。

7）对卡滞或弹簧断裂的调压阀予以更换，修理调整。

（2）然后对冷却系统进行修理，使其提高冷却能力。

1）清洗或修理机油冷却器。

2）修理低温散热器和低温水泵。

3）调整或修理风扇传动皮带，使风扇达到规定的转速。

（3）对于因轴承间隙过大或烧瓦引起的油压降低，应更换、修复轴承，使其达到技术要求。

机油压力过低诊断流程图如图 10—3—3 所示。

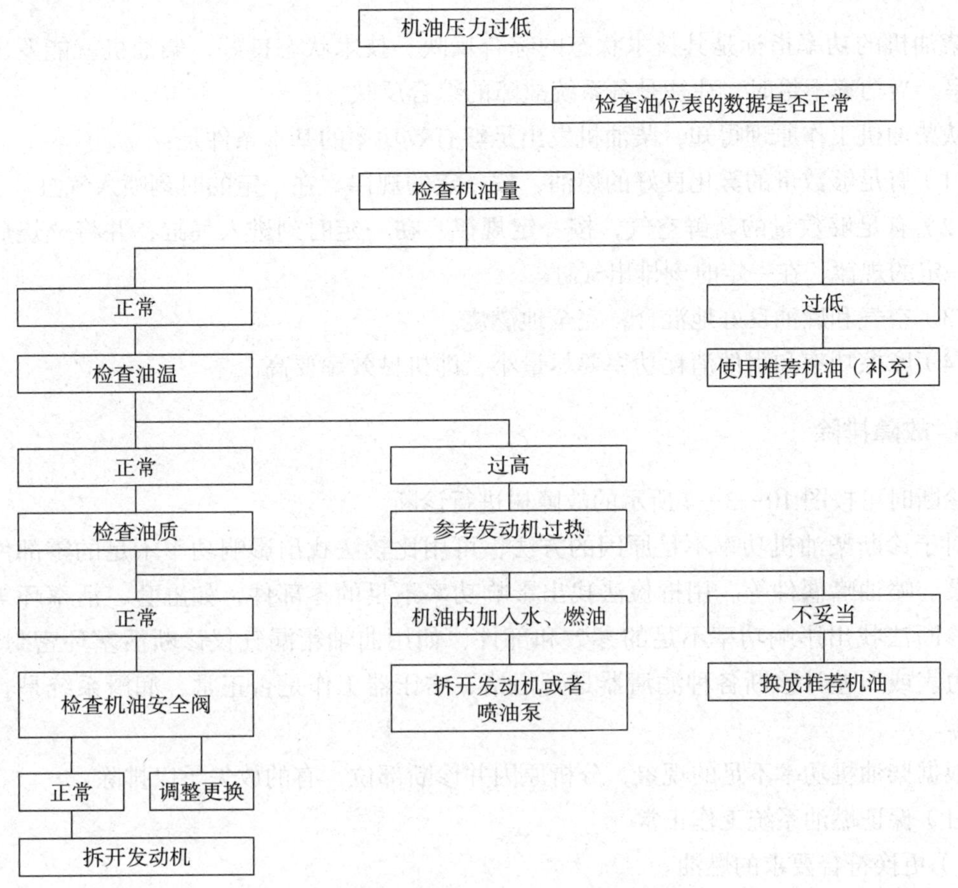

图 10—3—3　机油压力过低诊断流程图

四、柴油机功率不足

1. 故障现象

所谓功率不足，就是通常说的柴油机“无力”“没有劲”。正常情况下，柴油机的功率一般有一定的储备，可以带动工作机械正常运转。当功率不足时，表现为柴油机带不动与之配套的工作机械运动，并伴随着以下现象：

（1）柴油机冒黑烟。此时柴油机排气管排出大量黑烟。

（2）柴油机排气温度高。此时，排气管和涡轮增压器的涡轮呈暗红色。

（3）柴油机转速下降或者转速不稳，并呈现工作无力的声音。

2. 故障原因

柴油机的功率指标是其技术状态的综合反映。技术状态良好，柴油机就能发出足够的功率。当功率不足时，往往是各系统故障的综合反映。

从柴油机工作原理得知，柴油机发出足够有效功率的基本条件是：

（1）有足够数量的雾化良好的燃油，按一定的规律、在一定的时刻喷入气缸。

（2）有足够数量的新鲜空气，按一定规律、在一定时刻进入气缸，并将燃烧后的废气按一定的规律、在一定时刻排出气缸。

（3）空气和燃油良好地混合，完全地燃烧。

（4）摩擦功率和附件消耗功率要尽量小，即机械效率要高。

3. 故障排除

诊断时可按图 10—3—4 所示的故障树进行诊断。

对于诊断柴油机功率不足原因的方法，可用比较法找出影响功率不足的零部件，如喷油泵、喷油嘴偶件等。用拆检法找出影响功率不足的零部件，如缸套、活塞环等。用仪器诊断法找出影响功率不足的参数和部件，如用曲轴箱漏气仪诊断活塞环密封情况，用压力表或压差计诊断各种滤清器是否污堵、增压器工作是否正常、润滑系统是否工作正常等。

根据柴油机功率不足的现象，分析原因并诊断部位，有的放矢予以排除。

（1）保证燃油系统工作正常。

1）更换符合要求的燃油。

2）打开有关阀门，保证油路通畅。

3）清洗燃油滤清器。

4）排除油路中的空气。

5）清洗或更换喷油嘴偶件，使其雾化良好。

6）检查和调整供油提前角。

7）检查和调整各缸供油量，使其基本一致。

8）检查或更换磨损大的油泵柱塞和出油阀。

9）检查和调整供油齿杆，使其能加油到最大功率位置。

（2）保证进、排气系统处于良好的工作状态。

1）清洗空滤器、中冷器、压气机和排气消声器。

2）检查和调整配气正时和配气间隙。

3）修理漏气的进、排气管路接头。

4）检查和修理工作效率低的增压器。

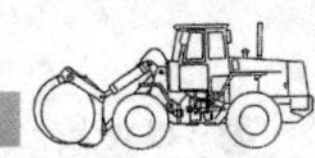

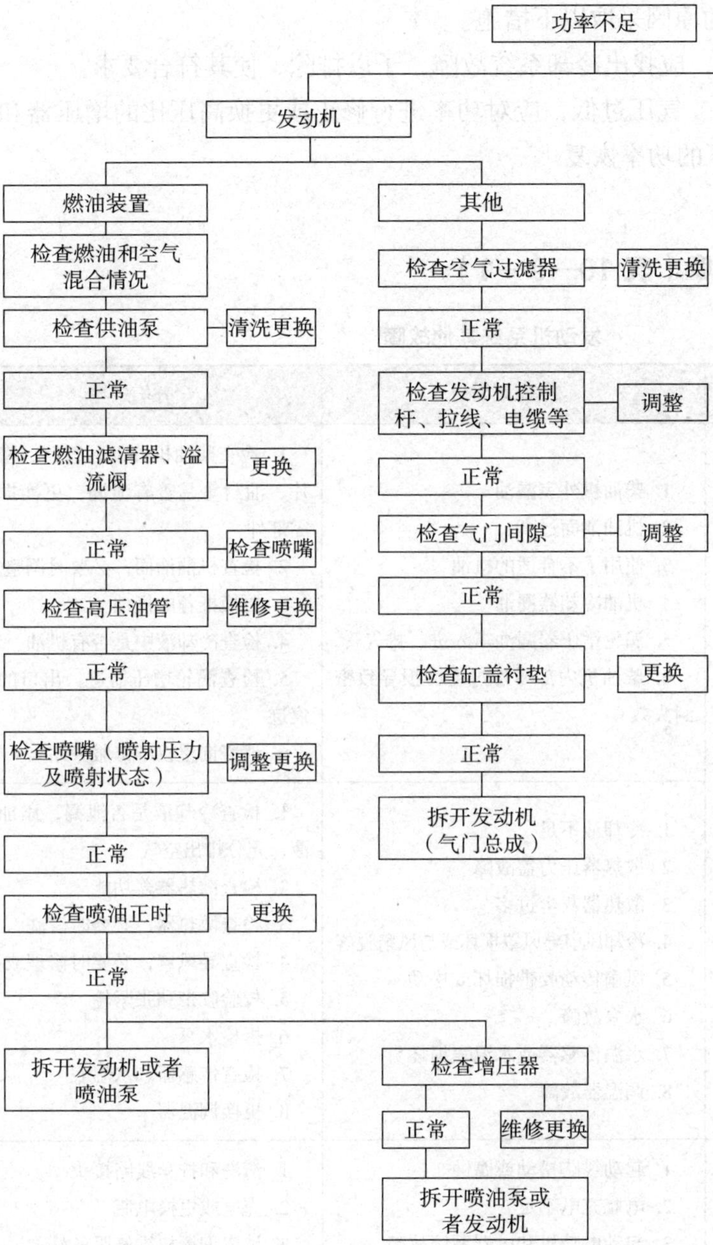

- 功率不足
  - 发动机
    - 燃油装置
      - 检查燃油和空气混合情况
      - 检查供油泵 → 清洗更换
      - 正常
      - 检查燃油滤清器、溢流阀 → 更换
      - 正常 → 检查喷嘴
      - 检查高压油管 → 维修更换
      - 正常
      - 检查喷嘴（喷射压力及喷射状态） → 调整更换
      - 正常
      - 检查喷油正时 → 更换
      - 正常
      - 拆开发动机或者喷油泵
      - 检查增压器
        - 正常 → 拆开喷油泵或者发动机
        - 维修更换
    - 其他
      - 检查空气过滤器 → 清洗更换
      - 正常
      - 检查发动机控制杆、拉线、电缆等 → 调整
      - 正常
      - 检查气门间隙 → 调整
      - 正常
      - 检查缸盖衬垫 → 更换
      - 正常
      - 拆开发动机（气门总成）
  - 车身部件
    - 检查离合器滑动
    - 调整或者更换离合器

图 10—3—4　功率不足诊断流程图

5）检查和修理活塞、缸盖，清除积炭。

6）更换活塞环。

7）研磨气门。

8）调整油头伸出缸盖平面的高度和缸盖压缩余隙。

9）对损坏的缸套、活塞、轴瓦等予以更换或修理。

（3）对环境因素造成的原因采取以下措施。

1）对于中冷水温过高，应找出冷却系统故障，予以排除，使其符合要求。

2）对于环境温度过高、气压过低，应对功率进行修正或更换高压比的增压器和高效率的中冷器，进行该状态下的功率恢复。

五、发动机系统其他故障（表10—3—1）

表10—3—1 发动机系统其他故障

序号	发动机系统	故障名称	故障原因	分析思路
1	润滑系统	机油消耗量过高	1. 柴油机外表漏油 2. 机油油面过高 3. 使用了不合适的机油 4. 机油冷却器漏油 5. 涡轮增压器漏油窜入进、排气管 6. 柴油机内部零件过度磨损导致密封失效	1. 检查柴油机外部的管路、密封垫片、油封等是否有泄漏，更换损坏的零部件 2. 检查机油油面，必要时调整 3. 更换推荐的机油 4. 检查冷却液中是否有机油 5. 检查涡轮增压器进、出口的窜油痕迹 6. 请咨询授权维修服务站
2	冷却系统	柴油机过热	1. 冷却液不足 2. 散热器压力盖故障 3. 散热器灰尘过多 4. 冷却风扇导风罩损坏或与风扇脱落 5. 风扇传动胶带损坏或松动 6. 水泵故障 7. 水温传感器或水温表损坏 8. 调温器故障	1. 检查冷却液是否泄漏，添加冷却液，充分排出空气 2. 检查散热器盖功能 3. 检查散热器，必要时清洗 4. 检查导风罩，必要时修理或更换 5. 校验胶带和张紧轮 6. 拆检水泵 7. 检查传感器和水温表 8. 更换调温器
3	起动系统	起动电动机运行不正常	1. 起动线路松动或腐蚀 2. 电瓶充电不足 3. 起动电动机和电器系统故障	1. 清洗和拧紧线路接头 2. 充电或更换电瓶 3. 请咨询授权维修服务站
		起动电动机运行正常	1. 起动程序不对 2. 预热设备操作不当（需要时） 3. 进气系统受阻 4. 油箱中缺少燃油 5. 燃油系统进入空气	1. 正确起动 2. 使用正确的预热步骤 3. 检查进气系统管路是否通畅 4. 加入合适的燃油 5. 排除空气

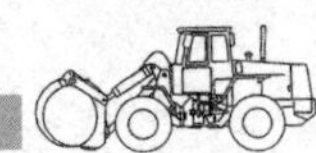

续表

<table>
<tr><th>序号</th><th>发动机系统</th><th>故障名称</th><th>故障原因</th><th>分析思路</th></tr>
<tr><td rowspan="2">4</td><td rowspan="2">燃油供给系统</td><td>柴油机突然熄火</td><td>1. 燃油污染
2. 燃油系统有空气进入
3. 高压油管路泄漏
4. 燃油管路或者滤清器堵塞
5. 喷油或配气正时不正确
6. 燃油输送泵失效</td><td>1. 更换清洁合格的燃油
2. 燃油系统放气
3. 检查泄漏，必要时拧紧或更换相关零部件
4. 检查管路和滤芯，如有必要清洗粗滤清器和滤网，更换燃油滤清器
5. 请咨询授权维修服务站
6. 修复或更换输油泵</td></tr>
<tr><td>燃油消耗量过高</td><td>1. 燃油泄漏
2. 燃油品质低劣
3. 辅助装置故障引起的附加载荷
4. 进气系统阻力增大
5. 检查故障指示灯是否点亮</td><td>1. 检查燃油系统的管路密封性，如有松动请拧紧
2. 使用推荐的合格燃油
3. 检查辅助装置和车辆零件（参看车辆制造的规定）
4. 检查空滤器滤芯，如有必要进行更换
5. 请咨询授权维修服务站</td></tr>
</table>

参考文献

1. 刘锋 . 汽车发动机拆装与维修实训 . 北京：中国劳动社会保障出版社，2010.9
2. 刁毓亮 . 汽车发动机构造与维修 . 北京：中国劳动社会保障出版社，2008.1
3. 朱德乾 . 汽车电控发动机检修 (第二版). 北京：中国劳动社会保障出版社，2015.8
4. 姜勇 . 汽车发动机构造与维修 (第二版). 北京：中国劳动社会保障出版社 , 2009.3
5. 阙广武 . 发动机拆装 . 北京：机械工业出版社，2013.4
6. 王建东 . 汽车发动机拆装 . 北京：机械工业出版社，2016.6
7. 孙俪 . 汽车发动机拆装实训（第二版）. 北京：机械工业出版社，2015.7
8. 周忠友 . 汽车发动机拆装与检修 . 北京：机械工业出版社，2014.1
9. 杨庆国 . 汽车发动机拆装与检修 . 北京：机械工业出版社，2013.2